浙江文化研究工程（17WH20022ZD-2Z）成果

国家出版基金项目
NATIONAL PUBLICATION FOUNDATION

圖録

浙學未刊稿叢編 第一輯

◎ 杜惠芳 編

國家圖書館出版社

圖書在版編目（CIP）數據

浙學未刊稿叢編.第一輯.圖録 / 杜惠芳編. — 北京：國家圖書館
出版社, 2024.8
浙學未刊稿叢編（徐曉軍 李聖華主編）
ISBN 978-7-5013-7249-2

I.①浙… Ⅱ.①杜… Ⅲ.①地方叢書—浙江 Ⅳ.① Z122.55

中國國家版本館 CIP 數據核字（2023）第 226330 號

書　　　名	浙學未刊稿叢編・第一輯・圖録
著　　　者	杜惠芳　編
項目統籌	殷夢霞　張愛芳
責任編輯	張慧霞　司領超
封面設計	黄曉飛

出版發行	國家圖書館出版社（北京市西城區文津街 7 號　100034）
	（原書目文獻出版社　北京圖書館出版社）
	010-66114536　63802249　nlcpress@nlc.cn（郵購）
網　　　址	http://www.nlcpress.com
印　　　裝	北京科信印刷有限公司
版次印次	2024 年 8 月第 1 版　2024 年 8 月第 1 次印刷

開　　　本	787×1092　1/16
印　　　張	21
書　　　號	ISBN 978-7-5013-7249-2
定　　　價	298.00 圓

浙江省文化研究工程指導委員會

主　任：
易煉紅

副主任：
劉　捷　彭佳學　邱啓文　趙　承　胡　偉　任少波

成　員：
高浩傑　朱衛江　梁　群　來穎傑　陳柳裕　杜旭亮
尹學群　吳偉斌　陳廣勝　王四清　郭華巍　盛世豪
程爲民　高世名　蔡袁强　蔣雲良　陳　浩　陳　偉
溫　暖　朱重烈　高　屹　何中偉　李躍旗　吳舜澤

周會會（浙江圖書館）

曹海花（浙江圖書館）

童正倫（浙江圖書館）

蘇立峰（浙江圖書館）

宋清秀（浙江師範大學）

慈　波（浙江師範大學）

鮑有爲（浙江師範大學）

孫巧雲（浙江師範大學）

陳翌偉（浙江省博物館）

杜遠東（浙江大學圖書館）

沈　靜（杭州圖書館）

金新秀（杭州圖書館）

饒國慶（寧波市天一閣博物院）

王　妍（温州市圖書館）

唐　微（紹興圖書館）

沈秋燕（嘉興市圖書館）

馬曉紅（餘姚市文物保護管理所）

朱　鴻（海寧市圖書館）

許海燕（嘉善縣圖書館）

方俞明（紹興王陽明研究會）

《浙江文化研究工程成果文庫》總序

　　有人將文化比作一條來自老祖宗而又流向未來的河，這是說文化的傳統，通過縱向傳承和橫向傳遞，生生不息地影響和引領着人們的生存與發展；有人說文化是人類的思想、智慧、信仰、情感和生活的載體、方式和方法，這是將文化作爲人們代代相傳的生活方式的整體。我們說，文化爲群體生活提供規範、方式與環境，文化通過傳承爲社會進步發揮基礎作用，文化會促進或制約經濟乃至整個社會的發展。文化的力量，已經深深熔鑄在民族的生命力、創造力和凝聚力之中。

　　在人類文化演化的進程中，各種文化都在其內部生成衆多的元素、層次與類型，由此決定了文化的多樣性與複雜性。

　　中國文化的博大精深，來源於其內部生成的多姿多彩；中國文化的歷久彌新，取決於其變遷過程中各種元素、層次、類型在內容和結構上通過碰撞、解構、融合而産生的革故鼎新的强大動力。

　　中國土地廣袤、疆域遼闊，不同區域間因自然環境、經濟環境、社會環境等諸多方面的差異，建構了不同的區域文化。區域文化如同百川歸海，共同匯聚成中國文化的大傳統，這種大傳統如同春風化雨，滲透於各種區域文化之中。在這個過程中，區域文化如同清溪山泉潺潺不息，在中國文化的共同價值取向下，以自己的獨特個性支撐着、引領着本地經濟社會的發展。

　　從區域文化入手，對一地文化的歷史與現狀展開全面、系統、扎實、有序的研究，一方面可以藉此梳理和弘揚當地的歷史傳統和文化資源，繁榮和豐富當代的先進文化建設活動，規劃和指導未來的文化發展藍圖，增强文化軟實力，爲全面建設小康社會、加快推進社會主義現代化提供思想保證、精神動力、智力支持和興論力量；另一方面，這也是深入瞭解中國文化、研究中國文化、發展中國文化、創新中國文化的重要途徑之一。如今，區域文化研究日益受到各地重視，成爲我國文化研究走向深入的一個重要標志。我們今天實施浙江文化研究工程，其目的和意義也在於此。

千百年來，浙江人民積澱和傳承了底蘊深厚的文化傳統。這種文化傳統的獨特性，正在於它令人驚歎的富於創造力的智慧和力量。

浙江文化中富於創造力的基因，早早地出現在其歷史的源頭。在浙江新石器時代最爲著名的跨湖橋、河姆渡、馬家浜和良渚的考古文化中，浙江先民們都以不同凡響的作爲，在中華民族的文明之源留下了創造和進步的印記。

浙江人民在與時俱進的歷史軌跡上一路走來，秉承富於創造力的文化傳統，這深深地融匯在一代代浙江人民的血液中，體現在浙江人民的行爲上，也在浙江歷史上衆多杰出人物身上得到充分展示。從大禹的因勢利導、敬業治水，到勾踐的臥薪嚐膽、勵精圖治；從錢氏的保境安民、納土歸宋，到胡則的爲官一任、造福一方；從岳飛、于謙的精忠報國、清白一生，到方孝孺、張蒼水的剛正不阿、以身殉國；從沈括的博學多識、精研深究，到竺可楨的科學救國、求是一生；無論是陳亮、葉適的經世致用，還是黃宗羲的工商皆本；無論是王充、王陽明的批判、自覺，還是龔自珍、蔡元培的開明、開放，等等，都展示了浙江深厚的文化底蘊，凝聚了浙江人民求真務實的創造精神。

代代相傳的文化創造的作爲和精神，從觀念、態度、行爲方式和價值取向上，孕育、形成和發展了淵源有自的浙江地域文化傳統和與時俱進的浙江文化精神，她滋育着浙江的生命力、催生着浙江的凝聚力、激發着浙江的創造力、培植着浙江的競爭力，激勵着浙江人民永不自滿、永不停息，在各個不同的歷史時期不斷地超越自我、創業奮進。

悠久深厚、意韵豐富的浙江文化傳統，是歷史賜予我們的寶貴財富，也是我們開拓未來的豐富資源和不竭動力。黨的十六大以來推進浙江新發展的實踐，使我們越來越深刻地認識到，與國家實施改革開放大政方針相伴隨的浙江經濟社會持續快速健康發展的深層原因，就在於浙江深厚的文化底蘊和文化傳統與當今時代精神的有機結合，就在於發展先進生產力與發展先進文化的有機結合。今後一個時期浙江能否在全面建設小康社會、加快社會主義現代化建設進程中繼續走在前列，很大程度上取決於我們對文化力量的深刻認識、對發展先進文化的高度自覺和對加快建設文化大省的工作力度。我們應該看到，文化的力量最終可以轉化爲物質的力量，文化的軟實力最終可以轉化爲經濟的硬實力。文化要素是綜合競爭力的核心要素，文化資源是經濟社會發展的重要資源，文化素質是領導者和勞動者的首要素質。因此，研究浙江文化的歷史與現狀，增强文化軟實力，爲浙江的現代化建設服務，是浙江人民的共同事業，也是浙江各級黨委、政府的重要使命和責任。

二〇〇五年七月召開的中共浙江省委十一屆八次全會，作出《關於加快建設文化大省的決定》，提出要從增强先進文化凝聚力、解放和發展生產力、增强社會公共服務能力入手，大力實施文明素質工程、文化精品工程、文化研究工程、文化保護工程、文化產業促進工程、文化陣地工程、文化傳播工程、文化人才工程等“八項工程”，實施科教興國和人才强國戰略，加快建設教育、科技、衛生、體育等“四個强省”。作爲文化建設“八項工程”之一的文化研究工程，其任務就是系統研究浙江文化的歷史成就和當代發展，深入挖掘浙江文化底蘊、研究浙江現象、總結浙江經驗、指導浙江未來的發展。

浙江文化研究工程將重點研究"今、古、人、文"四個方面，即圍繞浙江當代發展問題研究、浙江歷史文化專題研究、浙江名人研究、浙江歷史文獻整理四大板塊，開展系統研究，出版系列叢書。在研究内容上，深入挖掘浙江文化底蘊，系統梳理和分析浙江歷史文化的内部結構、變化規律和地域特色，堅持和發展浙江精神；研究浙江文化與其他地域文化的異同，釐清浙江文化在中國文化中的地位和相互影響的關係；圍繞浙江生動的當代實踐，深入解讀浙江現象，總結浙江經驗，指導浙江發展。在研究力量上，通過課題組織、出版資助、重點研究基地建設、加強省内外大院名校合作、整合各地各部門力量等途徑，形成上下聯動、學界互動的整體合力。在成果運用上，注重研究成果的學術價值和應用價值，充分發揮其認識世界、傳承文明、創新理論、咨政育人、服務社會的重要作用。

　　我們希望通過實施浙江文化研究工程，努力用浙江歷史教育浙江人民、用浙江文化熏陶浙江人民、用浙江精神鼓舞浙江人民、用浙江經驗引領浙江人民，進一步激發浙江人民的無窮智慧和偉大創造能力，推動浙江實現又快又好發展。

　　今天，我們踏着來自歷史的河流，受着一方百姓的期許，理應負起使命，至誠奉獻，讓我們的文化綿延不絕，讓我們的創造生生不息。

二〇〇六年五月三十日於杭州

《浙江文化研究工程成果文庫》序言

易煉紅

　　國風浩蕩、文脉不絕，錢江潮涌、奔騰不息。浙江是中國古代文明的發祥地之一，是中國革命紅船啓航的地方。從萬年上山、五千年良渚到千年宋韵、百年紅船，歷史文化的風骨神韵、革命精神的剛健激越與現代文明的繁榮興盛，在這裏交相輝映、融爲一體，浙江成爲了揭示中華文明起源的"一把鑰匙"，展現偉大民族精神的"一方重鎮"。

　　習近平總書記在浙江工作期間作出"八八戰略"這一省域發展全面規劃和頂層設計，把加快建設文化大省作爲"八八戰略"的重要内容，親自推動實施文化建設"八項工程"，構築起了浙江文化建設的"四梁八柱"，推動浙江從文化大省向文化强省跨越發展，率先找到了一條放大人文優勢、推進省域現代化先行的科學路徑。習近平總書記還親自宣導設立"文化研究工程"并擔任指導委員會主任，親自定方向、出題目、提要求、作總序，彰顯了深沉的文化情懷和强烈的歷史擔當。這些年來，浙江始終牢記習近平總書記殷殷囑托，以守護"文獻大邦"、賡續文化根脉的高度自覺，持續推進浙江文化研究工程，接續描繪更加雄渾壯闊、精美絕倫的浙江文化畫卷。堅持激發精神動力，圍繞"今、古、人、文"四大板塊，系統梳理浙江歷史的傳承脉絡，挖掘浙江文化的深厚底藴，研究浙江現象、總結浙江經驗、豐富浙江精神，實施"'八八戰略'理論與實踐研究"等專題，爲浙江幹在實處、走在前列、勇立潮頭提供源源不斷的價值引導力、文化凝聚力、精神推動力。堅持打造精品力作，目前一期、二期工程已經完結，三期工程正在進行中，出版學術著作超過一千七百部，推出了"中國歷代繪畫大系"等一大批有重大影響的成果，持續擦亮陽明文化、和合文化、宋韵文化等金名片，豐富了中華文化寶庫。堅持礪煉精兵強將，鍛造了一支老中青梯次配備、傳承有序、學養深厚的哲學社會科學人才隊伍，培養了一批高水準學科帶頭人，爲擦亮新時代浙江學術品牌提供了堅實智力人才支撐。

文化是民族的靈魂，是維繫國家統一和民族團結的精神紐帶，是民族生命力、創造力和凝聚力的集中體現。在以中國式現代化全面推進強國建設、民族復興偉業的新征程上，習近平文化思想在堅持"兩個結合"中，以"體用貫通、明體達用"的鮮明特質，茹古涵今明大道、博大精深言大義、萃菁取華集大成，鮮明提出我們黨在新時代新的文化使命，推動中華文脈綿延繁盛、中華文明歷久彌新，推動全黨全國各族人民文化自信明顯增強、精神面貌更加奮發昂揚。特別是今年9月，習近平總書記親臨浙江考察，賦予我們"中國式現代化的先行者"的新定位和"奮力譜寫中國式現代化浙江新篇章"的新使命，提出"在建設中華民族現代文明上積極探索"的重要要求，進一步明確了浙江文化建設的時代方位和發展定位。

文明薪火在我們手中傳承，自信力量在我們心中升騰。縱深推進文化研究工程，持續打造一批反映時代特徵、體現浙江特色的精品佳作和扛鼎力作，是浙江學習貫徹習近平文化思想和習近平總書記考察浙江重要講話精神的題中之義，也是浙江一張藍圖繪到底、積極探索闖新路、守正創新強擔當的具體行動。我們將在加快建設高水準文化強省、奮力打造新時代文化高地中，以文化研究工程爲牽引抓手，深耕浙江文化沃土、厚植浙江創新活力，爲創造屬於我們這個時代的新文化貢獻浙江力量。要在循迹溯源中打造鑄魂工程，充分發揮習近平新時代中國特色社會主義思想重要萌發地的資源優勢，深入研究闡釋"八八戰略"的理論意義、實踐意義和時代價值，助力夯實堅定擁護"兩個確立"、堅決做到"兩個維護"的思想根基。要在賡續厚積中打造傳世工程，深入系統梳理浙江文脈的歷史淵源、發展脈絡和基本走向，扎實做好保護傳承利用工作，持續推動優秀傳統文化創造性轉化、創新性發展，讓悠久深厚的文化傳統、源頭活水暢流於當代浙江文化建設實踐。要在開放融通中打造品牌工程，進一步凝煉提升"浙學"品牌，放大杭州亞運會和亞殘運會、世界互聯網大會烏鎮峰會、良渚論壇等溢出效應，以更有影響力、感染力、傳播力的文化標識，展示"詩畫江南、活力浙江"的獨特韻味和萬千氣象。要在引領風尚中打造育德工程，秉持浙江文化精神中蘊含的澄懷觀道、現實關切的審美情操，加快培育現代文明素養，讓陽光的、美好的、高尚的思想和行爲在浙江大地化風成俗、蔚然成風。

我們堅信，文化研究工程的縱深推進，必將更好傳承悠久深厚、意蘊豐富的浙江文化傳統，進一步弘揚特色鮮明、與時俱進的浙江文化精神，不斷滋育浙江的生命力、催生浙江的凝聚力、激發浙江的創造力、培植浙江的競争力，真正讓文化成爲中國式現代化浙江新篇章中最富魅力、最吸引人、最具辨識度的閃亮標識，在鑄就社會主義文化新輝煌中展現浙江擔當，爲建設中華民族現代文明作出浙江貢獻！

二〇二三年十二月

《浙學未刊稿叢編》前言一

徐曉軍

浙學是淵源於古越、興盛於宋元明清而綿延於當代的學術傳統與人文精神傳統，是浙江寶貴的人文優勢。浙江歷史悠久、英才輩出、人文薈萃，爲我們留下了豐富的歷史文獻資源。這些歷史文獻是浙學的主要載體，亟須系統保護和整理、充分挖掘和揭示，"讓書寫在古籍中的文字活起來"，這對於推動和繁榮浙學研究，展示浙江與時俱進的歷史軌迹，傳承富於創造的文化傳統，具有基礎的、積極的重要意義。

中華人民共和國成立以來，特別是改革開放四十年來，以《中華再造善本》《四庫全書存目叢書》《續修四庫全書》爲代表的一批文獻基礎項目的完成，以及浙江省內《重修金華叢書》《衢州文獻集成》等區域叢書出版，大量的中華典籍影印出版，宋、元、明、清刻本大多被影印出版。然而，省內外藏書機構還有相當數量的清至近代的稿抄校本未影印發布，社會利用仍存在很大障礙。據浙江省古籍普查報告統計，浙江近百家單位藏有稿本五千七百多部、抄本一萬七千多部，其中許多是普查中新發現的、未被各種目錄著錄，更未曾發布。向社會充分揭示這些祖輩留下的寶貴財産，仍然是古籍保護、整理的重要任務。二〇一二年，由浙江省文化廳等十二個廳局組成的浙江省古籍保護聯席會議，發布《浙江省"中華古籍保護計劃"實施方案》，提出實施"浙江未刊古籍影印工程"。二〇一七年七月，浙江省委、省政府發布《浙江省實施中華優秀傳統文化傳承發展工程工作方案》，提出"整理浙江館藏未刊本（手稿），選輯浙江歷代文人所撰或館藏稿本中主要内容涉及浙江而未出版刊行的文獻資料，發揮其重要的學術價值和藝術價值"。

二〇一五年，浙江省建立了《珍貴古籍名録》保護制度，入選國家和省級《珍貴古籍名録》古籍一千四百八十部（其中入選《國家珍貴古籍名録》八百七十一部）；通過古籍重點保護單位評選，百分之九十一的古籍處於達標庫房保護狀態；建立以浙江圖書館和寧波市天一閣博物院兩家國家級修復中心、四家省級修復中心和十八家修復站組成的浙江省古籍修復網絡；完成全省二百五十萬册古籍普查，建立全省三十三萬部古籍統一的信息數據庫。在浙江古籍保護體系基本建立以後，浙江古籍保護的工作重心就自然轉移到促推古籍的合理利用上來。二〇一六年，浙江省未刊古籍影印項目正式啓動，"兩浙文叢"（浙江未刊古籍整理研究）入選浙江省社科規劃優勢學科重大委託項目（17WH20022ZD）。二〇一七年八月，以"浙江文化研究工程"立項，開展未刊古籍整理工作。二〇一八年，浙江師範大學浙學傳承與地方治理現代化協同創新中心李聖華研究團隊加入項目組，浙江省哲學規劃辦公室加強經費支持，并增設三個子課題。經綜合考慮，出版成果定名爲《浙學未刊稿叢編》（以下簡稱《叢編》）。

《叢編》主要收録範圍爲：浙籍人士著作以及外省人士有關浙學的撰述；一九五〇年後未刊印的稿抄本及價值較高的孤本印本。選目主要原則爲：一、國家和省級珍貴古籍優先選入原則，將第一批至第五批《國家珍貴古籍名録》中浙江圖書館藏未刊印過的稿抄本全部選入，解決珍貴古籍看書難的問題，完善珍貴古籍名録保護制度；二、優先選入《國家珍貴古籍名録》所收人物的其他著述，以方便學界研究，如祁彪佳三種稿本《祁忠敏公稿五種》五卷、《贍族約》不分卷、《贍族簿》附《贍村簿》不分卷，毛奇齡三種稿本《誥授奉直大夫都察院湖廣道監察御史何公墓碑銘》一卷、《何母陳宜人榮壽序》一卷、《越州西山以揆道禪師塔誌銘》一卷、《蕭山三江閘議》一卷。對入選的殘本，儘可能收集完整，如姚燮《復莊今樂府選》，存世稿本分藏於浙江圖書館（一百一十册）、寧波市天一閣博物院（五十六册）、國家圖書館（二册），此次都收集齊全。又如晚清外交官、學者德清傅雲龍的稿本《籑喜廬文初集》十八卷、二集十卷、三集四卷，浙江圖書館藏初集和三集，杭州圖書館藏二集，此次也完璧出版。

《叢編》共收録一百三十餘人著述約四百一十三部，計一千八百一十册，分五輯影印出版。其中稿本三百一十二部一千四百七十八册（分別占總收録量的百分之七十七點四二和百分之八十三點六），原創性著述三百四十三部一千一百三十四册（分別占收録總量的百分之八十五和百分之六十四點一）。爲了便於社會使用，配套編纂出版《浙學未刊稿叢編·書志》和《浙學未刊稿叢編·圖録》等成果。

《叢編》是浙江圖書館聯合十一家館藏單位，與浙江師範大學等單位合作編輯成書，前期選目工作始於二〇一三年，由浙江省社會科學院歷史所徐立望先生（時任浙江大學歷史系教授）和浙江圖書館吳志堅博士承擔，二〇一六年後，由童聖江、杜惠芳和童正倫等進行審核及底本複製，二〇一八年，項目組補充選目，最終確定全書收書目録，同時確定浙江圖書館周聿丹、杜惠芳、蘆繼雯、周會會、曹海花，浙江大學徐立望，紹興王陽明研究會方俞明，分別負責來集之、朱駿聲、管庭芬、王繼香、姚燮、平步青、陶方琦和陶濬宣等專集編輯工作。項目得到國家圖書館、中國科學院文獻情報中心、上海圖書館、雲南省圖書館、天津圖書館、浙江圖書館、浙江省博物館、浙江大學圖書館、浙江師範大學圖書館、寧波市天一閣博物院、西泠印社管委會、杭州圖書館、杭州博物館、溫州市圖書館、紹興圖書館、嘉興市圖書館、餘姚市文物保護管理所、海寧市圖書館、嘉善縣圖書館等單位和紹興市王德軒先生的大力支持。項目又得到浙江省社科聯和國家古籍保護中心領導大力支持和關心，浙江師範大學黃靈庚教授、復旦大學吳格教授、浙江大學張涌泉教授、山東大學杜澤遜教授、國家圖書館張志清研究館員等專家爲項目提供了非常有價值的寶貴意見，國家圖書館出版社殷夢霞總編輯和張愛芳主任等編輯爲項目成果的出版提供了專業支持，浙江圖書館原館長朱海閔女士、應長興先生對項目策劃和前期工作提供了强有力領導保障。在此一并表示衷心的感謝。

二〇二〇年五月二十日於浙江圖書館孤山館舍

《浙學未刊稿叢編》前言二

李聖華

浙學興於南宋，乃儒學的一次新變。崛起雖晚，却很快成爲傳統學術的重要源流，明代一度標建高幟，蔚爲“顯學”。作爲具有兩浙地域特色的“非地域性”學術，千餘年來，浙學對中華文化産生了廣泛深遠的影響。從生成上看，興於南宋，東萊之學、永康之學、永嘉之學爲其標志，浙東乃其“祖庭”，故後世稱“浙東之學”。從淵源上看，近接北宋周程之學，遠接漢學，上溯孔孟。朱熹理學、陸九淵心學盛傳兩浙，與東萊之學、永嘉之學合流，并爲浙學源頭。從傳播上看，自南宋至明初，婺州爲中心，明中葉而後，中心移至紹興、寧波。然播傳不限兩浙，影響及於天下，無論東萊之學，還是陽明之學、梨洲之學，海内宗之。從特質上看，雖源出周程，但獨具特質：經史并重，乃至“經史不分”；重經世，強調實學事功；重文獻，并采漢、宋，博收廣蓄；綜會兼容，不避“博雜”。從流派上看，自南宋至晚近成一大學脉，學脉内又有學派之分，如東萊中原道統、永康事功、永嘉經制，又如北山、深寧、東發、陽明、蕺山、梨洲諸學派，各自在中國學術思想史上樹立里程碑。

晚近以來，西學興而舊學衰，學者習新黜故，積久而成傳統學術斷層。百餘年間，浙學血脉若斷若續。新世紀以來，賴吳光、黃靈庚、董平諸先生倡導，浙學研討復興。興復古學，道合日衆，我們進而倡議編纂《浙學文獻集成》，惜艱於施行。浙江圖書館從事《兩浙文叢》之役，首編擬作《兩浙未刊稿叢編》。浙江省社科聯邵清先生提議冠名"浙學"，乃刪剔叢雜，輯存專門文獻，成《浙學未刊稿叢編》（以下簡稱《叢編》）。凡數百册，收明清稿抄本四百餘種，分爲五輯，陸續影印刊行。茲編以專題文獻、專人文獻彙輯方式收錄珍稀古籍，限於當前條件，所收範圍暫止於浙人著述，未盡合浙學廣大之義。其間作者或非浙學傳人，然著述涉言浙學，庶幾有裨於浙學發覆，仍錄不遺。所收珍稀之本，如入寶山，觸手可珍。於宋、元、明浙學大家名家著述已影印或整理出版者，則力避重複，故收清人著述爲多。茲編爲浙學傳播，深入發掘浙學歷史源流、思想内蘊、成就得失提供基礎文獻，雖不足稱浙學復興基石，然"椎輪爲大輅之始"，其價值自當可觀。

一、浙學淵源流變

關於浙學的源流，近人何炳松《浙東學派溯源》略及之。朱、陸、吕三家共爲浙學源頭，長期以來如何交叉融合？從金華一派到姚江一派，再到樸學浙派，發生了怎樣的變化？史學、經學如何互相影響，結果如何？浙學與樸學是一種怎樣的關係？諸如此類問題，皆有待探討。《叢編》爲深入發覆浙學源流提供了重要的材料。

浙學源流的梳理，明清已有不少著述。專門之論，有明人陳雲渠撰《浙學譜》一卷、明末劉鱗長輯《浙學宗傳》不分卷、清人許汝稷輯《浙學傳是編》六卷、清末張廷琛撰《浙學淵源述要》不分卷。專論浙學一脉，有明人金賁亨撰《台學源流》七卷、董遵撰《金華淵源録》二卷，清人沈復粲輯《霞西過眼録》八卷。

其合浙學與宋元之學及明學、清學并論，有黄宗羲撰《明儒學案》及其發凡起例、黄百家與全祖望等纂輯補修《宋元學案》、徐世昌等纂輯《清儒學案》等。《宋元學案》《明儒學案》述浙學源流皆詳。《清儒學案》述《南雷學案》《楊園學案》《三魚學案》《西河學案》《竹垞學案》《鄞縣二萬學案》《餘山學案》《董浦學案》《息園學案》《謝山學案》《抱經學案》《耕崖學案》《實齋學案》《南江學案》《錢塘二梁學案》《鶴泉學案》《秋農學案》《南陔學案》《鐵橋學案》《丹邨學案》《嘉興二錢學案》《柳東學案》《做居學案》《定盦學案》《壬叔學案》《曲園學案》《越縵學案》《籀廎學案》諸學案，亦云富矣，惜構畫不成體系，源流終有未明。如《南雷學案》僅列梨洲甬上、越中弟子數人，遺查慎行等海昌門人；以爲杜煦、姜炳璋無可歸屬，列入《諸儒學案》；平步青爲一時名家，竟遺其人，實可別立"景蓀學案"；《謝山學案》末附王梓材，而遺并稱之馮雲濠；邵瑛、沈冰壺、黃璋、查揆等人皆有學，《清儒學案》未言及之。

其合浙學與儒學源流并論，有周汝登撰《聖學宗傳》十八卷、黃宗羲撰《理學録》不分卷、姜希轍撰《理學録》九卷、萬斯同撰《儒林宗派》十六卷等。

以上諸書，《浙學譜》《浙學傳是編》不傳；黃宗羲《理學録》傳世有稿本，姜希轍《理學録》傳世有清抄本，沈復粲《霞西過眼録》傳世有稿本，皆未刊，其他數種各有刻本。《宋元學案》除刻本、抄本外，更有稿本數種。《叢編》未能輯得黃宗羲《理學録》稿本，但收録姜希轍《理學録》、沈復粲《霞西過眼録》、黃璋等校補《宋元學案》。

《宋元學案》自清康熙間黃宗羲發凡起例，至道光二十六年（1846）何紹基刻成百卷，成書歷時一百七十餘年，黃宗羲、黃百家、全祖望、黃璋、黃徵乂、王梓材、馮雲濠等十餘人各有功績。所構畫宋元學術史體系，久爲學者問學津筏和學術史撰著依據。黃百家底稿、全祖望底稿大都散佚，黃璋等校補本久鑰藏室，今人習見爲何氏刻本百卷，即王梓材、馮雲濠校補本。黃宗羲、黃百家父子，黃璋、黃徵乂父子，全祖望及王、馮諸子各有何貢獻，纂修思想前後發生怎樣變化，其間得失如何？《叢編》所收餘姚市文物保護管理所藏《宋元學案》稿本二十册，爲認識這類問題提供了有力的材料。王、馮校補《學案》，未見黃百家原稿，主要采用全祖望歿後散出底稿（大都藏於門人盧鎬家，部分殘稿藏於門人蔣學鏞家），即《宋元學案考略》所説“月船盧氏所藏底稿本”“樗菴蔣氏所藏底稿殘本”，間用黃璋父子校補本，即“餘姚黃氏校補本”[一]。今盧氏、蔣氏藏本罕傳，傳者有黃氏校補本《宋元儒學案》八十六卷（清抄本），其中《宋儒學案》藏中國臺灣傅斯年圖書館，《元儒學案》藏國家圖書館。《宋元儒學案》抄自黃璋等校補稿本《宋元學案》。稿本有全祖望、黃璋、黃徵乂等人手迹，校補以全氏、黃璋爲主，徵乂批校多爲校訂及注明抄寫格式。今詳作考證，知第三本《關中學案》後半部爲全氏底稿，修補於黃百家原本録副上；第五本《道南學案》爲全氏底稿，百家原本録副；第七本《豫章學案》《延平學案》，黃百家、全祖望原未分二案，其《朱松傳》以前爲全氏底稿，《朱松傳》以後爲全氏底稿，百家原本録副；第七本接下《橫浦學案》有兩本，前一種爲黃璋重抄，後一種爲全氏底稿，百家原本録副。第十本《潛菴學案》《雙峰學案》《四明朱門學案》爲全氏底稿，百家原本録副；第十三本《新安學案》《木鐘學案》《鶴山學案》爲全氏底稿，百家原本録副；第十四本《西山學案》爲全氏底稿，百家原本録副；第十九本《鳴道學案》爲全氏底稿。黃氏、全氏底稿，學界久覓不得，不意於此本得見。對讀黃氏校補本、道光刊本，用文獻還原之法，析骨還肉，可以辨析諸家在《宋元學案》成書中思想異同、貢獻得失。如黃百家未立《東萊學案》《深寧學案》《麗澤諸儒學案》；全祖望别立《東萊學案》《深寧學案》；《麗澤諸儒學案》，全氏底稿未見，王、馮采黃璋父子校補，析《東萊學案》部分内容，復自作增補，成《麗澤諸儒學案》。黃百家討論宋元之學，以朱、陸爲綱，全祖望重拈朱、陸、吕并立以變化之，從黃璋到王、馮，大抵用全氏構畫體系，而皆修改未盡。

黃宗羲、姜希轍爲劉宗周高弟子，各撰《理學録》，堪稱《宋元學案》《明儒學案》之嚆矢。黄氏《理學録》，學界久以爲散佚。今人彭國翔先生披閲古籍，發現稿本尚存。是書共録濂溪學派、康節學派、河南學派、關中學派、浙學派、道南學派、湖南學派、金華學派、輔氏學派、江右學派、北方學派、明初學派、河東學派、崇仁學派、白沙學派、甘泉學派等十六學派。專立“浙學派”之目，開篇爲袁溉，注云“程氏門人，已見”。其後録門人薛季宣及後傳五十一人：薛季宣、陳傅良、蔡幼學、曹叔遠、吕大亨、章用中、陳端己、陳説、林淵叔、沈昌、洪霖、朱黼、胡時、周行己、鄭伯熊、吳表臣、葉適、周南、孫之宏、林居安、趙汝鐸、王植、丁希亮、滕宬、孟猷、孟導、厲詳、邵持正、陳昂、趙汝讜、陳耆卿、吳子良、舒岳祥、陳亮、喻偘、喻南强、陳頤、錢廓、郎景明、方坦、陳檜、金潚、凌堅、何大猷、劉範、胡括、章椿、徐碩、劉淵、孫貫、吳思齊。河南學派注云“程氏門人”，録二程門人五十二人，楊時、吕大均、吕大臨、吕希哲、袁溉皆在内[二]。書頗可貴，惜難徵集，本編未收。黄氏《理學録》至甘泉學派止，姜氏《理學録》則始於陽明學派。第一册收陽明及門人錢德洪諸人文録、語録。第二册爲《東林學派》《蕺山學派》。《東林學派》前有《東林學派表》，始歐陽德，下爲歐陽氏傳人李春芳、萬虞愷、王宗沐、何祥、張棨、薛應旂，接爲薛門再傳顧憲成、顧允成、薛敷教，再爲顧憲成門人高攀龍。歐陽德前標“王氏門人”，顧憲成前標“薛氏門人，陽明三傳”，高攀龍前標“顧氏門人，陽明四傳”。按所述，東林學派係出陽明。萬斯同《儒林宗派》卷十五“王氏學派”，述歐陽德一支，下接胡直、薛應旂、何祥、貢安國、沈寵、王宗沐、敖銑、卓邦清；後接薛氏門人薛敷教、顧憲成、顧允成，胡直門人鄒元標；再接顧憲成門人丁元薦、史孟麟，鄒元標門人馮應京[三]。所述與姜多合，然未列高攀龍。《明儒學案》立《東林學派》，首標顧、高。顧憲成傳言及其曾問學於薛應旂，應旂授以《考亭淵源録》，曰：“洙泗以下，姚江以上，萃於是矣。"[四] 傳又言 "先生深慮近世學者，樂趨便易，冒認自然"，"而於陽明無善無惡一語，辨難不遺餘力，以爲壞天下教法，自斯言始"，"今錯會陽明之立論"，"當時之議陽明者，以此爲大節目，豈知與陽明絶無干涉。嗚呼！天泉證道，龍谿之累陽明多矣"[五]。蓋以爲東林已逸出，故不標陽明後派。由此可見，黃、姜見解不盡合，萬氏之見與乃師亦不同。後世論東林學派，多不歸於陽明後學。就淵源論，東林雖爲陽明別調，亦可稱浙學流亞。《蕺山學派》前有《蕺山學派表》，首列唐樞，下接唐樞傳人許孚遠、錢鎮，再接許孚遠傳人劉宗周、馮從吾。唐樞下標 "甘泉門人"，許孚遠前標 "唐氏門人，甘泉再傳"，劉宗周前標 "許氏門人，甘泉三傳"。《明儒學案》卷六十二《蕺山學案》未專强調 "甘泉三傳"。《儒林宗派》卷十五述 "王氏門人"，末附劉宗周與 "劉氏學派"。"劉氏學派" 列吳麟徵、葉廷秀、王毓著、祝淵、祁彪佳、何弘仁、傅日炯、劉汋、陳確、章正宸、金鉉、惲日初十二人。王梓材增注本按云："日初下，當有闕文。"[六] 第三册爲《錢緒山學派》《龍溪學派》《鄒氏學派》《劉氏學派》，《明儒學案》分列錢德洪、王畿入《浙中王學》，鄒守益、劉文敏入《江右王學》[七]。第四册爲《白沙學派》《甘泉學派》，《明儒學案》分歸入《白沙學案》《甘泉學案》。姜氏《理學録》六派前各有學派表，述師承統緒。《明儒學案》所述師承則略，於姜氏所載傳人有未言及者。《儒林宗傳》卷十四歸甘泉一派入 "陳氏學派"，湛若水傳唐樞，唐樞傳許孚遠，許孚遠傳馮從吾、劉宗周，卷十五別立 "劉氏學派"，所述統緒大抵與姜合。卷十五 "王氏學派"，與姜氏所列學派表復多相合，然不標 "錢緒山學派" "龍溪學派" "鄒氏學派" "劉氏學派" "東林學派" 之名。

黃、姜皆蕺山親炙弟子，交往甚密，萬斯同爲梨洲高足，蕺山再傳，三人論學脉各有側重，乃有此異。諸家之論正可參看，以辨浙學源流。沈復粲《霞西過眼録》八卷，抄撮史部諸書，專録姚江一派，編次叢雜，價值遜於《宋元學案》《理學録》，然用力爬梳搜羅，亦可備鑒觀浙學源流。

二、關於"由經入史"

何炳松論浙學興衰，概括爲"由經入史""由史入文"八字，云："初闢浙東史學之蠶叢者，實以程頤爲先導"，"傳其學者多爲浙東人。故程氏雖非浙人，而浙學實淵源於程氏。浙東人之傳程學者有永嘉周行己、鄭伯熊，及金華之吕祖謙、陳亮等，實創浙東永嘉、金華兩派之史學，即朱熹所目爲'功利之學'者也"，"唯浙學之初興也蓋由經入史，及其衰也又往往由史入文。故浙東史學自南宋以至明初，即因經史文之轉變而日就衰落。此爲浙東史學發展之第一個時期"，"迨明代末年，浙東紹興又有劉宗周其人者出"，"其學説一以慎獨爲宗，實遠紹程氏之無妄，遂開浙東史學中興之新局"，"其門人黃宗羲承其衣鉢而加以發揮，遂蔚成清代寧波萬斯同、全祖望及紹興邵廷采、章學誠等之兩大史學系。前者有學術史之創作，後者有新通史之主張"，"此爲浙東史學發展之第二個時期"，"唯浙東史學第一期之初盛也，其途徑乃由經而史，及其衰也，乃由史而文。第二期演化之經過亦復如是"[八]。"由經入史"，指由治經而好史；"由史入文"，指由治史而好文。"由史入文"未造成明清浙學之衰，何炳松判斷可疑，但所説浙學之興乃在"由經入史"，則爲確論。不過，浙學學者"經史不分"，不欲使二者相割裂，"史"也終未置於"經"上。且史學一脉發展流變遠較何氏所説複雜，非僅所謂第一時期、第二時期所能概括。

浙學之史學成就，有目共睹，《叢編》收明清稿抄本，也呈現了明清浙學經史繁榮的情況及"經史不分"的特質。

浙學史上號通儒者，首推吕祖謙，次爲王應麟、宋濂、黃宗羲。就經學言，學者長於治《易》《春秋》，《詩》《禮》之學稍可觀，《尚書》罕見專家。因傳朱學，又多擅《四書》學，如金履祥、許謙等。《叢編》收録經解，未如史著富有，亦自不少。如《易》學著作：黄璋《周易象述》不分卷，朱駿聲《易學三種》（《易鄭氏爻辰廣義》《易經傳互卦卮言》《易章句異同》）、《易消息升降圖》、《學易札記》、《六十四卦經解》，陶方琦《鄭易小學》，黄式三《易傳通解初稿》，柯汝霖《平湖柯春塘先生易説》。《春秋》學著作：董守諭《春秋簡秀集》、朱駿聲《春秋左傳識小録》《春秋闕文考》《春秋平識》《春秋三家異文疏》《春秋亂賊考》、陶方琦《春秋左氏古經漢義補證》、王紹蘭《春秋説》。《詩》學著作：沈近思《學詩隅見録》、沈冰壺《沈氏詩醒八牋》、姚燮《詩問稿》、陶方琦《韓詩遺説補》。《禮》學著作：王紹蘭《周人禮説》《儀禮圖》等。此外，經説尚有黄以恭《愛經居經説》，《四書》學著述有方楘如《四書考典》。以上大都清人之作。當然，這并不意味宋、元、明浙學經解少，乃《叢編》專收“未刊稿抄本”使然。總體以觀，清人經解一方面承緒浙學“經史不分”傳統，另一方面深受清代樸學風氣影響，并以小學考據見長。

《叢編》收史著數量、卷帙遠超過經解。由於立意“未刊”，僅收稿抄本，故吕祖謙《大事記》《十七史詳節》、王益之《西漢年紀》、黄震《古今紀要》、王應麟《通鑑地理通釋》、胡三省《資治通鑑音注》《通鑑釋文辯誤》、王禕《大事記續編》、黄宗羲《明儒學案》等經典之作，因有刻本，甚乃宋元珍槧，不復采録。黄宗羲史著多種，整理本《黄宗羲全集》已收，《叢編》不重複收録。清初浙學三部史學名著，即張岱《石匱書》、談遷《國榷》、萬斯同《明史》，未刻行。《石匱書》存稿本（殘）、清抄本（殘）。《國榷》傳清初抄本（殘）、清抄本、清胡蕉窗抄本（殘）等。萬氏《明史》存清抄本四百十六卷，又有清抄本《明史紀傳》三百十三卷（殘），稿本《明史列傳稿》二十二卷，清抄本《明史列傳稿》二百六十七卷。今以《石匱書》《明史稿》已影印，《國榷》已整理，捨而弗録。《叢編》所收稀見文獻，史部諸類幾盡涵蓋，而傳記最多，其次爲政書、地理、金石考、雜史。收録情况如下：

紀傳之史，如杭世駿《金史補》、平步青《宋史叙録》。編年之史，如沈德符《歷代正閏考》。紀事本末，如陶濬宣《通鑑長編紀事本末補佚》。雜史，如朱駿聲《秦漢軍國考》《孔子紀年》、陶濬宣《官階古稱考》《國朝掌故瑣記》。史表，如俞汝言《崇禎大臣年表》。史鈔，如沈赤然《後漢搴英》、傅以禮《史鈔》。史評，如孫德祖《讀鑑述聞》、馬青《史繩》。譜牒，如向洪上等修《向氏家乘》、孫峻《孫氏家乘》。政書，如平步青《星軺便覽》《國朝館選爵里謚法考》、傅以禮《明謚考》《明謚考略》。詔令奏議，如何焯《兩漢制詔》、閔鶚元《奏稿》、王文韶《退圃老人直督丙申奏議》《直督奏議》、林啓《奏議公文遺稿》、吳慶坻《奏稿録要》。地理類，如鄭元慶《湖録》、沈復粲《大善寺志稿》、孫峻《天竺續志備稿》《六和塔志》、許良模《花溪志補遺》、祝定國《花溪備忘録》、丁丙《杭城坊巷志》、金明全《紹興風俗志》、杭世駿《武林覽勝記》、陶濬宣《東湖記》、管庭芬《越遊小録》。金石考，如吳東發《金石文跋尾》《吳侃叔吉金跋》、管庭芬《錢譜》、傅雲龍《籑喜廬訪金石録》、洪頤煊《倦舫碑目》、陶濬宣《金石隨筆》《稷山所見金石目》。目録，如管庭芬《海昌經籍志略》、陶濬宣《國朝史學叢書目録》。

傳記又以總傳、日記、年譜、職官類爲多。如屠本畯《三史統》、項聖謨《歷代畫家姓氏考》、萬言《明女史》、沈冰壺《勝國遺獻諸人傳》《勝國傳略》《本朝諸公傳》、朱駿聲《吳中朱氏史傳》、平步青《國朝文録小傳》《燃藜餘照》《唐文粹補小傳》《南書房入直諸臣考略》、陶濬宣《國朝紹興詩録小傳》、傅以禮《明史續編》《傅氏先世事實編》、沈景修《禾郡項氏事略》、吳慶坻《辛亥殉難記》、平步青《國子監進士題名碑録》《唐科目考》《五代宋元科目考》、孫德祖《兩朝會狀録》、王繼香《王孝子事略》、查慎行《壬申紀遊》、姚祖同《南歸紀程》《金陵行紀》、管庭芬《日譜》、平步青《南轅紀程》、陶濬宣《海州病中日記》《入剡日記》、王繼香《日記》、沈景修《蒙廬日記》、吳慶坻《使滇紀程》《入蜀紀程》、平步青《西漢宰相考》《東漢宰相考》《五代宰相考》《宋宰輔考》《明宰輔考》《明列輔起家考》《復社姓氏錄》《殘明百官簿》、葉嘉楷《葉文定公年譜》、孫衣言《葉文定公年譜》、韓系同《毛西河先生年譜殘稿》、陶方琦《許君年表稿》、嚴烺《自撰年譜》、朱蘭《黃梨洲先生年譜稿》《補讀室自訂年譜》《舜水先生年譜稿》、黃雲眉《南江先生年譜初稿》。

以上史著，稿本居多。《歷代正閏考》《明女史》《湖錄》《崇禎大臣年表》《金史補》《武林覽勝記》等皆知名於世。鄭元慶《湖錄》一百二十卷，大都散佚，《叢編》收初稿本五卷殘帙，計一百十六葉，另題跋六葉。元慶字子餘，號芷畦，歸安人。沉酣載籍，肆力著述。應聘纂修《湖州府志》，書成未刻。自嘆數十年心力，不忍弃之，遂別成《湖錄》[九]，當時僅刻傳二卷。覽者服其精博，全祖望《鄭芷畦窆石志》稱其"苕中文獻之職志"[一○]。乾隆初年，胡承謀修《湖州府志》，援以爲據。周中孚《鄭堂讀書記》卷三十二云："其原稿即爲胡《志》所取材，止有初稿在吾鄉楊拙因處，并原稿爲胡氏取去。"[一一]《[雍正]浙江通志》、阮元《兩浙金石志》、陶元藻《全浙詩話》、丁丙《善本書室藏書志》、陸心源《三續疑年錄》《吳興金石記》及汪曰楨《湖蠶述》，頗徵述《湖錄》。杭世駿《武林覽勝記》未刻，吳慶坻《蕉廊脞錄》卷五云："董浦先生著《武林覽勝記》四十二卷，無刻本。友石山房高氏藏鈔本，題'仁和杭世駿大宗輯，東里盧文弨召弓校'。"[一二]《叢編》所收即此本。《兩浙經籍志》稱是書"乃攟拾浙中舊志，增益舊聞，而補采搜討之功，獨爲詳備"，"今存此一書，猶見當時典章文物也"。[一三]世駿研治諸史，著

《史記考證》七卷、《後漢書百官志》五卷、《漢爵考》一卷、《漢書蒙拾》三卷、《後漢書蒙拾》二卷、《三國志補注》六卷、《晉書補傳贊》一卷、《諸史然疑》一卷等。《叢編》收其《金史補》不分卷，民國二十六年（1937）影抄本，封題“影錄仁和瞿氏清吟閣原鈔稿本”，共九冊。《中國古籍總目》未著錄此本。是書與厲鶚《遼史拾遺》二十四卷，皆效劉昭、裴松之注史之法，補正史之闕，爲研治宋、金、遼三史需備舊籍。

有清一代，浙學史學大盛，乃清代史學最重要的一支。其統緒有自，研治明史頗爲顯著，近源可追溯至明末私撰史著風氣，真正發軔則是張岱作《石匱書》，談遷撰《國榷》，查繼佐作《罪惟錄》，黃宗羲與門人萬斯同、邵廷采等爲存明史，撰著私史。浙學傳人接緒黃、萬，推轂探研明史之盛。《叢編》所收乏宏製，但可觀者不少。如俞汝言《崇禎大臣年表》、萬言《明女史》、沈冰壺《勝國遺獻諸人傳》《勝國傳略》、傅以禮《明史續編》、平步青校補《殘明百官簿》等，可見浙派史學旨趣所在。俞汝言爲明遺民，其《崇禎大臣年表》稿本一卷，記一朝殿閣、部院大臣，末附弘光南都即位大臣表。《自序》云：“論者以明而過察，信任不專，以致群臣畏罪，相爲欺蔽。然不思人臣委身事主，惟所任使，位卑職輕，則曰非我任也。及都右職，則曰委任不專也。又曰好疑用察，救過不暇也。是則無一之可爲歟？迨至君呼籲而求助，臣逡迴而不前，壞不可支，歸之氣數”，“爲是説者，是左聖明，長奸佞，設辭以助惡也。即無論其他，五十輔臣中，力排衆議、任相十年者有之，起自外僚、特簡政地者有之，奪情召用、出入將相者有之，釋褐三載、即首端揆者有之。任非不專也，察非過用也，而效忠殫職，何鮮聞也？”反思明亡之由、崇禎政亂之故，駁斥時人將亡明歸於崇禎“明而過察，信任不專”。崇禎亡國，實錄未作。俞氏此作存史，簡明而確，便於觀覽，可與《國榷》及民間私撰《崇禎實錄》《崇禎長編》相發明。浙學傳人好談明史事，自清初迄晚近胥然。乾嘉間，山陰沈冰壺字玉心，號梅史，熟精於史，尤諳明人物軼事，與同時全祖望等人關注前明舊史，致力存一代文獻。《叢編》收其《勝國遺獻諸人傳》不分卷，黃璋抄本，即《勝國傳略》卷六錄出單行者。傳錄蔣德璟、張鏡心、李清、姜埰、姜垓、徐復儀、王正中、董守諭、劉汋、柴紹炳、侯玄汸、侯玄涵、傅山、來集之、吳繁昌、吳謙牧、蔣平階、李世熊、梁以樟、林古度、閻爾梅、王弘撰、杜濬、張杉、徐柏齡、李標、范路、來蕃、葉名振、萬泰、徐鼎、陳恭尹、屈大均、文點等五十一人，各有史評。末附清人王復禮、陳廷會、孫治、毛先舒四人傳。其書表彰奇節忠直，所謂"勝國遺獻諸人傳"，即"明遺民傳"，類於黃宗羲、邵廷采記東南遺民，非簡單抄撮舊籍。且多捃摭兩浙遺民，有裨明季史乘。今人謝正光、范金民二先生編纂《明遺民錄彙輯》，收邵廷采《明遺民所知傳》、黃容《明遺民錄》、佚名《皇明遺民傳》、陳去病《明遺民錄》、孫鏡菴《明遺民錄》、陳伯陶《勝朝粵東遺民錄》、秦光玉《明季滇南遺民錄》等七種[一四]，頗具史料價值。今天看來，尚可補葺。沈冰壺《勝國遺獻諸人傳》、侯登岸《勝國遺民錄》、張其淦《明代千遺民詩詠》等皆可補錄。由於文獻難徵，南明史研治不易，其中甚難的一點即南明職官考錄。平步青校補《殘明百官簿》四卷，值得稱道。是書輯者未詳，平氏以卷第殘損、波磔脫落，校而補之，卷一爲《弘光百官簿》，卷二爲《魯監國百官簿》，卷三爲《唐王百官簿》，卷四爲《桂王百官簿》。全祖望嘗見《庚寅桂林百官簿》，考之知寧士仕嶺外者三人：鄞縣余鵰起、任斗墟，奉化陳純來。《題庚寅桂林百官簿》嘆其事難考，鵰起事迹"近始得其始末"[一五]。由此可覘《殘明百官簿》價值。傅以禮輯《明史續編》，從家譜、別集、總集、方志中爬梳大量明季人物傳記，偶收請疏、墓誌銘、墓表等，以補《明史》所未詳，亦可見浙派重文獻的傳統。

　　《叢編》收清人日記稿抄本十餘種、清人撰年譜近十種。日記別有紀年價值，年譜對學術史研究大有補益。年譜之作興於宋，盛於明清。浙學傳人喜作學者年譜，如呂祖儉爲呂祖謙撰《年譜》，喬行簡爲宗澤作《忠簡公年譜》，袁燮爲陸九淵作《象山陸先生年譜》，錢德洪爲王陽明作《陽明先生年譜》，盧演爲方孝孺作《方正學先生年譜》。《叢編》所收略可見浙學這一風氣。

三、樸學之浙派

中國傳統經學有漢學、宋學之分，略言之，漢學重考據訓詁，宋學重性理詮釋。至於清代，學者各有取徑、師承、好尚，尚漢學者有之，好宋學者有之，兼采漢、宋者有之，更有不分漢、宋者。這與清代詩壇分野相類，或宗唐，或宗宋，或兼學唐、宋，或不分唐、宋。清代學風屢生變革，皮錫瑞《經學歷史》述曰：“國朝經學凡三變。國初，漢學方萌芽，皆以宋學爲根柢，不分門戶，各取所長，是爲漢、宋兼采之學。乾隆以後，許、鄭之學大明，治宋學者已尟，説經皆主實證，不空談義理，是爲專門漢學。嘉道以後，又由許、鄭之學導源而上，《易》宗虞氏以求孟義，《書》宗伏生、歐陽、夏侯，《詩》宗魯、齊、韓三家，《春秋》宗《公》《穀》二傳。漢十四博士今文説，自魏、晉淪亡千餘年，至今日而復明。實能述伏、董之遺文，尋武、宣之絶軌，是爲西漢今文之學。學愈進而愈古，義愈推而愈高，屢遷而返其初，一變而至於道，學者不特知漢、宋之別，且皆知今、古文之分，門徑大開，榛蕪盡闢。”[一六]總括大抵可信。清儒取捨好尚不同，有清學術遂區分諸派。清初，黃宗羲講學東南，讀書窮經，兼好治史，并采漢、宋，是爲梨洲一派；孫奇逢講學於北，著《理學宗傳》，主於宋學，是爲夏峰一派。南黃北孫，爲一時顯學。此外，顧炎武、汪琬、徐乾學等傳吳中學統，兼采漢、宋；李顒、李因篤等傳關中學統，主於宋學；閻若璩倡導漢學，重於考據。自乾隆以後，漢、宋之爭熾，有吳派、皖派之分，又有今文、古文之訟。學者論清學，喜談吳派、皖派，輕於拈説浙派，即使談之，亦多將其歸爲史學一派。事實上，浙學亦清學一大源頭，浙派堪與吳派、皖派相鼎立。

關於吳、皖之分，學者所論多矣。章炳麟云："其成學著系統者，自乾隆朝始。一自吳，一自皖南。吳始惠棟，其學好博而尊聞；皖南始戴震，綜形名，任裁斷。此其所異也。"[一七]梁啓超有"惠、戴兩家中分乾嘉學派"之説[一八]，謂："但漢學派中也可以分出兩個支派，一曰吳派，二曰皖派。吳派以惠定宇（棟）爲中心，以信古爲標幟，我們叫他做'純漢學'。皖派以戴東原（震）爲中心，以求是爲標幟，我們叫他做'考證學'。"[一九]錢穆談論稍異："今考惠學淵源與戴學不同者，戴學從尊宋述朱起脚，而惠學則自反宋復古而來"，"徽學以地僻風淳，大體仍襲東林遺緒，初志尚在闡宋，尚在述朱，并不如吳學高瞻遠矚，劃分漢、宋，若冀、越之不同道也"。又謂"東原論學之尊漢抑宋，則實有聞於蘇州惠氏之風而起也"，贊同王鳴盛所説"惠君之治經求其古，戴君求其是，究之舍古亦無以爲是"，以爲惠、戴非異趨，吳、皖非分幟[二〇]。今人陳祖武先生進而指出吳、皖分派不盡合理，治乾嘉學術，但按地域劃分學派還可商量，不宜以吳、皖兩派或惠、戴二家來概括整個乾嘉學派，其時南北學者爭奇鬥妍，"互爲師友，相得益彰，其間本無派別之可言。强分門户，或吳或皖，實有違歷史實際"[二一]。筆者基本贊同這一説法，乾嘉非僅有吳派、皖派，强分門户，有違實際。梁啓超也承認所舉派別"不過從個人學風上，以地域略事區分。其實各派共同之點甚多，許多著名學者，也不能説他們專屬哪一派"[二二]。不過筆者仍略有不同之議：緣師承取法、學術旨趣之異，學者各成一隊，門户亦客觀存在，不必盡黜之。皖派、吳派以地域命名，但皖派非皖人之學，吳派非吳人之説，均超越地域所限，與浙學非浙人之學同理，不必諱疾忌醫。

章、梁論吳、皖之學，也關注到浙學一脉。章炳麟《訄書·清儒》曰："然自明末有浙東之學，萬斯大、斯同兄弟皆鄞人，師事餘姚黄宗羲，稱説《禮經》，雜陳漢、宋，而斯同獨尊史法。其後餘姚邵晉涵、鄞全祖望繼之，尤善言明末遺事。會稽章學誠爲《文史》《校讎》諸通義，以復歆、固之學，其卓約過《史通》。而説禮者羈縻不絶，定海黄式三傳浙東學，始與皖南交通。其子以周作《禮書通故》，三代度制大定。唯浙江上下諸學説，亦至是完集云。"從史學、《禮》學總述清代浙東之學。梁啓超《中國近三百年學術史》云："此外尚有揚州一派，領袖人物是焦里堂（循）、汪容甫（中）。他們研究的範圍，比較的廣博。有浙東一派，領袖人物是全謝山（祖望）、章實齋（學誠），他們最大的貢獻在史學。"[二三] 章氏不言學派，梁氏明言之，以吳、皖爲主流，以揚、浙爲支流。章氏并談經史，梁氏獨拈一史。

　　學者關注皖、吳，無可非議，但不應輕視浙派成就和影響。應該説，浙學亦乾嘉之學近源，浙派爲清代樸學重要一支。梁啓超以爲乾嘉"自成一種學風"，稱之"科學的古典學派"[二四]，學者習用説法是清代樸學。清初漢、宋兼采，爲樸學發軔。嘉道而後，沿許、鄭之學導源而上，爲樸學變化。就發軔言，黄宗羲、顧炎武、徐乾學、汪琬、閻若璩、萬斯同皆重要人物。錢穆不贊同近人率推顧炎武爲"漢學開山"："而亭林漫游河、淮，於江左文史夙習，滌弃若盡，要其辨經學、理學，分漢、宋疆界，則終亦不能遠異於其鄉先生之緒論耳。近人既推亭林爲漢學開山，以其力斥陽明良知之説，遂謂清初漢學之興，全出明末王學反動，夫豈盡然？"[二五] "其語要非亭林所樂聞也。"[二六]駁斥夸大清初漢學，不贊同梁啓超等人以顧炎武爲"漢學開山"。清初學者研習漢學，與乾嘉學者立意、路徑頗異，簡單將顧炎武認作"漢學開山"，未妥。不過研治漢學乃清初學風轉變一大關捩，學者兼采漢、宋或漢、宋不分，是學術史客觀存在，追溯乾嘉之學近源，可推至黄宗羲、萬斯同、顧炎武、汪琬、徐乾學、閻若璩等人。

黄、萬之學源出姚江一脉而自爲變化，閻若璩則自稱梨洲私淑弟子。梁啓超稱"大抵清代經學之祖推炎武，其史學之祖當推宗羲"，還指出宗羲"又好治天算，著書八種。全祖望謂'梅文鼎本《周髀》言天文，世驚爲不傳之秘，而不知宗羲實開之'。其《律呂新義》，開樂律研究之緒。其《易學象數論》，與胡渭《易圖明辨》互相發明"，"故閻、胡之學，皆受宗羲影響。其他學亦稱是"[二七]。樸學發軔，不離吳越。浙學盛於兩浙，并傳吳中。黄、顧商證學問，各有助益。惠棟標榜專門之漢學，自稱四世漢學，實則惠氏家學源出汪琬等吳中學者。以淵源論，樸學與浙學大有關係。統觀南宋之學，諸儒未嘗專詮義理而不事訓詁考據。吕學與朱學一大不同，即吕學兼采漢學、北宋之學，重於訓詁、文獻。"東萊文獻""經史不分"，奠立浙學基調。陽明一派崛起，浙學新變，訓詁考據非所長，爲談説性理所掩。至梨洲一派，風氣一變，讀書重於經解，經史側於文獻，遥接東萊之緒，兼事義理、考據。非僅浙派繼之，吳、皖二派究未逾於此外。漢、宋之爭日熾，惠、戴傳人各標門户，方東樹作《漢學商兑》爲宋學護法，江藩作《國朝漢學師承記》爲漢學護法。有調和漢、宋者，更有跳出漢、宋而標"清學"者，龔自珍即其人。《與江子屏箋》云："大著曰《國朝漢學師承記》，名目有十不安焉。改爲《國朝經學師承記》，敢貢其説"，"實事求是，千古同之"，"非漢人所能專"，"本朝自有學，非漢學。有漢人稍開門徑而近加邃密者，有漢人未開之門徑，謂之漢學，不甚甘心"，"瑣碎餖飣，不可謂非學，不得謂漢學"，"漢人與漢人不同，家各一經，經各一師，孰爲漢學乎"，"若以漢與宋爲對峙，尤非大方之言。漢人何嘗不談性道"，"宋人何嘗不談名物訓詁"，"本朝別有絶特之士，涵泳白文，創獲於經，非漢非宋，亦惟其是"，"國初之學，與乾隆初年以來之學不同。國初人即不專立漢學門户，大旨欠區別"[二八]。龔氏立論即"漢宋不分"，非兼采漢、宋。其既厭弃藉漢、宋立門户，又不喜將清儒之學比爲漢、宋附庸，故昌言"清學"。按所説，乾嘉專立漢學門户，并不比清初學者高明。這一觀點與其傳承浙學不無關聯。浙學"經史不分"，并重義理、考據，乃至"漢宋不分"。龔氏跳出漢、宋門户之訟，重新審視古今之變，發抒己見，欲重開兼容并蓄、經史不分、經世致用之學[二九]。錢穆推尊龔氏開風氣之功，以爲清儒因政治威劫鮮談政治，乾嘉經學一趨於訓詁考索，嘉、道以還乃稍稍發爲政論，"而定菴則爲開風氣之一人"[三〇]。又謂："常州之學，起於莊氏，立於劉、宋，而變於龔、魏，然言夫常學之精神，則必以龔氏爲眉目焉。何者？常州言學，既主微言大義，而通於天道、人事，則其歸必轉而趨於論政。否則何治乎《春秋》？何貴乎《公羊》？亦何異於章句訓詁之考索？故以言夫常州學之精神，其極必趨於輕古經而重時政，則定菴其眉目也。"[三一]復謂："然則定菴之爲學，其先主治史通今，其卒不免於治經媚古；其治經也，其先主大義通治道，其卒又不免耗於瑣而抱其小焉。自浙東之《六經》皆史，一轉而爲常州《公羊》之大義微言；又自常州之大義微言，再折而卒深契乎金壇、高郵之小學訓詁，此則定菴之學也。以定菴之才，遇定菴之時，而遂以成其爲定菴之學。"[三二]其説頗具隻眼，惜忘龔氏乃浙學傳人，融貫諸家，變化常州之學，亦自有故，且治經非爲媚古，蓋以"經史不分"也。

抛開純粹門户諍訟不論，乾嘉時期吳派、皖派、浙派可稱三足鼎立，揚州一派聲勢稍遜。浙學之興貫穿清學終始。清學始興，黃宗羲啓其端緒，清學之告一段落，章炳麟爲重要人物，被梁啓超推爲清學正統派"殿軍"。樸學浙派源出梨洲一派，又爲吳、皖二派風氣鼓動，在嘉道後也因時發生相應的變化。

今以樸學浙派專指乾嘉樸學興起後，浙學發生新變一脉。代表人物爲全祖望、章學誠、邵晉涵、杭世駿、厲鶚、盧文弨、齊召南、嚴可均、姚文田、龔自珍、俞樾、李慈銘、朱一新、洪頤煊、黄式

三、黄以周、孫詒讓、章炳麟等。重要人物有董秉純、盧鎬、蔣學鏞、沈冰壺、吳騫、陳鱣、黄璋、黄徵乂、馮登府、吳東發、王梓材、馮雲濠、管庭芬、姚燮、戚學標、平步青、陶方琦、陶濬宣、沈曾植、張作楠、王紹蘭、朱蘭、孫衣言、丁丙、孫鳴鏘、傅以禮、王棻、龔橙等。其中全祖望、章學誠、邵晉涵爲開啓風氣者，儼然宗主。浙派雖以浙人爲主，但非僅浙人之學，一時霑溉甚廣。

浙學凡經數變，浙派之興爲清代浙學的一次重要變化。其在經學、史學、小學、金石學、校勘學、輯佚學等方面都取得很高的成就。梁啓超《清代學術概論》談樸學成就，舉隅屢及浙學傳人。“經史考證”方面，例舉孫詒讓《周禮正義》、邵晉涵《爾雅正義》；其研究之書，例舉金鶚《求古録禮説》、黄以周《禮書通故》。清儒以小學爲治經途徑，蔚爲大觀，俞樾《古書疑義舉例》稱精鑿，章炳麟《小學答問》多新解。音韻學爲小學附庸，清代特盛，例舉姚文田《説文聲系》、嚴可均《説文聲類》、章炳麟《國故論衡》。典章制度一科，號爲絶學，例舉洪頤煊《禮經宮室答問》、又謂晚清黄以周《禮書通故》“最博贍精審，蓋清代禮學之後勁矣”。史學方面，黄宗羲、萬斯同以一代文獻自任，乾隆以後，傳此派者，全祖望最著。考證之學及於史，有洪頤煊《諸史考異》；專考證一史，有梁玉繩《史記志疑》《漢書人表考》、杭世駿《三國志補注》。自萬斯同力言表志重要，著《歷代史表》，此後表志專書可觀者多，例舉齊召南《歷代帝王年表》，考證古史又舉錢儀吉《補晉兵志》。其專研究史法，有章學誠《文史通義》，價值可比劉知幾《史通》。私撰之史，萬斯同《明史稿》“最稱巨製”。學術史，則以《宋元學案》爲著。“水地與天算”方面，清代地理學偏於考古一途，著者有全祖望《水經注校正》、趙一清《水經注釋》，齊召南《水道提綱》《漢志水道疏證》，以水道治地理。外國地理，丁謙博爲考證，成書二十餘種。天文算學，例舉張作楠、李善蘭，作楠有《翠微山房算學叢書》，善蘭有《則古昔齋算學》。“金石學、校勘學和輯佚學"方面，金石學甚盛，例舉洪頤煊《平津館讀碑記》、嚴可均《鐵橋金石跋》，"考證精徹"。梨洲一派以金石研究文史義例，宗羲著《金石要例》，其後梁玉繩、馮登府各有續作（梁玉繩有《誌銘廣例》二卷，馮登府有《金石綜例》四卷）。"自金文學興，而小學起一革命"，例舉孫詒讓《古籀拾遺》，以爲與莊述祖《說文古籀疏證》并著。"最近復有龜甲文之學"，例舉孫詒讓《名原》。清儒校勘學成專門之學，成績可紀者，例舉盧文弨校《逸周書》《春秋繁露》，全祖望校《水經注》，孫詒讓校《墨子》，梁玉繩校《吕氏春秋》，嚴可均校《慎子》《商君書》，洪頤煊校《竹書紀年》《穆天子傳》，丁謙校《穆天子傳》，浙派人物占據所列諸家三分之一。研究諸子學，例舉俞樾《諸子平議》、洪頤煊《管子義證》、孫詒讓《墨子閒詁》[三三]。梁氏分類以述，例舉著者，雖甚簡略，大體不誤，浙派成就由此可概見。惜梁氏側重吳、皖二派，述及浙派往往"側鋒"出之，可爲一憾。

《叢編》所收稿抄本以清人著述爲多，清人又以樸學浙派之作爲多。其作者爲《清儒學案》采入者亦自不少。如陶方琦、陶濬宣、王繼香、朱一新，《清儒學案》卷一百八十五列入"越縵學案"；杭世駿，《清儒學案》卷六十五立"堇浦學案"，厲鶚以交游附焉；王紹蘭，《清儒學案》卷一百十六立"南陔學案"；錢儀吉，《清儒學案》卷一百四十三立"嘉興二錢學案"，管庭芬附焉；黃式三，《清儒學案》卷一百五十三立"儆居學案"，黃以恭附焉；吳東發、洪頤煊，《清儒學案》列入阮元"儀徵學案"；吳慶坻，《清儒學案》卷一百九十列入王先謙"葵園學案"；俞汝言，《清儒學案》卷二百一列入"諸儒學案七"；杜煦，《清儒學案》卷二百二列入"諸儒學案八"。《清儒學案》所未及言者，平步青可立"景蓀學案"；葉嘉榆傳盧鎬之學，可入"謝山學案"；龔橙可附龔自珍"定盦學案"。邵瑛、沈冰壺、查揆、黃璋等人，可載入諸案，或附入諸儒學案。

浙派經史考證之書，以孫詒讓《周禮正義》、邵晉涵《爾雅正義》、黃以周《禮書通故》等名著刻本、整理本已多，兹編僅收罕見者，如黃璋、沈冰壺、姚燮、王紹蘭、陶方琦、黃式三、柯汝霖、黃以恭著述，已臚列於前。《説文》成就，朱駿聲甚著，其《説文通訓定聲》乃常見之書，兹編不録，而收《説文段注拈誤》一卷。又收邵瑛《説文經訓偶箋》《説文解字羣經正字》、姚覲元校補《説文解字斠異》、李宗蓮《説文經字録》、汪厚昌《説文引經録》。其以訓詁家會通群書，俞樾《古書疑義舉例》、章炳麟《小學答問》已廣傳，兹收洪頤煊《平津筆記》。文字學專門之作，收平步青《古字發微》、陶方琦《埤蒼考異》《廣倉》等。音韻學之作，收陶方琦《説文古讀考》、朱一新《同音集釋要》《浙垣同音千字文》，其價值固難比姚文田《説文聲系》、嚴可均《説文聲類》。

史學爲浙派大宗，以全祖望、邵晉涵、章學誠諸家著述習見，兹編不録，亦未收洪頤煊《諸史考異》、梁玉繩《史記志疑》《漢書人表考》、杭世駿《三國志補注》、齊召南《歷代帝王年表》。其專考證一史，收杭世駿《金史補》、王紹蘭《袁宏後漢紀補證》。學術史，如梁啓超所説，以《宋元學案》爲最著，《叢編》收黃璋等校補稿本。

水地與天算之學，乃浙派所長。《叢編》收録不多，全祖望《水經注校正》、趙一清《水經注釋》、齊召南《水道提綱》、洪頤煊《漢志水道疏證》等不收録。張作楠《翠微山房算學叢書》，以《重修金華叢書》已采録，此編不重複收録。

金石學之書，兹編收録稍富。梁氏所舉洪頤煊《平津館讀碑記》、嚴可均《鐵橋金石跋》，未收。如梁氏所説"自金文學興，而小學起一革命"。《叢編》所收龔橙《古金石文字叢著》，最可爲代表。

清儒校勘學，浙派功績亦著。兹編收陶方琦《淮南許高二注異同考》《淮南許注異同詁續補》《淮南參正殘草》、陶濬宣《校讎之學》。朱一新批校《漢書》《魏書》，《重修金華叢書》已收，不重複收録。梁氏例舉盧文弨校《逸周書》、全祖望校《水經注》、孫詒讓校《墨子》、梁玉繩校《吕氏春秋》、嚴可均校《慎子》《商君書》、洪頤煊校《竹書紀年》《穆天子傳》，以及俞樾《諸子平議》、洪頤煊《管子義證》、孫詒讓《墨子閒詁》，以其多有印本、整理本，不收録。

《叢編》彙輯浙派文獻，初具規模，且於數家著述搜羅較賅備，如朱駿聲、平步青、陶方琦、陶濬宣著述，接近竭澤而漁。儘管梁啓超例舉諸名作罕録，但此編絕非"邊角料"。除杭世駿著述外，他如王紹蘭、陶方琦、黄式三、龔橙之作，皆不當輕覷。陶方琦從學李慈銘，通經學，邃於訓詁，所著《鄭易小學》《韓詩遺説補》《爾雅漢學證義》《淮南許、高二注異同考》《淮南許注異同詁》及《續補》俱可稱道。龔橙爲龔自珍長子，湛深經術，精小學。纂著《古金石文字叢著》，收《器銘文録》《六典理董許書》《古俗一覽象義》《秦漢金石録文》《秦漢金石篆隸記誤》《漢隸記誤》《漢石録文補遺》《魏晉南北隋唐石刻録文》《漢碑用經傳異字》《石刻字録》《金石文字録》《石刻文録》《金石文録識餘》《詩三百五篇》《六經傳記逸詩周書韻表》《鄭典》《論語諸子韻》諸書，由金石而入小學，考證多有發明。略可遺憾的是，本編以徵訪不易，浙派著述尚多可補輯，如齊召南、戚學標、張廷琛、喻長霖、王棻、王舟瑶諸家稿抄本，可進而采録。

皮錫瑞《經學歷史》謂輯佚書、精校勘、通小學爲"國朝經師有功於後學者有三事"[三四]。舉隅諸家，浙派人物僅列盧文弨精校勘、嚴可均通小學。綜觀之，浙派輯佚、校勘、小學三方面的成就足媲美吴、皖二派。還應看到浙派自成風氣：一是循"經史不分"之統，"《六經》皆史"，經史互證，史學成就卓著。二是重訓詁考證，同時不廢性理詮釋。正由主於"漢宋不分"，不喜參與漢、宋門户之争。三是重用實，考證史實，明於治亂，既爲學問一途，又存治世之意。錢穆嘆説："蓋亭林論學，本懸二的：一曰明道，一曰救世"，"後儒乃打歸一路，專守其'經學即理學'之議，以經術爲明道，餘力所匯，則及博聞。至於研治道、講救世，則時異世易，繼響無人，而終於消沉焉。若論亭林本意，則顯然以講治道救世爲主。故後之學亭林者，忘其'行己'之教，而師其'博文'之訓，已爲得半而失半。又於其所以爲博文者，弃其研治道、論救世，而專趨於講經術、務博聞，則半之中又失其半焉。"〔三五〕乾嘉學者一趨於訓詁考索，有着社會政治的因素。浙派不離此大勢，但由治史而通於世用，故與吳派、皖派有所不同。章學誠《文史通義·浙東學術》云："或問：'事功、氣節果可與著述相提并論乎？'曰：'史學所以經世，固非空言著述也。且如《六經》同出於孔子，先儒以爲其功莫大於《春秋》，正以切合當時人事耳。後之言著述者，捨今而求古，捨人事而言性天，則吾不得而知之矣。學者不知斯義，不足言史學也。""求古"尊漢，"言性天"尊宋，章氏以爲若"捨今""捨人事"，皆有未當。錢穆《中國近三百年學術史》第九章《章實齋》列"經學與史學"條目，評云："實齋《文史通義》唱'《六經》皆史'之説，蓋所以救當時經學家以訓詁考覈求道之流弊。"〔三六〕四是遙接東萊、深寧，近承黃、萬，重視文獻搜輯、網羅、編輯。五是綜會博采，往往一人兼長諸學，經學訓詁、史學考據、小學音韻、金石文字、校勘輯佚、天文曆算，多所涉獵，平步青等皆是，不似吳派、皖派多專門之家。

當然，樸學浙派存在較明顯的地域性，以兩浙爲中心，傳播未如陽明學派、蕺山學派廣泛。自清初始，浙西之學興，浙東爲主流的格局已發生變化。至浙派興起，浙東、浙西并盛，成就相埒。

在學術史上，樸學浙派未受到足够重視。江藩《國朝漢學師承記》僅論及盧文弨、邵晉涵，謂盧文弨"官京師，與東原交善，始潛心漢學，精於讎校。歸田後二十餘年，勤事丹鉛，垂老不衰"〔三七〕，以爲盧氏爲戴震所轉，"潛心漢學"，竟忘其傳浙學一脉。而戴震在浙講學，受浙學影響也頗深。謂邵晉涵聞錢大昕談宋史，乃撰《南都事署》，"以續王俌之書，詞簡事增，正史不及也"。後稍言及"君少從山陰劉文蔚豹君、童君二樹游，習聞蕺山、南雷之説。於明季黨禍緣起，奄寺亂政，及唐、魯二王本末，從容談論，往往出於正史之外。自君謝世，而南江之文獻亡矣"[三八]。晉涵傳浙東史學一脉，江藩未審之。章炳麟、梁啓超、錢穆對浙派的認識雖未全面，但無疑遠超江藩。

四、關於"由史入文"

黃宗羲《理學録》列十六學派，浙學派與金華學派、明初學派相并立。黃百家纂輯《宋元學案》，立《金華學案》，全祖望改題《北山四先生學案》。黃百家《金華學案》以宋濂爲金華嫡傳，案語云："金華之學，自白雲一輩而下，多流而爲文人。夫文與道不相離，文顯而道薄耳。雖然，道之不亡也，猶幸有斯。"[三九]所謂自許謙而下"多流而爲文人"，後世學者多襲其説。何炳松論浙學興衰，以南宋至明初爲第一期，明末至清中葉爲第二期，於其前後衰落之由總曰"由史入文"。事實上，"由史入文"未造成浙學之衰。何氏又説："金華本支則曾因由史入文，現中衰之象；至明初宋濂、王禕、方孝孺諸人出，一時乃爲之復振。"[四〇]由於偏重史學，論金華一脉衰而復振，竟忘宋濂、王禕、方孝孺皆文章名家，被後世推許爲"明文正宗"。

浙東文章興於南宋，與浙學并起。理學家好薄文章爲"小道"，詩爲"小技"，壯夫不爲。浙學初興，吕祖謙、陳亮、葉適未鄙弃詩文，吕祖謙好三蘇，有《標注三蘇文選》五十九卷，又編《皇朝文鑑》一百五十卷、《古文關鍵》二卷。陳亮編有《歐陽先生文粹》二十卷、《蘇門六君子文粹》七十卷，態度與邵雍不同。三人頗工文章，陳亮更擅詩詞。宋末元初，王應麟、黃震、胡三省、舒岳祥俱能文，舒岳祥更工詩。南宋學者開啓浙學尚文風氣，此爲浙東文派初興。總體以觀，浙學傳人工文者多，擅詩詞者少。“四先生”傳朱、呂學脉，詩文詞非其所長。如金履祥好詩文，難稱名家。元中葉至明初，黃溍、柳貫、吳萊、楊維楨、宋濂、王禕、蘇伯衡、劉基、戴良、貝瓊、方孝孺爲名家，浙東文派再興。宋濂爲明開國文臣之首，與門人方孝孺并稱“宋方”。其時以文鳴世者多，能詩者猶少，僅楊維楨、劉基、戴良、貝瓊等數人號名家。陽明傳人衆多，不乏能文工詩輩，此爲浙東文派三興。當然，陽明一派詩大都不脱理學之氣。明末清初，兩浙詩文大盛，浙西詞派崛興，稱浙東文派四興。黃宗羲爲文章祭酒，朱彝尊爲詞壇領袖，查慎行爲詩壇大家。乾嘉間，全祖望、厲鶚、杭世駿爲一代文學之士，繼有龔自珍領袖文壇。此爲浙東文派五興。

陽明學派、梨洲學派、樸學浙派之興，足見學者好文未造成浙學之衰。好文對浙學變革還是産生一定的影響，黃百家所説“文顯而道薄”有其道理，但不必誇大之。且在浙學傳人看來，文不離學之根本。宋濂作《文原》，王禕作《文訓》，蘇伯衡作《空同子瞽説》，述明文章本原《六經》，經史并重。如《文訓》稱文必“主之以氣”“一本於道”[四一]。至於詩，則以爲關乎世運，乃追踪風雅，提出詩爲“文之精”，欲合詩、文、道爲一。蘇伯衡《雁山樵唱詩集序》云：“言之精者之謂文，詩又文之精者也。”[四二]胡翰《缶鳴集序》云：“物生而形具矣，形具而聲發矣。因其聲而名之，則有言矣。因其言而名之，則有文矣。故文者，言之精也，而詩又文之精者。”[四三]劉基《蘇平仲文集序》云：“文以理爲主，而以氣攄之。理不明，爲虛文；氣不足，則理無所駕。文之盛衰，實關時之泰否。是故先王以詩觀民風，而知其國之興廢，豈苟然哉！文與詩，同生於人心，體製雖殊，而其造意出辭，規矩繩墨，固無異也。”[四四]所謂“文之精”，重於詩文同源。宋濂《題許先生古詩後序》稱詩文“本出於一原”，“沿及後世，其道愈降，至有儒者、詩人之分”[四五]，不滿於詩人自別於儒者，儒者自別於詩人。學者又强調“文章正宗”。如宋濂門人鄭柏編《文章正原》，方孝孺門人王稊纂《續文章正宗》，黃宗羲纂輯《明文案》，選録《明文授讀》，皆重“文章正宗”。黃氏《明文案序下》論明文正宗始自宋濂、方孝孺，繼爲楊士奇、解縉，而後李東陽、吳寬、王鏊雄起南北，王陽明、羅玘追配前賢，歸有光、唐順之、王慎中稱大蠹，趙貞吉、趙時春不愧作者，郭正域、葉向高、焦竑、王錫爵不失矩矱，婁堅、唐時升、錢謙益、顧大韶、張大復能拾歸有光“墜緒”。復古四子、公安三袁、竟陵鍾譚不在其列。《明文案序上》提出“明文三盛”：一盛於明初，宋、方等爲表率，無意功名，埋身讀書；再盛於嘉靖，歸、唐、王振頹起衰，不爲擬古及科舉功名牢籠；三盛於崇禎，婁、唐、錢等爲表率，“通經學古”[四六]。世人關注陽明心學及事功，疏於談説文章，即使論之，多歸於“末技”。黃宗羲不然，并推陽明學問與文章。《李杲堂文鈔序》云：“余嘗謂文非學者所務，學者固未有不能文者。今見其脱略門面，與歐、曾、《史》《漢》不相似，便謂之不文，此正不可與於斯文者也。濂溪、洛下、紫陽、象山、江門、姚江諸君子之文，方可與歐、曾、《史》《漢》并垂天壤耳。蓋不以文爲學，而後其文始至焉。當何、李爲詞章之學，姚江與之更唱叠和，既而弃去。何、李而下，嘆惜其不成，即知之者亦謂其不欲以文人自命耳，豈知姚江之深於爲文者乎？使其逐何、李而學，充其所至，不過如何、李之文而止。今姚江之文果何如，豈何、李之所敢望耶？”[四七]以學衡文，黃氏得出“餘姚之醇正，南城之精煉，掩絶前作”的結論。於南宋以後文章，其歷推朱熹、陸九淵、吕祖謙、真德秀、黃榦、王柏、何基、金履祥、姚燧、虞集、黃溍、柳貫、吳師道、宋濂、王禕、方孝孺、王陽明，學統一望即知。與宋濂一樣，宗羲力斥學者、文人相割裂之説，海昌講學告誡門人：“夫一儒也，裂而爲文苑，爲儒林，爲理學，爲心學”，其弊甚重，學者當求“歸一”[四八]。

《叢編》收明別集甚少，不足概觀明代浙學學者之文學成就。

清代大家之集又避出版重複，故所收亦不足觀清代浙學學者之文學成就。雖然如此，猶可據以見其文學好尚與創作風氣，且以多收珍稀之本，別具認識價值。如第一輯收陳選《恭愍公遺稿》清抄本，豐坊《南禺外史詩》稿本，屠勳《太保東湖屠公遺稿》清抄本，王石如《兀壺集》稿本二種，吳農祥《梧園詩文集》稿本，孫在豐《孫閣部詩集》稿本，祝定國《南山堂近草》稿本，趙昱《小山乙稿》稿本，杭世駿《全韻梅花詩》稿本，陳兆崙《陳太僕詩草》稿本，羅繼章《惜陰書屋詩艸》稿本，沈冰壺《古調自彈集》清抄本，金德輿《金鄂巖詩稿》稿本，曹大經《襟上酒痕集》稿本、《么絃獨語》稿本、《唧薑集》稿本、《後咏懷》稿本，查揆《菽原堂初集》稿本、《菽原堂詩》稿本、《江行小集》稿本，王樹英《古槐書屋詩文稿》稿本，王衍梅《笠舫詩文集》稿本，杜煦《蘇甘廊手翰》稿本、《蘇甘廊先生詩稿》稿本、《蘇甘廊詞集》稿本，錢儀吉《衎石齋遺牘》稿本、《旅逸續槀》清抄本、《定廬集》清抄本，章鋆《章鋆詩文稿》稿本，吳仰賢《小匏庵詩草》稿本，鮑存曉《癡蟲吟稿》稿本，嚴辰《達叟文稿》稿本，楊象濟《白鶴峰詩屋初稿》稿本、《欲寡過齋存稿》稿本，陶在銘《寄槃詩稿》稿本，戴穗孫《春到廬詩鈔》稿本，都屬首次公布印行。第二輯至第五輯重在網羅諸家著述，合而編之。如第二輯收來集之《來集之先生詩話稿》《倘湖手稿》《倘湖遺稿》，朱駿聲《臨嘯閣文集補遺》《臨嘯閣詞》《庚午女史百詠》，皆稿本。平步青、陶方琦、陶濬宣、王繼香之集，網羅幾於殆盡。這些珍稀之集，也是撰著《兩浙詩史》《兩浙文史》《兩浙詞史》的基本材料，可藉以發覆作者文心、詩境、詞藝，補文學史載述所未備，并與浙學經史之學相發明。以下試舉數例以觀：

臨海陳選以精《小學》著聞，金賁亨撰《台學源流》，自宋徐中行迄明陳選，凡得三十八人，有明傳及郭楒、方孝孺、陳選三人，稱"三先生"[四九]。陳選字士賢，號克菴，與父員韜并從陳璲學。天順四年（1460）成進士。授監察御史，巡按江西，貪殘吏屏斥殆盡。時人語曰："前有韓雍，後有陳選。"督學南畿，患士習浮誇，範以古禮。纍遷廣東左布政使，以剛直忤市舶中官韋眷，誣奏朋比貪墨。被徵，病歿於道。正德中，謚恭愍。著有《小學集注》六卷、《孝經集注》一卷、《冠祭禮儀》一卷。海瑞《題尊鄉録贊》云："克菴之學，屹爲儒宗。"詩文有《丹崖集》，未刻傳。《叢編》收浙江圖書館藏清初抄本《恭愍公遺稿》不分卷。臨海市博物館又藏清光緒十八年（1892）張廷琛輯抄本《陳恭愍公遺集》一卷、《外集》一卷。《〔民國〕台州府志》著録《丹崖集》："舊省、府、縣志俱不著録，蓋佚已久。今天台張廷琛搜其詩文，輯爲《陳恭愍公遺集》一卷，冠以《明史》本傳，又附録表、記、序、跋、論、贊，爲《外集》一卷。"張廷琛《叙》云："第念藏書鮮渺，遺集之篇數既稀，集外之搜羅未備，將毋貽疎漏之譏乎！然考當日羅東川太守最好先生文，僅僅以三稿見示；張楊園先生寄凌渝安書，屬訪求《陳恭愍集》而無從，則此編亦正無容見少也。詩文雖不及《遜志集》之富，而先生秉性之剛正，持己之端方，事君之忠懇，教人之精詳，愛民之慈惠，以及安貧樂道之實，陟明黜幽之公，亦大略可見矣。"《遺集》一卷收文九篇，詩十五首。所輯多録自方志、宗譜及《三台詩録》。廷琛用力雖勤，惜未見清初抄本《遺稿》，故得詩僅隻鱗片羽。《遺稿》爲劉承幹舊藏，存《自省》《寫真有作》《姑蘇校文示諸生》《詠古》等一百三十八題一百五十六首。詩後佚名《跋》："右稿以公卒於官，多亡失者。今所輯或以人所記憶，或以別集互見。其家藏者往往雜以他作，雖加删校，猶疑未盡，觀者幸得之。"張廷琛輯本《除夕》《遊金鰲山》二詩不見於《遺稿》。《遺稿》較《遺集》多出一百四十餘首。《遺稿》收文七篇，題作《克菴遺稿》。《遺集》輯文十一篇，對勘二集，《遺稿》所收《結黨害民疏》爲《遺集》所無，《遺集》所收《請止狻猊入貢疏》《陳氏宗譜序》《逸像自贊》《對鏡》《修譜論》不見於《遺稿》。合二集，存陳選文十二篇。《遺集》不足論定陳選詩，《遺稿》則可矣。合二集，又略可論定其文。盛明多士，陳選與羅倫、張元禎、吳寬、黃孔昭、謝鐸相率砥礪名節，時稱“硬漢子”。幼受陳璲“文必關於世教”之教，《小學集注自序》云：“夫爲學而不嚴諸己，不踐其事，誦説雖多，辭章雖工，皆空文也，於吾身何益哉，於國家天下何補哉，於聖人之道何所似哉！”謝鐸《廣東左布政使陳君墓誌銘》云：“君學博而深於經，詞章非其所好。”陳選自謙不善爲文，然所作善養氣，明道言志，遠勝虚飾空文。其詩亦然。如《註小學有感》：“早年弄筆作虚文，贏得虚名悟却身。底事如今不知悔，又傳文筆誤他人。”《對鏡》：“方圓長短各形模，鼓鑄元從一大爐。但使行藏皆順理，謾從色相話榮枯。”《三台詩録》云：“克菴深心理境，爲文明白純正，而七古壯激排宕，造句奇特，出入杜蘇。安必直白迂腐，然後爲儒者之詩耶！”

鄞縣豐坊與臨海王宗沐俱浙學中人，詩文染習復古。豐坊字存禮，號南禺。舉鄉試第一，嘉靖二年（1523）成進士。授禮部主事，從父豐熙争大禮，下獄。後出爲南京吏部考功主事，謫通州同知，免歸。博學工文，摛詞藻麗，并擅書法。詩文生前未經編次，多散佚。《［雍正］浙江通志》著録《南禺集》二卷，《［雍正］寧波府志》著録《萬卷樓集》《南禺摘稿》，皆不標卷數。今傳世有二本，一爲萬曆四十五年（1617）刻《萬卷樓遺集》六卷，一爲浙江圖書館藏《南禺外史詩》手稿一卷。刻本前二卷爲文，後四卷爲賦、諸體詩，按體編排。《南禺外史詩》存詩二十五首，前二首詩題殘闕，以下爲五律《宿清道觀》《春晚感懷二首》《登清涼山絶頂》《夏日即事》《納涼》《山菴》《月下有懷》《湖遊》，七律《觀音閣餞公次次韻》《辟支洞次公次韻》《續夢中句》《焦山》《元夕鎮海樓》《雲居喜雨》《夢吕純陽聯句》《松花》《陳道復粉團花墨戲》《度育王嶺》《碧沚納涼》《紫陽菴》《星宿閣》《城隍廟》《蕭愍墓》《僧樓避暑》。末爲豐坊嘉靖二十七年（1548）長至日跋："約山董子可遠，前少宰中峯先生冢嗣也，美質好學，自齠齔已識其偉器，別來二十五年矣。兹過會稽，因留款叙，而以此卷索書。爲録舊作如右，固詞札陋劣，皆由衷之言，可爲知己者道爾。"《宿清道觀》《觀音閣餞公次次韻》《陳道復粉團花墨戲》《蕭愍墓》等四首，俱見《萬卷樓遺集》卷五，分題作《蓬萊軒》《餞高侯於觀音閣，次宗伯昭韻》《陳道復畫粉團花》《謁于公少保祠》，字句時異。其他諸詩，未見《萬卷樓遺集》收録。蓋温陵蔡獻臣選録《萬卷樓遺集》，屠本畯校之，未見此手卷。豐坊録舊作贈友，擇其得意者，手書有自選之意。其嘗輯李夢陽《空同精華集》三卷，又從陽明門人季本遊，與唐順之諸子交好，詩恃於才氣，既染習復古，復得陽明一派沾熏，雖不獨自成家，但論明詩不當遺之。

有明一代，浙西多才子，浙東多學者。浙西學者好詩，浙東學者尚文。清代不盡然，浙東學者尚文如故，而能詩者衆；浙西學者好詩不減，而長於詞，且學問不下浙東。兩浙學者傳承浙學，因其"土風"，各稟其氣，同枝而才情有異。清初朱彝尊、查慎行號詩壇大家，朱彝尊又儼然一時詞宗，浙西詞派延綿二百餘年，彬彬稱盛。查慎行師事黄宗羲，爲梨洲高弟子，論詩"不分唐宋"，自成"初白體"。同時浙西文士知名者不少，《叢編》所收毛奇齡、吳農祥皆其人。吳農祥字慶百，號星叟，又號大滌山樵，錢塘諸生。薦試博學鴻儒，大學士馮溥延之館舍，與陳維崧、毛奇齡、吳任臣、王嗣槐、徐林鴻并稱"佳山堂六子"。博鴻不第，入李之芳幕府。黄士珣《北隅掌録》稱其著作五百六卷，藏蕭山王小穀家。同治間，丁丙從三元坊包氏得集二十九册。《叢編》所收浙江圖書館藏《梧園詩文集》，即丁丙舊藏。農祥文章最優，詞勝於詩。詩作甚富，袁枚《隨園詩話》卷十六云："古人詩集之多，以香山、放翁爲最。本朝則未有多如吾鄉吳慶伯先生者，所著古今體詩一百三十四卷，他文稱是，現藏吳氏瓶花齋。"[五〇] 蓋貪多而不精，與朱彝尊同病。朱氏詩稱大家，農祥遠不及，時有可觀。如五律《問庭梅》二首，其一云："昨夜東風裏，枝枝到地生。爲嫌經尾礫，不敢問簷楹。壁上留花影，窗中悟雪聲。冰絲與水色，爲爾一含情。"[五一]海寧查慎行、查嗣瑮、查容、查昇皆能詩，查氏後人頗傳慎行家法，查揆即其一。查揆字伯葵，號梅史，海寧人。嘉慶九年（1804）舉人，纍官灤州知州。通經史。《叢編》收其稿本《菽原堂初集》一卷、《菽原堂詩》一卷、《江行小集》一卷。所作有初白餘風，如《慨予》四首，其一云："慨予家中落，蓬蒿三徑生。愁多銷意氣，貧亦損才名。賦罷病梨樹，餐餘秋菊英。窮年聊落感，不獨爲商聲。"[五二]《呂城次頻伽韻》："擊汰吳波并兩船，風流二老白漚然。心如隄水多縈帶，詩逼禪機欲豎拳。烏鵲依枝猶永夜，白衣搖艫定何年。江湖一種閑懷抱，除却窮愁我亦仙。"[五三]其《和淵明飲酒二十首》《兔牀先生摹家初白老人蘆塘放鴨圖屬題，即用橘社集自題原韻四首》，憑弔查繼佐故居所作《黃泥潭訪家伊璜先生故居，同胡秋白元杲作》《是日感舊》，及與郭麐唱和詩，俱可誦讀。沈濤《匏廬詩話》云："梅史《落葉》詩云：'低頭一笑渾相識，見汝春風綠上時。'此意爲前人所未道。"[五四]吳衡照曰："梅史得初白之雄健而加警，得樊榭之清峭而加動，是謂能轉法華，不爲法華轉者。"[五五]查慎行身後，浙學傳人厲鶚、龔自珍詩號大家，皆浙西產。杭世駿與厲鶚同時，詩亦不俗，與全祖望并不愧名家。《叢編》收世駿《全韻梅花詩》一卷，已見刻本《道古堂全集》之《外詩》，但此本係手稿，末題："全韻詩成，書奉玉几詞丈郢正。董浦杭世駿脫稿。"全韻詩録爲單冊，可見舊貌，且書法精美，與詩境相發。元、明作者百韻梅花詩纍纍，幾已極其窮工。《全韻梅花詩》猶能獨出心裁，如上平十灰韻一首："豐姿綽約絶塵埃，世眼誰憐閬苑才。莫道東風渾美意，不催花謝祇催開。"下平三肴韻一首："爲訪名花出近郊，攜筇踏遍水雲坳。眼前冰雪都知己，莫祇東風説舊交。"境韻橫生，不讓前人。

學術"流而爲文人"，"由史入文"，未致浙學之衰。元末以後學者好文辭，乃風尚變化，不關涉浙學興衰。綜觀浙學文學一脉，因時而變，非盡株守一端，其變化終不離於學問本根。以文章言，名家輩出，重浙學統緒，乾嘉而後變化始著。以詩言，重風雅之遺、詩文合道，自宋至明末，理學氣甚濃，入清以後，因朱、查之倡，詩風一變，遂成清詩浙派。以詞言，始有陳亮稱大家，後數百年鮮杰出作者，迄於清初，朱彝尊爲首“浙西六家”崛起詞壇，開清詞浙派。

《叢編》所收稿抄本內容豐富，不啻浙學百科圖景呈現，具有巨大的學術與文獻價值，也有很高的文物與藝術價值，同時又是古代歷史、學術、文化、社會研究的重要資料。稿抄本作爲書法史文獻，藝術價值顯而易見，不必多言，這裏略及其文獻整理價值。兹編所收相當數量的稿抄本，乃真正意義上的孤本，未曾刊印，即使有印本，也多散佚。如陳選《恭愍公遺稿》、祁彪佳《祁忠敏公稿五種》、姜希轍《理學録》、吳農祥《梧園詩文集》、查慎行《壬申紀遊》、萬言《明女史》等。浙學著述不亡，實多賴之。在古籍整理中，孤本是唯一可據底本，具有不可替代性。即使偶有其他寫本或印本，《叢編》所收者也是整理校勘不可或缺的資料。他本或未盡良善，仍當以《叢編》收者爲底本。他本或可爲底本，《叢編》收者往往是主要校本。《叢編》還爲整理名家全集或全書提供了豐富的資料，尤其是第二輯、第三輯，徵輯一家著述，儘量網羅全面，可藉此整理平步青、陶方琦、陶濬宣、王繼香等人全書。第四輯擬專收姚燮輯《復莊今樂府選》稿本，第五輯擬專收黃澄量輯《明文類體》稿本，部帙繁富，可作專門整理。這些文獻大都散藏各地圖書館，資料分散，珍貴難獲，合璧不易，《叢編》力求完善，以成專題。整理者利用此次專題彙輯，難成之事轉爲易成。

浙學束置高閣時也已久，如今傳承浙學非易事，需要一個漸進的過程。就當前來説，浙學研究還處在起步階段，有必要展開廣泛深入的研究。兹編纂輯不易，賴諸同仁竭力從事數年，方有成效，今陸續刊行，以饗學者，嘉惠士林。是編列入第二期"浙江文化研究工程"，得到邵清先生和浙江省社科聯的大力支持，黃靈庚先生亦多贊襄之功。筆者得與其事，幸莫大焉。千里之行，始於足下，唯冀茲編能推轂浙學復興。至於補輯續編，則俟來日，然亦將有望矣。

二〇二〇年五月校定

【注釋】

［一］（清）黃宗羲、黃百家撰，（清）全祖望等補編《宋元學案》，中華書局，1986年，第15—20頁。

［二］參見彭國翔《黃宗羲佚著〈理學錄〉考論》，《中共寧波市委黨校學報》2011年第4期。

［三］（清）萬斯同《萬斯同全集》第五冊，方祖猷主編，寧波出版社，2013年，第169頁。

［四］（清）黃宗羲《明儒學案》卷五十八，沈芝盈點校，中華書局，1985年，第1376頁。

［五］（清）黃宗羲《明儒學案》卷五十八，第1379頁。朱熹撰有《伊洛淵源錄》。《四庫全書總目》著錄明宋端儀撰、薛應旂重修《考亭淵源錄》二十四卷。

［六］（清）萬斯同《萬斯同全集》第五冊，第173—174頁。

［七］《錢緒山學派》，《明儒學案》歸錢德洪入卷十一《浙中一》。《龍溪學派》，《明儒學案》歸王畿入卷十二《浙中二》。

［八］何炳松《浙東學派溯源·自序》，上海古籍出版社，2012年，第3頁。

［九］（清）翁方綱《補錄鄭芷畦空石志》，《復初齋文集》卷十四，清李彥章校刻本。

［一〇］（清）全祖望《鮚埼亭集》卷十九，《全祖望集彙校集注》，朱鑄禹彙校集注，上海古籍出版社，2000年，第239—240頁。

［一一］（清）周中孚《鄭堂讀書記》，民國《吳興叢書》本。

［一二］（清）吳慶坻《蕉廊脞錄》，民國《求恕齋叢書》本。

［一三］（清）杭世駿《武林覽勝記》集前題識，清抄本。

［一四］謝正光、范金民編《明遺民錄彙輯》，南京大學出版社，1995年。

［一五］（清）全祖望《鮚埼亭集外編》卷二十九，《全祖望集彙校集注》，
　　　　　第1346頁。

［一六］（清）皮錫瑞《經學歷史》，中華書局，2008年，第341頁。

［一七］章炳麟《訄書·清儒》，清光緒三年重訂本。

［一八］梁啓超《中國近三百年學術史》卷十三《清代學者整理舊學之總成
　　　　　績（一）》，中國書店，1985年，第186頁。

［一九］梁啓超《中國近三百年學術史》卷三《清代學術變遷與政治的影響
　　　　　（中）》，第22頁。

［二〇］錢穆《中國近三百年學術史》第八章《戴東原》，《錢賓四先生全
　　　　　集》第十六冊，聯經出版事業股份有限公司，1998年，第403—
　　　　　408頁。

［二一］陳祖武《關於乾嘉學派的幾點思考》，《清儒學術拾零》，湖南人民出
　　　　　版社，1999年，第167—169頁。

［二二］梁啓超《中國近三百年學術史》卷三《清代學術變遷與政治的影響
　　　　　（中）》，第22頁。

［二三］梁啓超《中國近三百年學術史》卷三《清代學術變遷與政治的影響
　　　　　（中）》，第22頁。

［二四］梁啓超《中國近三百年學術史》卷三《清代學術變遷與政治的影響
　　　　　（中）》，第22頁。

［二五］錢穆《中國近三百年學術史》第四章《顧亭林》，《錢賓四先生全
　　　　　集》第十六冊，第171頁。

［二六］錢穆《中國近三百年學術史》第四章《顧亭林》，《錢賓四先生全
　　　　　集》第十六冊，第179頁。

［二七］梁啓超《清代學術概論》，上海古籍出版社，1998年，第17頁。

［二八］錢穆《中國近三百年學術史》第十一章《龔定菴》，《錢賓四先生全
　　　　　集》第十七冊，第695頁。

［二九］（清）龔自珍有《賓賓》之說，謂：“孔子述《六經》，則本之史
　　　　　也。史也，獻也，逸民也，皆於周爲賓也，異名而同實者也。”見
　　　　　錢穆《中國近三百年學術史》第十一章《龔定菴》，《錢賓四先生全
　　　　　集》第十七冊，第704—705頁。

［三〇］錢穆《中國近三百年學術史》第十一章《龔定菴》，《錢賓四先生全
　　　　　集》第十七冊，第691頁。

［三一］ 錢穆《中國近三百年學術史》第十一章《龔定菴》,《錢賓四先生全集》第十七册,第689頁。

［三二］ 錢穆《中國近三百年學術史》第十一章《龔定菴》,《錢賓四先生全集》第十七册,第714頁。

［三三］ 梁啓超《清代學術概論》,第55—61頁。

［三四］ (清)皮錫瑞《經學歷史》,第330—331頁。

［三五］ 錢穆《中國近三百年學術史》第四章《顧亭林》,《錢賓四先生全集》第十七册,第177—178頁。

［三六］ 錢穆《中國近三百年學術史》第九章《章實齋》,《錢賓四先生全集》第十七册,第499頁。

［三七］ (清)江藩《國朝漢學師承記》,中華書局,1983年,第91頁。

［三八］ (清)江藩《國朝漢學師承記》,第95—96頁。

［三九］ (清)黃璋等校補《宋元學案》第十七册,稿本。

［四〇］ 何炳松《浙東學派溯源・自序》,第3頁。

［四一］ (明)王禕《王忠文公集》卷十九,明刻本。

［四二］ (明)蘇伯衡《蘇平仲文集》卷五,明正統七年刻本。

［四三］ (明)胡翰《胡仲子集》卷四,明洪武十四年王懋温刻、明重修本。

［四四］ (明)劉基《太師誠意伯劉文成公集》卷五,明刻本。

［四五］ (明)宋濂《宋學士先生文集》卷十三,明天順五年刻本。

［四六］ (清)黃宗羲《明文案序上》,《黃宗羲全集》第十册,平慧善校點,浙江古籍出版社,1993年,第18—20頁。

［四七］ (清)黃宗羲《李杲堂文鈔序》,《黃宗羲全集》第十册,第26—27頁。

［四八］ (清)黃宗羲《留别海昌同學序》,《黃宗羲全集》第十册,第627—628頁。

［四九］ (明)金賁亨《台學源流》,清金文燁刻、光緒八年陳樹桐補修本。

［五〇］ (清)袁枚《隨園詩話》,清乾隆間刻本。

［五一］ (清)吳農祥《星叟心蘇集》,《梧園詩文集》第二十三册,稿本。

［五二］ (清)查揆《菽原堂初集》,稿本。

［五三］ (清)查揆《江行小集》,稿本。

［五四］ (清)潘衍桐編《兩浙輶軒續録》卷二十二,清光緒間刻本。

［五五］ (清)潘衍桐編《兩浙輶軒續録》卷二十二。

編輯説明

　　本書爲《浙學未刊稿叢編·第一輯》之圖録，編排和選録原則如下：

　　一、本書所志典籍及其名稱、順序等與《浙學未刊稿叢編·第一輯》一致。共收録稿抄本133种，其中稿本88种、抄本45种。抄本含明抄本3种、清抄本35种、民國抄本6种、抄本1种（未著録年代）。

　　二、本書儘量挑選卷端葉和比較能反映題名、著者、成書年代等信息的書影。所選書影兼顧藝術性和文獻性，如豐坊本身爲書法家，則挑選能反映其精美書法的書影。

　　三、本書著録包含以下内容：題名、卷數、作者、版本、册數、收藏單位，若有入選《國家珍貴古籍名録》和《浙江省珍貴古籍名録》者，則詳細著録所屬批次及名録編號。若有與收藏單位著録内容不一致者，則根據編者考證的内容著録，將原單位的著録附於本條之後，標明“館藏單位原題：……”。

　　四、本書所收古籍書名、著者一般徑録原文，個别地方稍做改動。其他一律使用通行正字。

　　在本書的編輯過程中，得到國家圖書館出版社總編輯殷夢霞與副總編輯張愛芳及責任編輯的熱情支持和關心，在此表示衷心感謝。

杜惠芳

二〇二四年一月

目　録

總序…………………………………………………………… 001

序言…………………………………………………………… 001

前言一………………………………………………………… 001

前言二………………………………………………………… 001

編輯説明……………………………………………………… 001

恭愍公遺稿不分卷…………………………………………… 001

太保東湖屠公遺稿七卷……………………………………… 003

南禺外史詩一卷……………………………………………… 005

尅敵武畧熒惑神機十卷……………………………………… 007

［慈谿］向氏家乘十卷……………………………………… 010

三史統三十六卷……………………………………………… 012

歷代正閏考十二卷…………………………………………… 013

典類四十二卷………………………………………………… 015

一咲録一卷續一咲録一卷…………………………………… 016

春秋簡秀集三十四卷又六卷………………………………… 018

歷代畫家姓氏考四卷………………………………………… 021

祁忠敏公稿五種五卷………………………………………… 023

贍族約不分卷………………………………………………… 025

贍族簿附贍村簿不分卷……………………………………… 027

兀壺集二種…………………………………………………… 030

崇禎大臣年表一卷…………………………………………… 033

庭訓録一卷……………………………………………………………………035

海寧查嗣堪暨配丁太君墓誌銘不分卷………………………………………037

張閣學文集二卷………………………………………………………………039

理學録九卷……………………………………………………………………041

誥授奉直大夫都察院湖廣道監察御史何公墓碑銘一卷何母

　　陳宜人榮壽序一卷………………………………………………………042

越州西山以揆道禪師塔誌銘一卷……………………………………………045

蕭山三江閘議一卷……………………………………………………………047

閔鶚元奏稿不分卷……………………………………………………………048

梧園詩文集不分卷……………………………………………………………050

漸江詩集十二卷………………………………………………………………054

查韜荒七言律詩不分卷………………………………………………………055

明女史八卷……………………………………………………………………056

東廬詩鈔一卷…………………………………………………………………057

錢氏在茲集不分卷……………………………………………………………058

聞見録不分卷…………………………………………………………………060

孫閣部詩集八卷………………………………………………………………062

南山堂近草一卷詩草一卷　松卿詩艸一卷…………………………………064

壬申紀游不分卷………………………………………………………………067

湖録一百二十卷………………………………………………………………068

詞韻一卷………………………………………………………………………072

許季覺稿一卷…………………………………………………………………073

洛思山農駢枝集八卷…………………………………………………………074

四書攷典四十二卷……………………………………………………………075

學詩隅見録四卷………………………………………………………………076

玉几山人書畫涉記手稿不分卷………………………………………………077

書畫涉筆一卷…………………………………………………………………079

錢文端公手寫進呈詩副本一卷………………………………………………080

杜詩集解□□卷……………………………………082

蝨小志六卷……………………………………………084

小山乙稿五卷…………………………………………085

唐詩意一卷……………………………………………086

金史補不分卷…………………………………………087

武林覽勝記四十二卷…………………………………089

全韻梅花詩一卷………………………………………091

欽旌孝子伯寧趙公傳一卷……………………………092

陳太僕詩草一卷………………………………………093

惜陰書屋詩艸不分卷…………………………………095

沈氏詩醒八牋二十五卷………………………………098

勝國傳略六卷…………………………………………100

勝國遺獻諸人傳不分卷………………………………101

本朝諸公傳二卷………………………………………103

古調自彈集十卷………………………………………105

陶篁村稿不分卷………………………………………106

兩漢制詔二卷…………………………………………110

周易象述不分卷………………………………………112

宋元學案不分卷………………………………………114

欹枕閒唫不分卷………………………………………118

歸雲室見聞雜記三卷…………………………………121

求放心齋遺詩一卷……………………………………122

藏經紙説一卷…………………………………………123

説文解字羣經正字二十八卷…………………………125

説文經訓偶箋□□卷…………………………………129

晬盤槀一卷十栗堂稿一卷……………………………130

葉文定公年譜一卷……………………………………132

後漢摹英四卷…………………………………………133

吳侃叔吉金跋不分卷 …………………………………………… 137

金石文跋尾三卷 ……………………………………………… 140

會心集不分卷 ………………………………………………… 141

金鄂巖詩稿一卷 ……………………………………………… 143

花溪志補遺一卷 花溪備忘録一卷 敬所筆記一卷 ……… 146

説文解字攷異十五卷 ………………………………………… 148

金壇十生事略一卷 …………………………………………… 151

菊譜一卷附老圃新菊一卷詩一卷 馬實夫詞一卷 ………… 153

九華新譜一卷附老圃新菊一卷詩詞一卷 馬實夫詞一卷 … 156

南歸紀程一卷 ………………………………………………… 159

金陵行紀一卷 ………………………………………………… 162

蛟川唱和集二卷 ……………………………………………… 164

平津筆記八卷 ………………………………………………… 165

倦舫碑目六卷 ………………………………………………… 167

倦舫碑目六卷 續增碑目一卷 ……………………………… 168

秋笳餘韻不分卷秋笳集附編不分卷 ………………………… 170

菽原堂初集一卷 ……………………………………………… 173

菽原堂詩一卷江行小集一卷 ………………………………… 175

古槐書屋詩文稿□□種□□卷 ……………………………… 178

嚴娘年譜不分卷 ……………………………………………… 181

會稽王笠舫稿五卷 …………………………………………… 182

笠舫詩文集十二種 …………………………………………… 184

國朝別號録十卷 ……………………………………………… 186

大善寺志稿不分卷 …………………………………………… 188

霞西過眼録八卷 ……………………………………………… 189

鄉賢緘翰記一卷 ……………………………………………… 191

蘇甘廊手翰不分卷 …………………………………………… 193

蘇甘廊先生詩稿一卷 ………………………………………… 196

蘇甘廊詞集二卷 ……………………………………… 199

么絃獨語一卷 …………………………………………… 201

唧薑集一卷後咏懷一卷 ………………………………… 203

襟上酒痕集一卷 ………………………………………… 206

海楂圖題辭一卷 ………………………………………… 208

海槎遺詩四卷 …………………………………………… 211

曹伯綸叢著十種 ………………………………………… 213

衎石齋遺牘一卷 ………………………………………… 215

旅逸續槀四卷定廬集四卷 ……………………………… 217

錢氏疏草二卷 …………………………………………… 219

游仙百詠注三卷 ………………………………………… 221

樊榭山房集注不分卷 …………………………………… 223

浣香山房吟草一卷 ……………………………………… 225

葉文定公年譜不分卷 …………………………………… 228

古金石文字叢著二十種 ………………………………… 229

章鋆詩文稿不分卷 ……………………………………… 232

望雲山館賦稿不分卷 …………………………………… 235

小匏庵隨筆八卷 ………………………………………… 238

小匏庵詩草不分卷 ……………………………………… 241

癡蟲吟稿兩種 …………………………………………… 242

達叟文稿不分卷 ………………………………………… 245

白鶴峰詩屋初稿四卷存稿二卷欲寡過齋詩存二卷存稿二卷 …………………… 249

愛經居經說不分卷附詩賦 ……………………………… 253

夏子松先生函牘一卷 …………………………………… 256

石門詩存不分卷 ………………………………………… 258

寄槃詩稿不分卷 ………………………………………… 260

課餘札記槀二卷 ………………………………………… 262

課餘札記二卷 …………………………………………… 264

龍泉讀書記二卷·⋯⋯⋯⋯⋯⋯⋯⋯⋯⋯⋯⋯⋯⋯⋯⋯⋯⋯⋯⋯⋯⋯⋯⋯ 266

龍泉札記八卷·⋯⋯⋯⋯⋯⋯⋯⋯⋯⋯⋯⋯⋯⋯⋯⋯⋯⋯⋯⋯⋯⋯⋯⋯⋯ 268

橫塾叢談二卷·⋯⋯⋯⋯⋯⋯⋯⋯⋯⋯⋯⋯⋯⋯⋯⋯⋯⋯⋯⋯⋯⋯⋯⋯⋯ 270

指遠録一卷·⋯⋯⋯⋯⋯⋯⋯⋯⋯⋯⋯⋯⋯⋯⋯⋯⋯⋯⋯⋯⋯⋯⋯⋯⋯⋯ 271

春到廬詩鈔六卷·⋯⋯⋯⋯⋯⋯⋯⋯⋯⋯⋯⋯⋯⋯⋯⋯⋯⋯⋯⋯⋯⋯⋯ 273

劍川集二卷·⋯⋯⋯⋯⋯⋯⋯⋯⋯⋯⋯⋯⋯⋯⋯⋯⋯⋯⋯⋯⋯⋯⋯⋯⋯⋯ 275

吾學編陳選傳

公名選字士賢臨海人父員鞱景泰中爲福建右布

政使活沙盜脅從者萬人公天順三年進士爲御史

成化初疏救羅倫論大學士李賢奪情非禮綱常偉

議倫不宜謫劾學士倪謙錢溥干進又劾尚書馬昂

諸大臣不職巡江西貪殘吏望風引去嶺南賊流入

贛殺掠事聞未報公急調兵食捕賊改提學南圻陞

按察副使河南提學言動循礼規約簡明誨訓生徒

必求踐履抑斥纖怪靡弱之詞在南圻先後三年変

〇〇一　恭愍公遺稿不分卷　（明）陳選撰　清抄本　二册　浙江
圖書館藏

恭愍公遺稿　　　　　　　臨海陳選士賢撰

自省

靈臺方寸地何以塞荊蓁會須頻剪伐萬物自生春

山川萬紆回畫向頭上見請君更進步始得玄玄面

寫真有作

本來一段靈明地經歲況淪蕪穢鄉不特動時多放

逸覺於靜處亦非揚晝開常被事牽引夜寂猶為夢

擾攘喚醒主人翁警省自家三徑不容荒

太保東湖屠公遺稿卷之一

五言古詩

召伯湖送友人省毋

召伯湖何來　召伯名何受　江淮發清源　地軸亘深夐會合
無停留縈迴　絕塵垢泓澄　日月翻噴激　黿龍孔東南北襟
噴貢賦時北走　大哉利物功　直與乾坤久　我聞晉謝安風
昔廣陵守　遺愛比甘棠　名湖存不朽　君別己十年念毋每
回首朝廷思例明　扁舟落吾手　大風助寥廓　萬巨皆培塿
濯纓動微歌歷三　歸我有鷗行若導吾　雲飛渡江口安得
糧其波淋漓化春酒　歸奉我毋莅載作南山壽
輗葉崇禮毋

貞淑出天性孝友聞鄉閭　既長相夫子琴瑟諧未如上有

○○二　太保東湖屠公遺稿七卷　（明）屠勳撰　清抄本　四冊

國家圖書館藏

高年親朝夕　何勤渠教子　作朝貴褒顯　來恩書望二雲千
里未由問起居一朝迎養來賀客紛華謠晨饌供盍第春
逛坐湍輿平反多訓言青雲播芳譽如何竟長逝卅旋還
南徐亨時忝駐節拜平室壽躊竊歎孟毋賢慶澤諒有餘
奕二于公門會見來高車

送僚友

今日忽不樂驅車送同官同官何所之迢遰青徐間悠二
南郭門西風作晨寒一尊聊為傾雙旌苦難攀簡書豈不
畏時命信所關聖明堯舜上覆載恩同寬誰云委身易所
貴合道難徙忠諒在斯嚴譴良亦安青徐東海隅川路浩
長合何足歎況茲英傑遊高風出塵寰
漫二丈夫志萬里離合何
握手發長嘆捫心多厚顏殷勤重致語努力更加餐

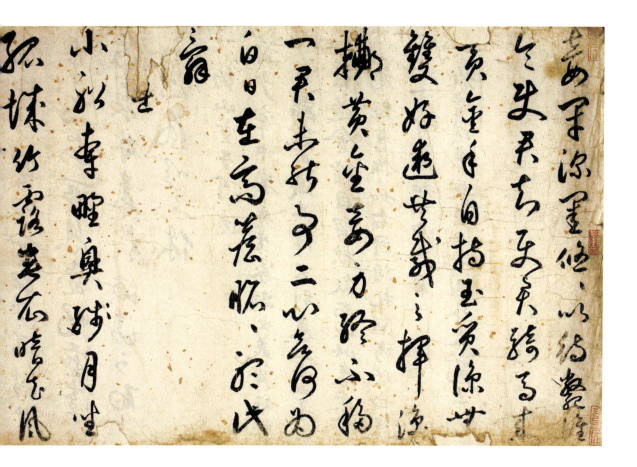

○○三 南禺外史詩一卷 （明）豐坊撰 稿本 一長卷 浙江
圖書館藏
第六批《國家珍貴古籍名録》，名録編號12821

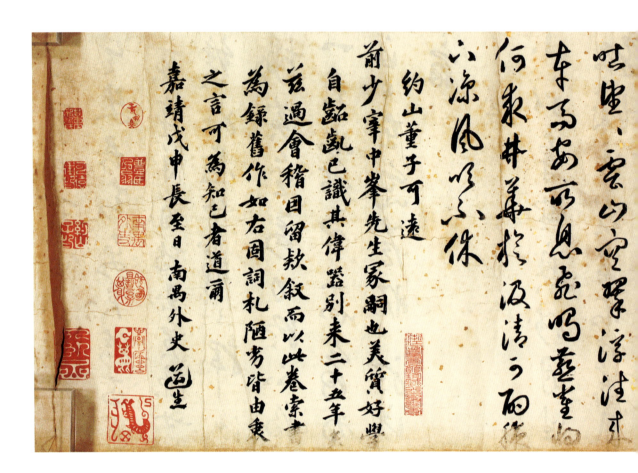

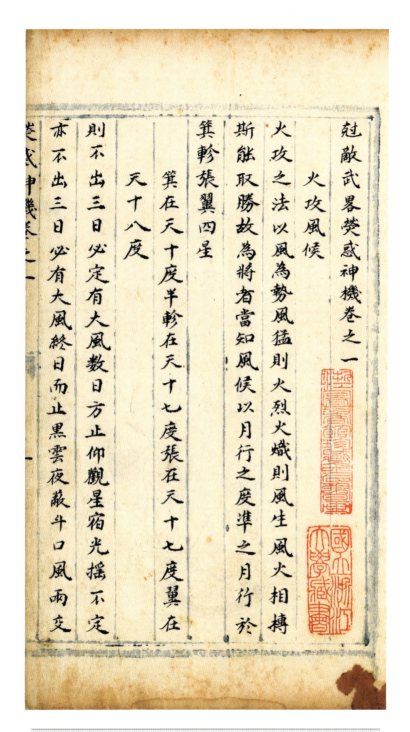

剋敵武畧熒惑神機卷之一

火攻風候

火攻之法以風為勢風猛則火烈火熾則風生風火相摶
斯能取勝故為將者當知風候以月行之度準之月行於
箕軫張翼四星

箕在天十度羊軫在天十七度張在天十七度翼在
天十八度

則不出三日必定有大風數日方止仰觀星宿光搖不定
亦不出三日必有大風終日而止黑雲夜嚴斗口風雨交

○○四　剋敵武畧熒惑神機十卷　（明）佚名撰　明抄本　四冊
浙江圖書館藏
第五批《國家珍貴古籍名錄》，名錄編號 11727

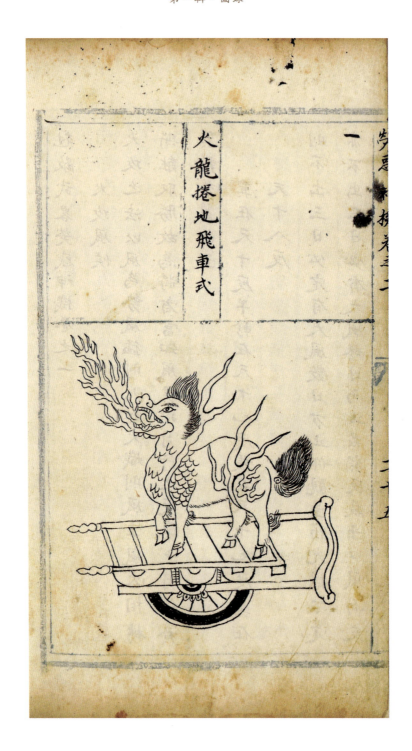

意時戰時止彼兵不得休息乘機一擊而功成矣

神火萬全鐵圍營法式

鐵汁神車

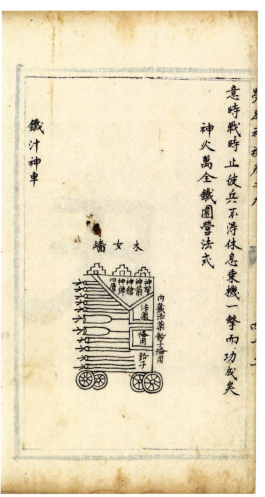

冲右突勢不可當此船一號足抵常船十號宜得八也

神飛獨角火龍船式

瞄賊上船
兵伏下倉
撥機轉木
賊爸翻入
中層刀釘
板上活縛
生擒衝陣
則火齊發

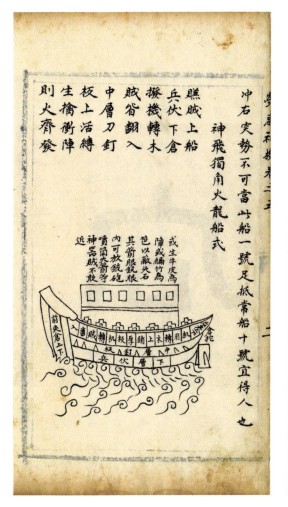

〇〇五［慈谿］向氏家乘十卷　（明）向洪上等纂修　明抄本
一册　浙江圖書館藏
存八卷（卷一至二、四至七、九至十）
第三批《國家珍貴古籍名録》，名録編號 07890

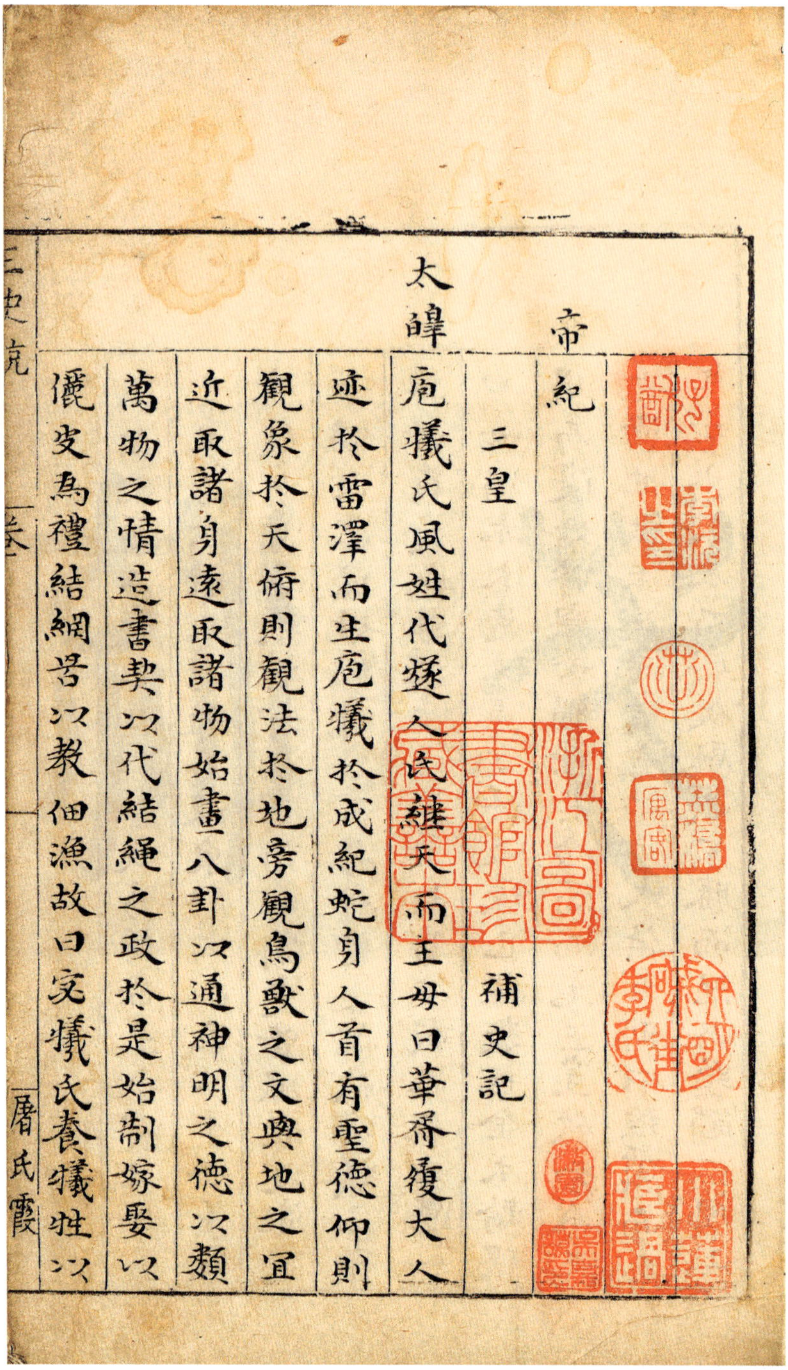

帝紀

三皇　補史記

太皞庖犧氏風姓代燧人氏繼天而王母曰華胥履大人
迹於雷澤而生庖犧於成紀蛇身人首有聖德仰則
觀象於天俯則觀法於地旁觀鳥獸之文與地之宜
近取諸身遠取諸物始畫八卦以通神明之德以類
萬物之情造書契以代結繩之政於是始制嫁娶以
儷皮為禮結網罟以教佃漁故曰宓犧氏養犧牲以

三史統　卷一　屠氏霞

〇〇六　三史統三十六卷　（明）屠本畯纂輯　明屠氏霞爽閣抄本　三十六册　浙江圖書館藏

第五批《國家珍貴古籍名録》，名録編號 11633

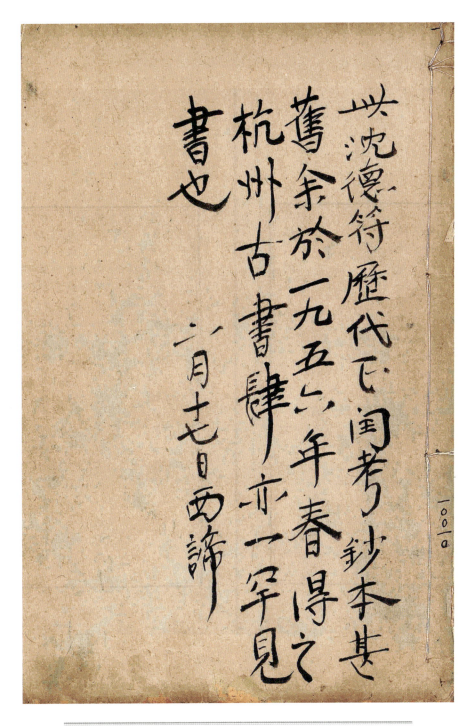

此沈德符歷代正閏考鈔本甚
舊余於一九五六年春得之
杭州古書肆亦一罕見
書也

二月十七日西諦

○○七 歷代正閏考十二卷 （明）沈德符撰 清抄本 四册
國家圖書館藏

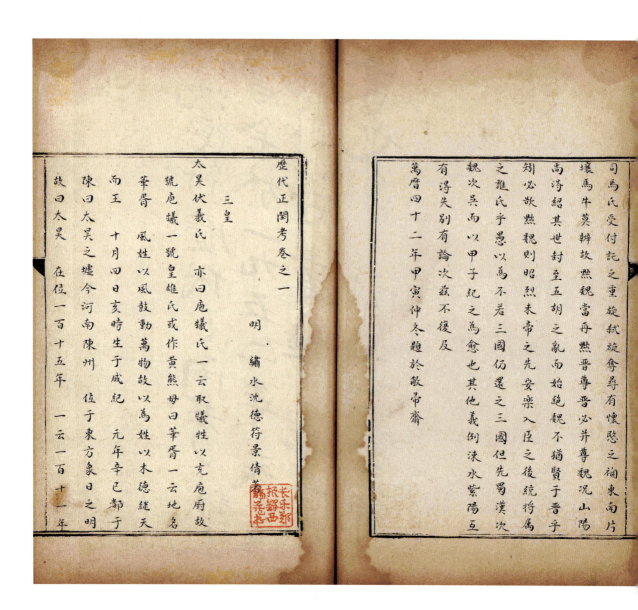

典顙卷之一
蒙綍

天周髀宣夜　渾天　非想祖釋物　塈選　圓璽　六氣

泰清運斡九天九霄　浮霄　玄根轎渓幀　昕天　左旋　晄渓

八柱天柱蒼旵　浮霄

掛運縻琮練杊涪祐游轎漢幀

郤頻瞰青瑛蔚藍顥氣敦峙歒覟胘帝郻

浡邻漏天瀰沸鮮浪鴻濛堪輿穹壤皇祇膠莒沉濚總論

陰陽清濁伏僞　渾元

日月天之使　兩曜　兩輪　天目　積陽積陰　日德月

○○八　典類四十二卷　（明）劉光亨纂輯　稿本　二十八冊　浙江
圖書館藏

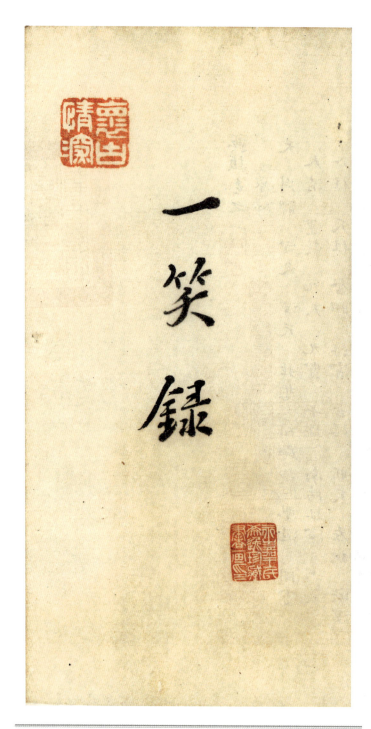

〇〇九 一咲録一卷續一咲録一卷 （明）王欽豫撰 稿本
一册 温州市圖書館藏
館藏單位原題：一笑録一卷 （明）王欽豫撰 稿本
第一批《浙江省珍貴古籍名録》，名録編號 00057

一咲錄　　　永嘉王欽豫著　字與謙

明萬曆二十四年丙申秋八月初四日巳時吾生於舊居世司馬

第

辛丑六歲受蒙訓於族祖抱玄公

乙巳十歲冬十二月遷居龍決新第

丙午十一歲春始學為制舉義大父初命余名欽寢至是為改名

名曰而當象予勉之其年大父卒余幼歲頗敏大父鍾愛特至

及長乃日鈍今頭顱許大碌碌無成深負大父之愛言之悲感

丁未十二歲始……作吟……會……學有狎匪人者……牛驥同皂詩刺

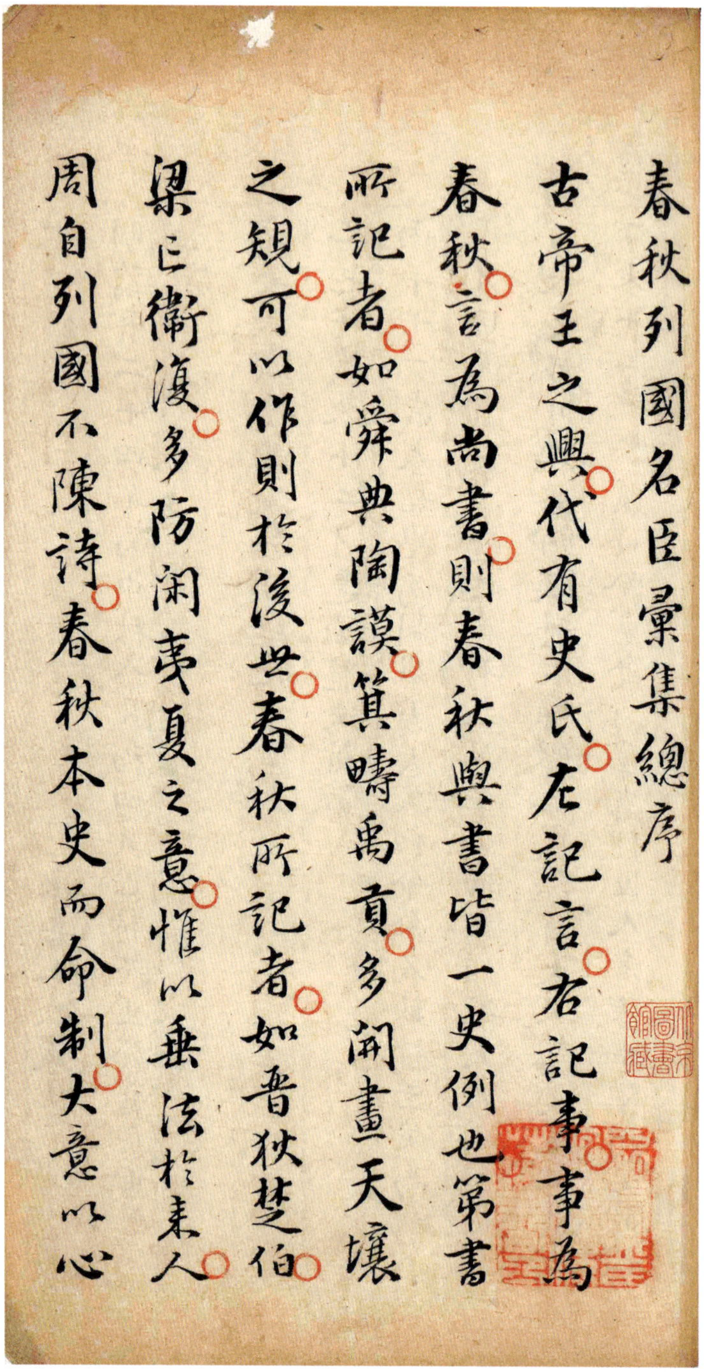

春秋列國名臣彙集總序

古帝王之興代有史氏左記言右記事事為

春秋言為尚書則春秋與書皆一史例也第書

所記者如舜典陶謨箕疇禹貢多闗畫天壤

之規可以作則於後世春秋所記者如晉狄楚伯

梁巳衛渡多防閑春夏之意惟以垂法於末人

周自列國不陳詩春秋本史而命制大意以心

○一○ 春秋簡秀集三十四卷又六卷 （明）董守諭撰 稿本

二冊 國家圖書館藏

館藏單位原題: 春秋簡秀集三十四卷又六卷 （明）董守諭撰 清抄本

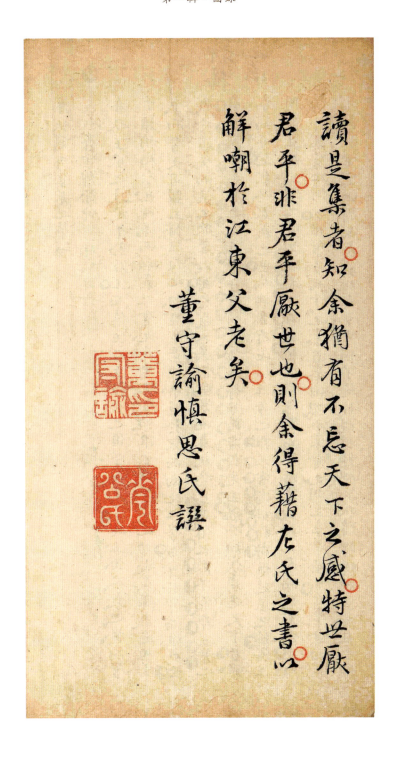

讀是集者。知余猶有不忘天下之感。特世厭
君乎。非君乎厭世也。則余得藉左氏之書。以
解嘲於江東父老矣。

董守諭慎思氏譔

春秋簡秀集卷之第一

齊下卿管仲

春秋王風之什絕筆於莊王而僖王之立桓公之伯皆在是年此王伯興衰之機而管子始相桓公也縣是而衣裳之會九兵車之會四誰不知管子之功世載盟府迨桓公辛而晉文司盟主伯雖伯之勳歷豪景悼平盟於宋而南北之勢成會於申而淮夷至戰於雞父而吳之敗者六國於越入吳之統衰而春秋終焉是伯之烈不能維王業之存而友遠王業之亡而管子首創其議者得毋開罪於先王耶不知周之天下者雖秦而非趙然終春秋之世祇與晉有七十二年之難未嘗為禍於周惟楚風之競僭王問鼎其時天室之憂不在秦而在楚也且狄伐衛而宗國覆亡戎入周而天王出走內驚外亂爰止何方非管子天下之才首舉伯功衣裳會九明王章乎星日兵車會四壯天討於雷霆所謂南夷與北夷交中國不絕如綫捍楚倡而狄隨睥睨神京者且未知

柳揚之法

歷代畫家姓氏考項孔彰原序

畫昉於羲皇畫卦厥後代有傳人每苦艱於綜核先王父
墨林公精鑒古畫有水乳之契以故搜羅最富時與董文
敏諸公披覽考訂至忘寒暑暇日手一編示予先子曰此
歷代畫家姓氏考予師心編纂者畫自宋宣和譜而外有
珊瑚網畫品錄述畫記畫錄拾遺公私畫史圖畫見聞志
畫繼丹青記畫鑑畫史會要繪事備考雲烟過眼錄圖繪
寶鑑書畫舫諸書非不旁搜遠紹然未免局於方隅囿於
聞見旦層見迭出稽考難周令子是編排列姓氏敘次時
代每人各綴一小傳事約而該文質而確凡千百年之流

○一一 歷代畫家姓氏考四卷 （明）項聖謨撰 清抄本 四冊
國家圖書館藏

歷代畫家姓氏考

卷之一

軒轅氏

黃帝軒轅氏寫五嶽真形圖

虞

畫嫘舜妹也畫始於嫘故曰畫嫘

後漢

明帝諱莊光武第四子也雅好圖畫

魏

高貴卿公姓曹氏諱髦字彥士文帝孫東海定王霖子也

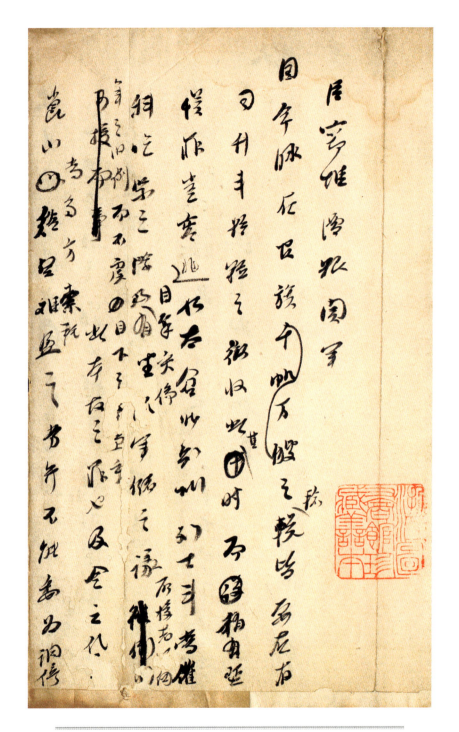

〇一二　祁忠敏公稿五種五卷　（明）祁彪佳撰　稿本　五册
浙江圖書館藏
第五批《國家珍貴古籍名録》，名録編號11996；第一批《浙江省珍貴古籍名録》，名録編號00161

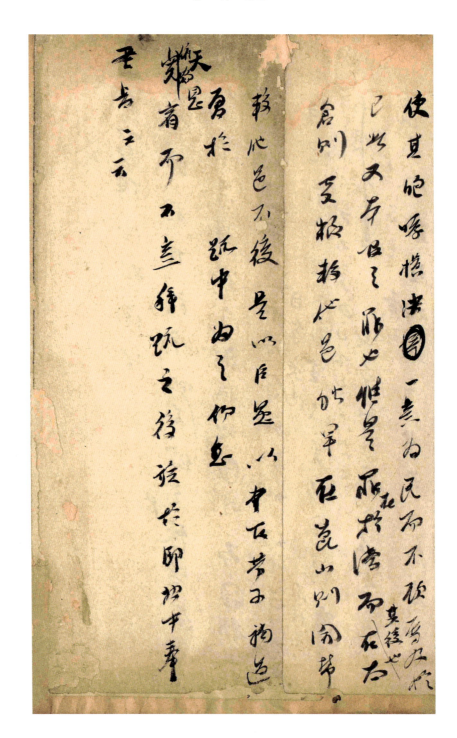

戎寧方亮甚有同志先後亦捐賞壹伯□壹拾合

捐賞壹伯伍拾兩放息資贍歷拾貳年矣劇

吳中持斧而歸即捐賞二伯兩及謂吉在里又

不能舉火者思彷范文正公之制有以贍之故於

彪雀於世第之後又添登甲榜深念一本所知有貧

贍族約

〇一三 贍族約不分卷 （明）祁彪佳撰 稿本 二冊 浙江圖
書館藏

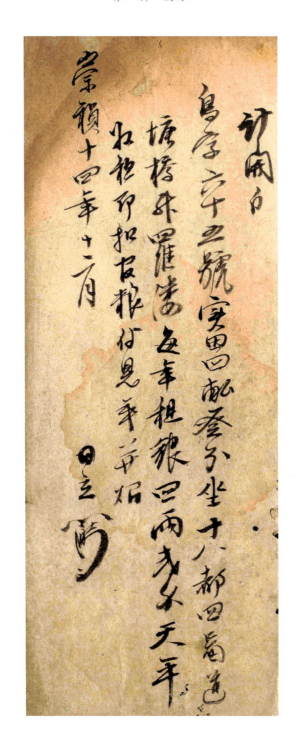

贍族約

處佳於甲戌年自吳中持斧而歸捐俸貳伯金以贍族中之貧每年
生息支贍荏苒六載歲在己卯復發微愿再捐貲壹伯五十金而
是時寧方兄以閩中副戎歸未先後捐壹伯壹拾五兩予與寧方兄
後來所捐皆以田代之而在先生息族中不免通貲于是議將諸貲
盡以置田而予又吳中填撫歸再捐伍伯肆拾金蓋處佳受填撫時
誓於三軍不取一文入巳盤費之外計其所餘皆以克贍踐茲誓也合
之共計捐壹千伍金共浮田捌拾餘歲可收租陸拾肆金較之鄉數稍

〇一四　贍族簿附贍村簿不分卷　（明）祁彪佳撰　稿本　一册
浙江圖書館藏

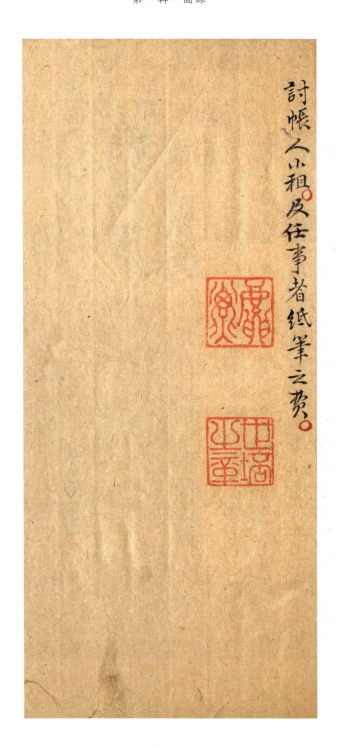

討帳人小租及任事者紙筆之費。

贍村新約

吾村為梅子真先生棲隱之所流風遺韻猶有存者故人多循良

借尚淳樸世以耕讀自持但每致有寒不能衣饑不能食者念之誠

惻然於中人捐田壹拾伍畝歲可得租十弍兩除納糧外可餘七八金

以贍村中之赤貧女雄不能使寒盡得衣饑盡得食庶幾少盡

睦隣之一念仁人君子有能繼此而擴充之者尤更所深望焉

一條例

一贍村止于孫家瀉廟荖東岸橋外港口數慶餘不廢友蓋物

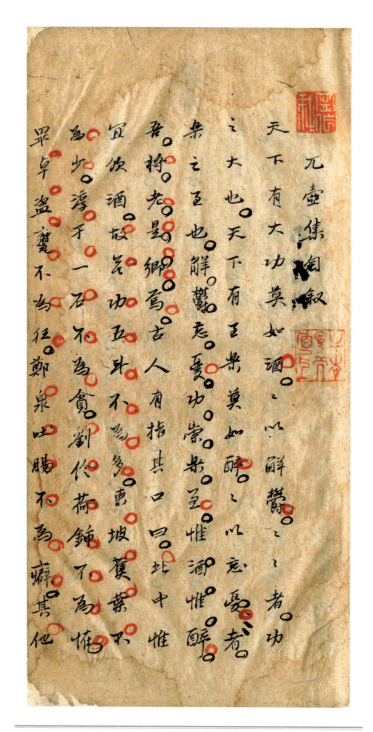

兀壺集自敘

天下有大功莫如酒。之以解鬱之之者。功之大也。天下有王衆莫如醉之以忘憂者。衆之至也。解鬱忘憂功崇業至。惟酒惟醉吾將老是鄉焉古人有指其口曰此中惟宜次酒故芒功五此不為多東坡蕷葉不為少。浮于一石不為貪。劉伶荷鍤不為怖。晃卓盜甕不為狂。鄭泉吐腸不為癖。其他

〇一五　兀壺集二種　（清）王石如撰　稿本　二册　紹興圖書館藏

館藏單位原題：兀壺集一卷　（清）王石如撰　稿本

第一批《浙江省珍貴古籍名録》，名録編號 00184

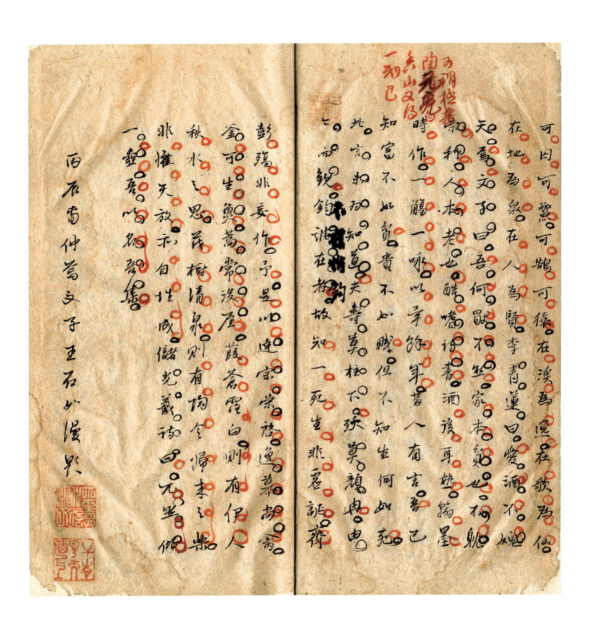

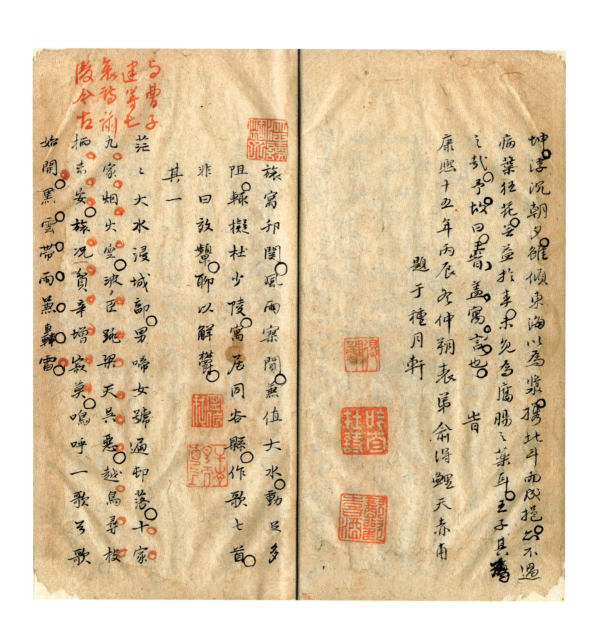

坤澤況朝夕雕傾東海以為漿掃北斗而成提以不遇
病葉狂花垒於未亮多腐腸之葉丰五子其掃
之哉予故曰壽盖寫言也　　旹
康熙十五年丙辰仲朔表弟俞得鯉天赤雨
題于種月軒

旅寓邗關風雨寒閒無值大水動呂多
阻輛擬杜少陵寓居同谷縣作歌七首
非曰放顛聊以解嬲　其一
茫茫大水浸城郭男啼女號遍邨落十家
九家烟火空波臣跳梁天吳惡越鳥尋椏
栖赤安旅況貧辛增寂莫嗚呼一歌兮歌
始開黑雲帶雨薰轟雷

与曹子
建等乜
氣弱前
浚今古

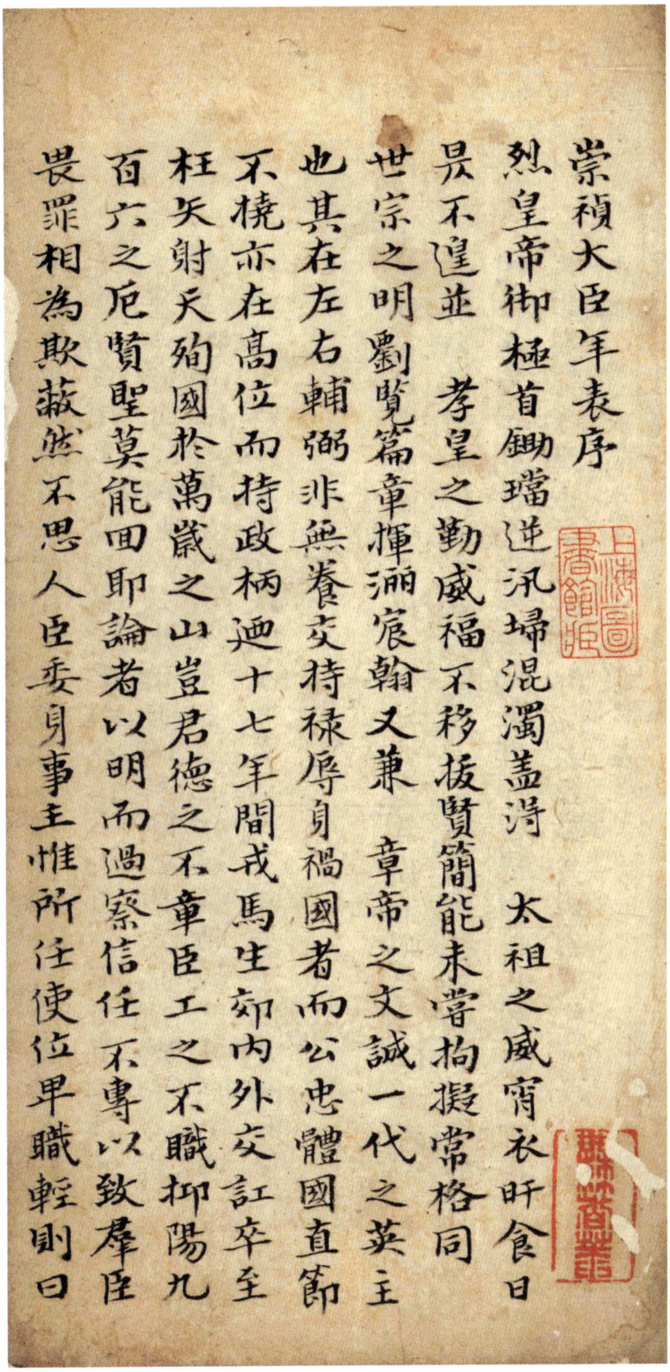

崇禎大臣年表序

烈皇帝御極首鋤璫逆汛埽混濁盖洧　太祖之威宵衣旰食日

是不遑並　孝皇之勤威福不移援賢簡能未嘗拘擬常格同

世宗之明劉覽篇章揮灑宸翰又兼　章帝之文誠一代之英主

也其在左右輔弼非無養交持祿辱身禍國者而公忠體國直節

不撓亦在高位而持政柄迺十七年間戎馬生郊內外交訌卒至

枉矢射天殉國於萬歲之山豈君德之不章臣工之不職抑陽九

百六之厄賢聖莫能回即論者以明而過察信任不專以致舉臣

畏罪相為欺蔽然不思人臣委身事主惟所任使位甲職輕則曰

〇一六　崇禎大臣年表一卷　（清）俞汝言撰　稿本　一冊　上海圖書館藏

非我任也及都右職則曰委任不專也又曰好疑用察救過不暇
也是則無一之可為歟迫至君呼籲而求助臣遭迴而不前壞不
可支歸之氣數鳴呼罪宜畏也職亦宜盡察不可用也欺蔽亦安
可為二是說者是左聖明長安奸佞設辭以助惡也即無論其他五
十輔臣中力排眾議任相十年者有之起自外僚特簡政地者有
之尊情名用出入將相者有之釋褐三載即首端撥者有之任非
不專也而任之忠直剛簡以其黨同也而疑非其情而任
不專也察非過用也而效忠彈職何鮮聞也若夫歸情矯節以其
派立之也而任之忠直剛簡以其黨同也而疑非其情兩任
非其器用察於大賢而設誠于不肖藉或有之從不因是而貶聖

殿閣部院大臣年表
馮浙川遺民俞汝言題并編次於左
天啟七年八月
烈皇帝即位

又誰歸罪乎為表棠禎殿閣部院大臣錄其姓名使覽得以觀感
用之立名于萬世為忠為佞均無補于君國即曰非尼遲使然其一
受誅奸歸者不以固寵而以養禍忠正者不用之策功于一時而
也為人臣者豈可以之藉口卒之公忠者殉節明志偉位者貪鄙

殿閣大學士
吏部尚書
戶部尚書
禮部尚書
兵部尚書
刑部尚書
工部尚書
都察院
都御史

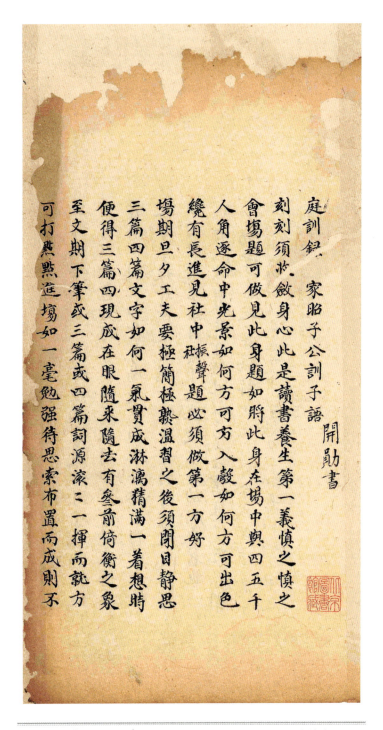

庭訓錄　家昭子公訓子語　開勛書

刻刻須收斂身心此是讀書養生第一義慎之慎之

會場題可做見此身題如將此身入殼如何方可出色

人角逐命中光景如何方可方入殼如何方可出色

纔有長進見社中社中振聲題必須做第一方好

場期旦夕工夫要極簡極熟溫習之後須閉目靜思

三篇四篇文字如何一氣貫成淋漓精滿一著想時

便得三篇四現成在眼隨來隨去有參前倚衡之象

至文期下筆或三篇或四篇詞源滾二一揮而就方

可打熙熙進場如一毫勉強待思索布置而成則不

〇一七　庭訓錄一卷　（清）沈珩撰　清乾隆吳重意抄本　一册
國家圖書館藏

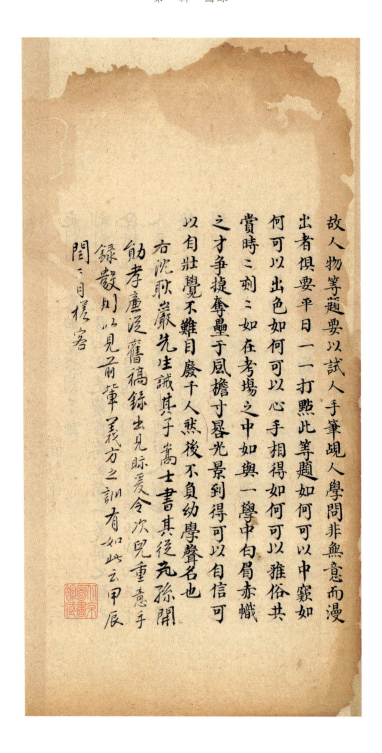

故人物等題要以試人手筆硯人學問非無意而漫
出者俱要平日一一打點此等題如何可以中窾如
何可以出色如何可以心手相得如何可以雅俗共
賞時二刻三如在考場之中如與一學中句胃赤幟
之才爭捷奪壘于鳳擔寸晷光景到得可以自信可
以自肚覺不難目廢千人然後不負幼學聲名也
右沈耿巖先生誡其子嵩士書其徑苑孫開
勖孝廬浸舊禍錄出見眹爰令次兒重意手
錄毅則以見前輩義方之訓有如此云甲辰
閏三月樵客

皇清勅封徵仕郎翰林院庶吉士石文查公墓

誌銘

賜進士第甲辰會元薦舉博學宏詞　御試擢

授翰林院編修奉　命篹脩明史辛酉科鄉

試順天正主考丁巳科順天鄉試同考内閣中書

同學

舍人表弟沈珩頓首拜譔文

賜進士及第翰林院脩撰奉　命篹脩明史甲戌會

試同考官年眷姪沈廷文頓首拜篆額

誥授奉直大夫戶部湖廣司郎中前

欽點大通橋監督運務戶部河南司員外郎

〇一八　海寧查嗣堪暨配丁太君墓誌銘不分卷　（清）沈珩撰
清陳奕禧抄本　一冊　復旦大學圖書館藏

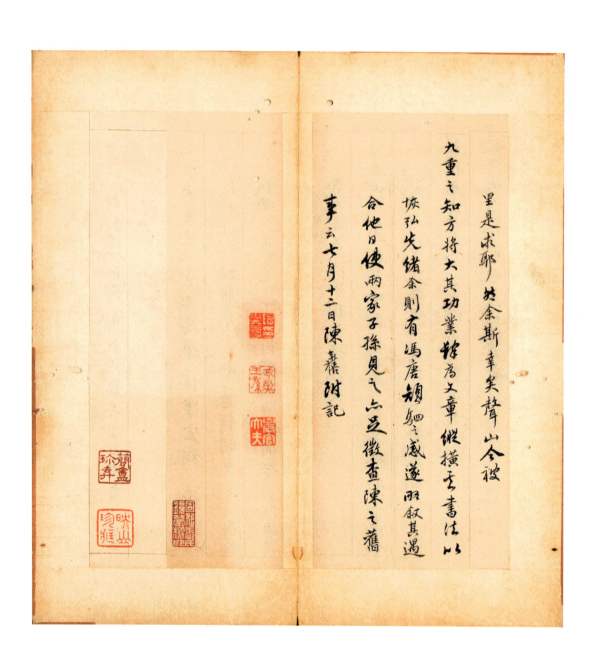

里是求耶 然余斯幸矣聲 山令被

九重之知方將大其功業 輝為文章 縱橫丟書法以

恢弘先緒余則有馮唐頵歟之感遂 歷敘其過

合他日使兩家子孫見之 六丑徵查陳之舊

事云七月十三日陳犖附記

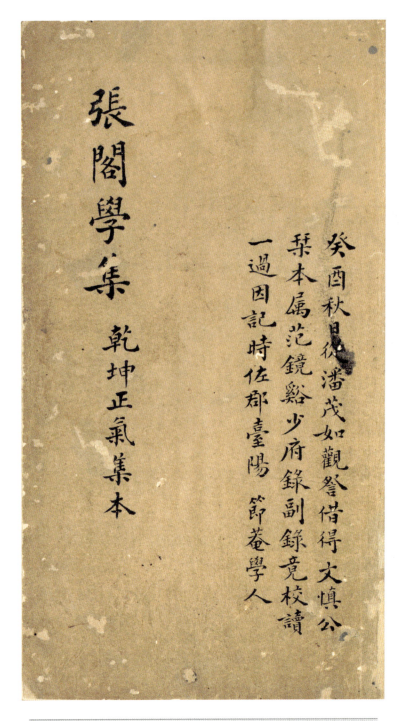

張閣學集 乾坤正氣集本

癸酉秋日從潘茂如觀督借得文慎公
鈔本屬范鏡谿少府錄副錄竟校讀
一過因記時佐郡臺陽 節菴學人

〇一九 張閣學文集二卷 （清）張煌言撰 （清）傅以禮校輯
清抄本 一冊 浙江圖書館藏

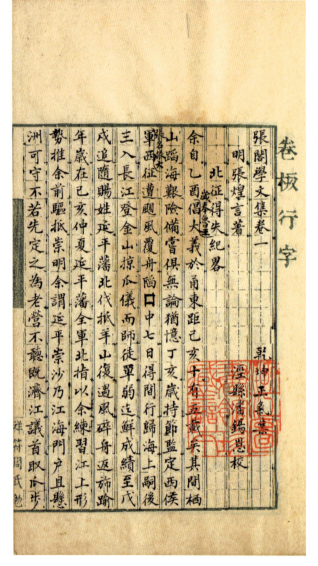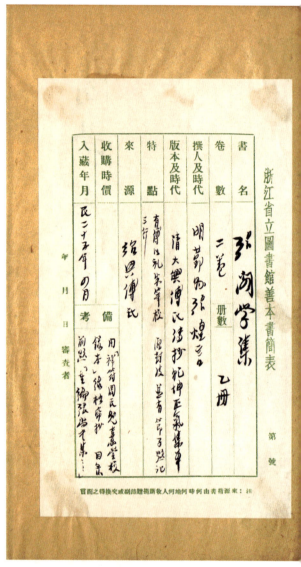

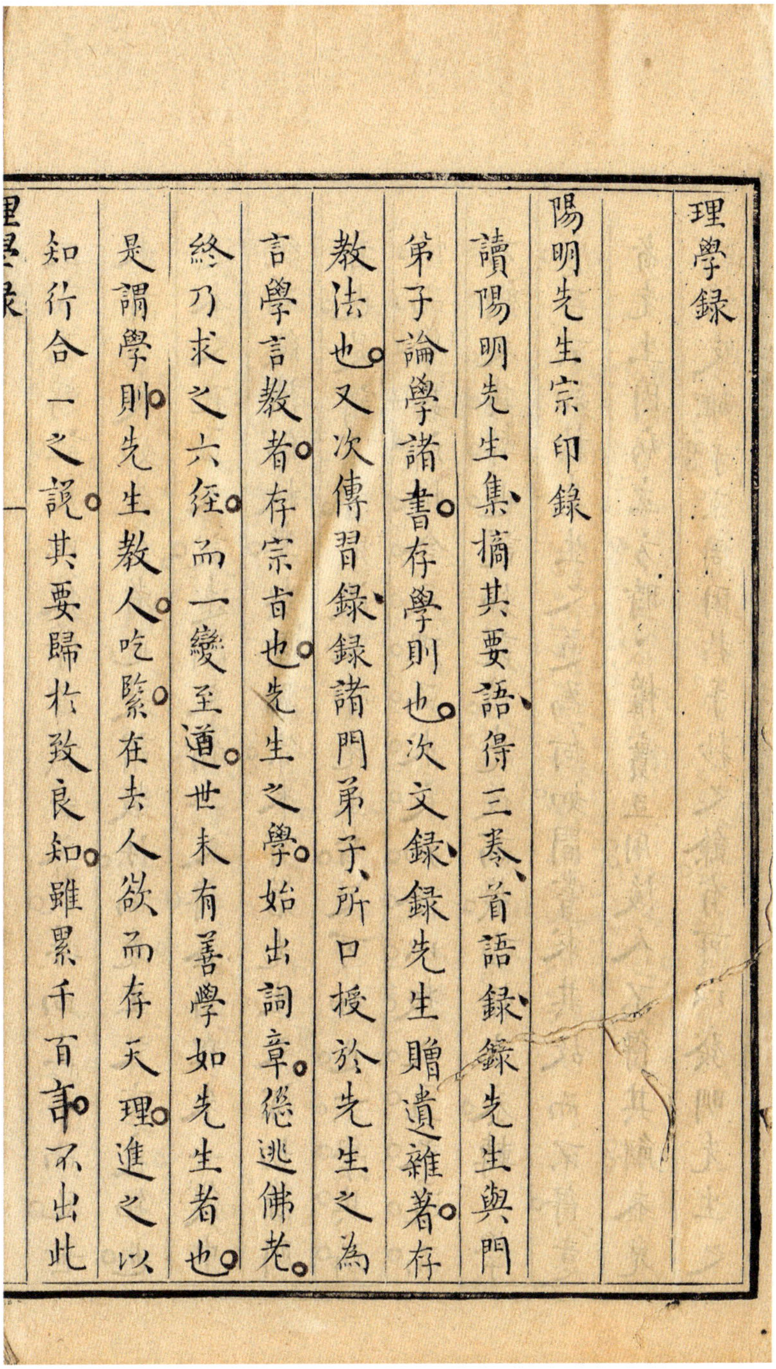

理學錄

陽明先生宗印錄

讀陽明先生集摘其要語得三卷、首語錄、錄先生與門
弟子論學諸書存學則也次文錄、錄先生贈遺雜著存
教法也又次傳習錄錄諸門弟子所口授於先生之為
言學言教者存宗旨也先生之學始出詞章德逃佛老、
終乃求之六經而一變至通世未有善學如先生者也
是謂學則先生教人吃緊在去人欲而存天理進之以
知行合一之說其要歸於致良知雖累千百事不出此

理學錄　一

○二○　理學錄九卷　（清）姜希轍輯　清抄本　四冊　浙江圖書館藏

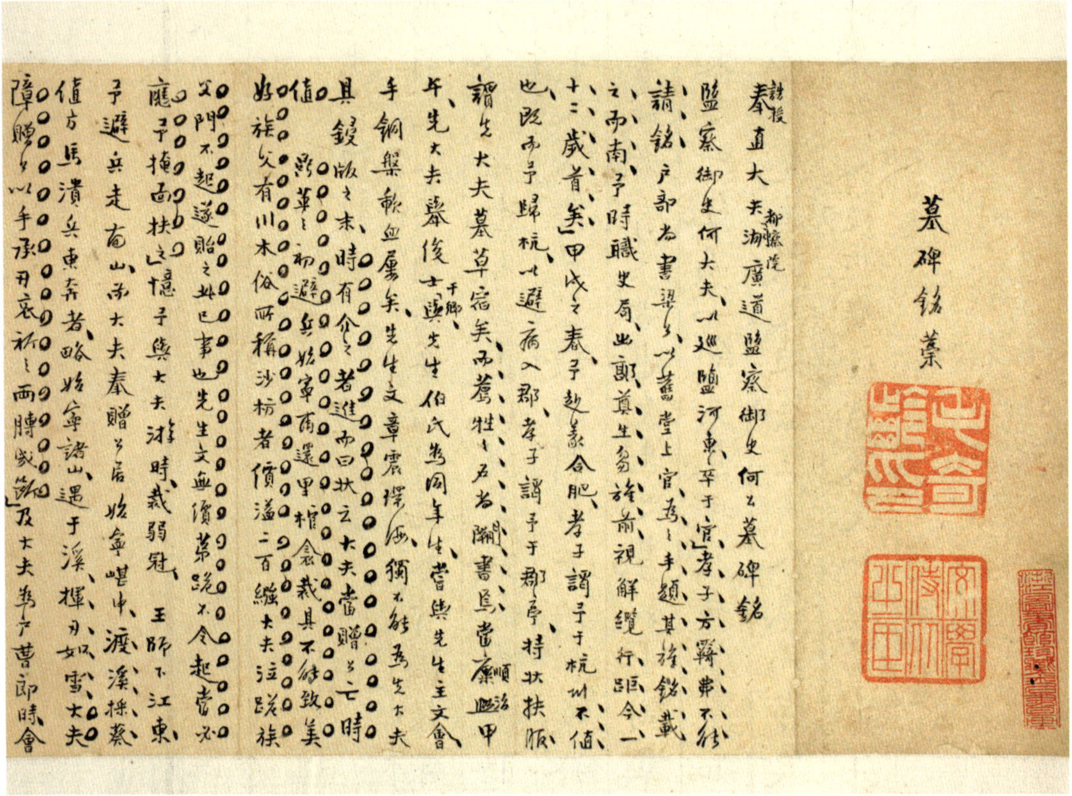

○二一 誥授奉直大夫都察院湖廣道監察御史何公墓碑銘
一卷何母陳宜人榮壽序一卷 （清）毛奇齡撰 稿本 清沈秉
鈺題簽并觀款 一長卷 浙江圖書館藏
第五批《國家珍貴古籍名録》，名録編號11642

壽序

何母陳宜人榮壽序

嘗讀東漢列女傳自向散之子偉述焉例承范氏遺用之

為列傳之一夫以古來神聖莘城駁任他見史冊固有先

於范氏者然而夷考其人肇遺草昧皆真孝之所風育川

樹之所錫賚宜平醴泉芝草與蟠根柢而乃椎枝生民重編

立子若非緒持川冀之為功世胄放或蓋太史樗尼矯淩

寔源必本之內德之　羨然則自朝廷以逮間閻未有毋儀

不著而鞬光啓氏族崇德馨于無斁者也吾鄉焉文章禪

興之卿近代節素彰聞出自閨閣光泉絲莫有逾于

何母陳宜人者峽山何人代壇替絨承潁川開閥學之相埒

放庭玉羊鄔木世媾也而宜人則又以外家之表籍渭陽息女

為錡錧之楣鄉似繡高實媲偶焉乃宜人于習詩生長工筆劄

凡夫柳絮之喻樹花之頌矢口即浮大時早有女學士之目瑩

于歸待御則待御以不世之才崛起藝林政无有聲於趾可

枝染埒上盤莚建禮廾益齋稱支章家敷槃紒紗手長

壇坫平首推待御魚且懷瑾握瑜影奇不偶其困于牛衣

鼈矣顏貪合有年日鳳操作自庭車推挽比連難脫佗徙讀

獸櫪相超破黃鵠摩之云之經歲猶得載蜍昔而枯其

所焉賢也且夫家齊而有節矣參祀幅下則顏戢無忝

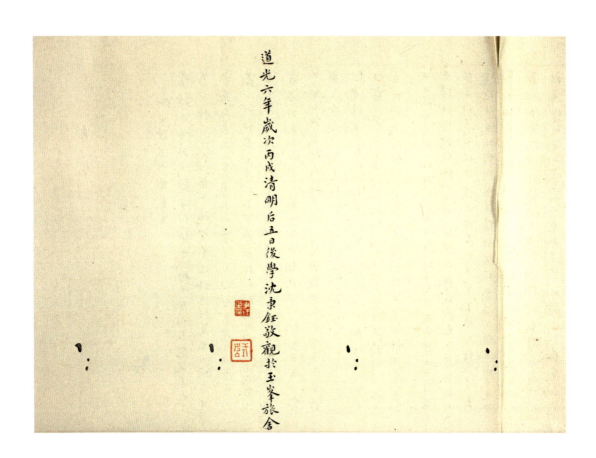

道光六年歲次丙戌清朙后五日後學沈彤鈺敬觀於玉峯旅舍

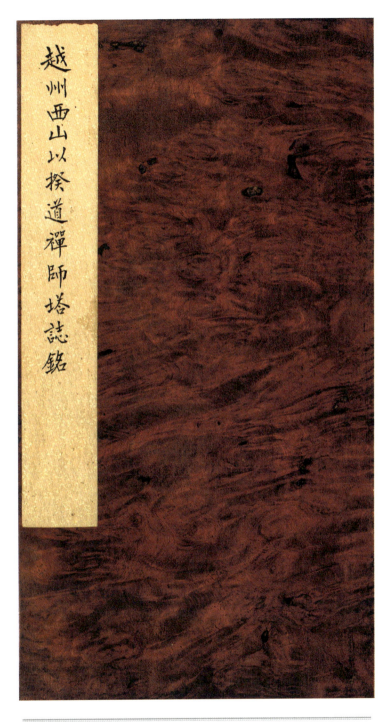

〇二二 越州西山以揆道禪師塔誌銘一卷 （清）毛奇齡撰
稿本 一册 浙江圖書館藏
第五批《國家珍貴古籍名録》，名録編號 11643

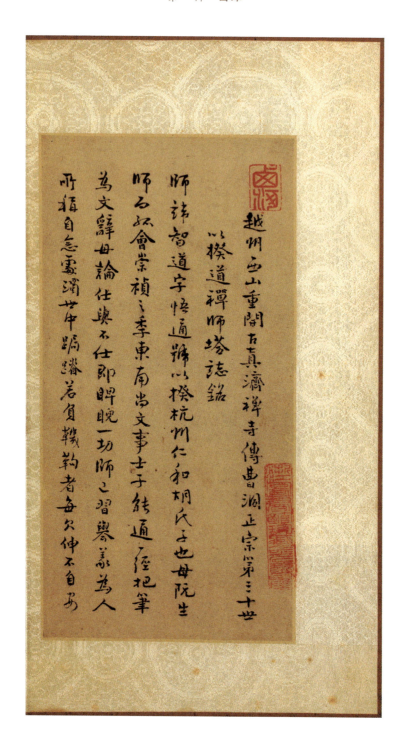

越州西山重開古真濟禪寺傳曹洞正宗第三十世
以揆道禪師塔誌銘

師諱智道字悟通辮以揆杭州仁和胡氏子也母阮生
師石以會崇禎之季東南尚文事士子能通經把筆
為文辭母論仕踈不仕即眇晚一功師之習舉業為人
所推自怠霑濡世中蹋皤若負羈勒者每欠伸不自安

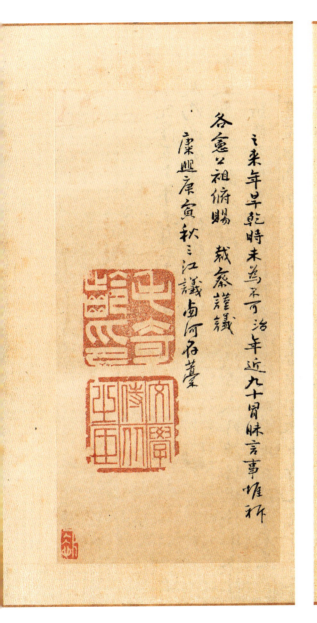

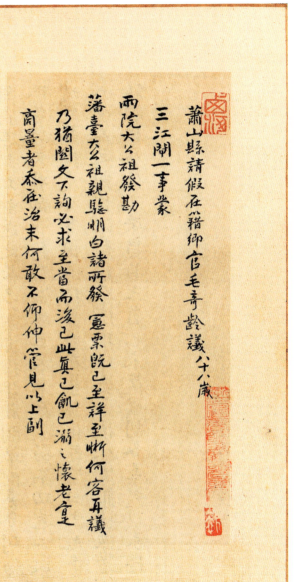

〇二三 蕭山三江閘議一卷 （清）毛奇齡撰 稿本 一冊 浙江
圖書館藏

第五批《國家珍貴古籍名録》，名録編號11685

乾隆五十年正月二十五日

奏為循例彙奏仰祈

聖鑒事案准部咨承緝盜案除按限查奏外該督撫於年終將

新舊盜劫並行窟拒捕各案已未破獲開列清單恭呈

御覽其盜劫頻聞又全無破獲者指明開參并將文武員弁承

緝窟案記功記過之最多者亦於年底開單附奏分別勸

懲等因又准部咨新舊盜案已未拿獲及鍋案功過二款

增定督緝處分等因通行導照在案今屆乾隆四十九年

分彙奏之期據江蘇按察使琅玗安徽按察使郭廿照署

江西按察使沈榮昌將三省已未獲盜刼各案武攷承接

謹

〇二四　閔鶚元奏稿不分卷　（清）閔鶚元撰　清抄本　三册

浙江圖書館藏

存清乾隆五十年正月二十五日至五十一年七月二十一日

紹並統轄兼轄各職名及窃案記功記過之員分別造冊

具詳請

奏前未　臣逐一查核江蘇省盜刦及窃盜拒捕舊案一百

七十三案先經破獲五十六案本年獲犯一名新案三十

八案巳獲十案獲犯四十六名安徽省舊案四十四案先

經破獲七案本年破獲五案獲犯十七名新案三十案巳

獲十三案獲犯三十六名江西省舊案七案先經破獲五

案本年獲犯一名新案二十一案巳獲十六案獲犯四十

六名以上各案按冊核對相符查各員舟中有河標左營

把總李國寶承緝舊案四案未獲又新案四案全無破獲

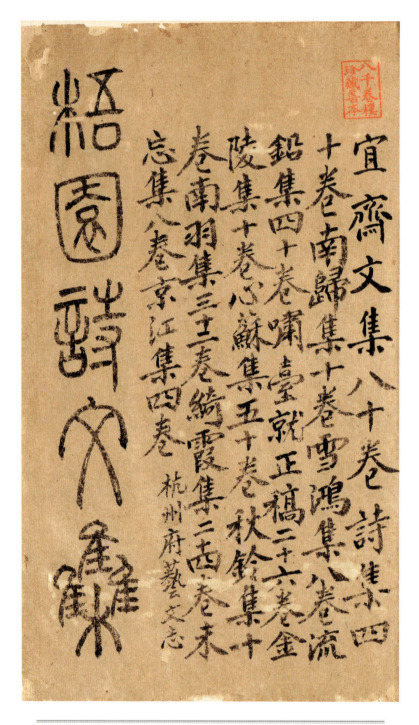

〇二五 梧園詩文集不分卷　（清）吳農祥撰　稿本　清丁丙
吳慶坻跋　三十四册　浙江圖書館藏

第五批《國家珍貴古籍名錄》，名錄編號 12008

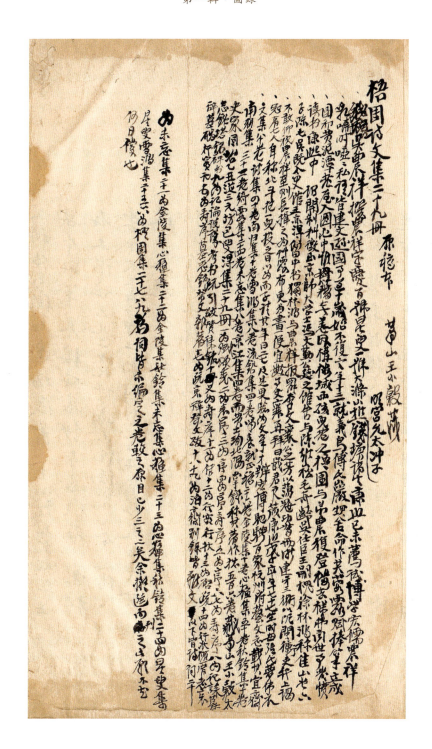

星厓徵君選著宏富見於乾隆杭州府志藝
文者凡三百四十二卷〔朱朗齋吳兔床二家所紀皆散失而世所傳罕絕〕
早覩　先高太父緝杭郡詩輯錄十條首　先大
父補傳云徵君遺稿藏蕭山王小鼇太生家卒無
嗣此八平寒樓所藏鈔本為徵君彙松
枝文識語云凡二十九冊蓋未經編定之本光緒之
季丁民書歸江南圖書館此本乃復出於金
陵市上孫君康原得之比於趙壁之歸無奇
緣如金又見楊見心家有流鈔集十志寒雜正

罡年章藤功序為方文輔先生選定徵君
子裕儻彌稜字嘉慶丁卯泰州宮蒂溪
增祐跋謂將家歸帥王徵若平圖所贈平圖
則得之浙人云家後有且樣一跋不知何許人
青六印曰
星南　劉翰怡得之以貽見心金以兩本五證
遷牽矜重所錄春恩孫客崎巖樓此薛荔
慈竹貽凡五首錄皆无之他日有好事者合
兩今刊行之則快事矣庚申初秋吳慶坻

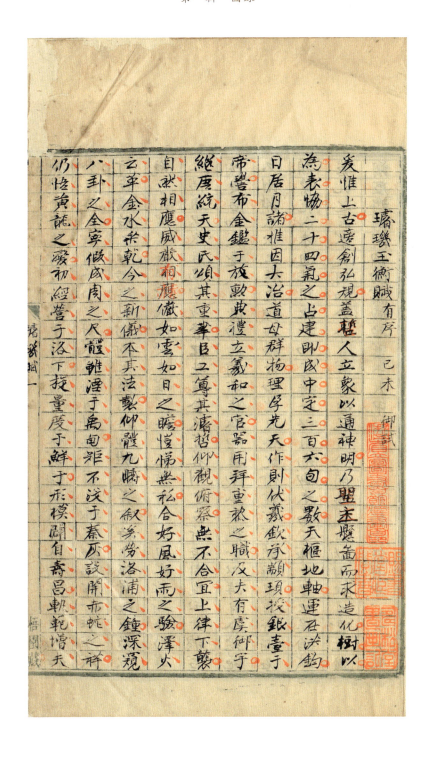

璿璣玉衡賦有序　己未　御試

羑惟上古遠創弘規蓋聖人立象以通神明乃聖未殫畚而求造化樹以

為表悰二十四氣之占建即成中定三百六旬之數本懸地軸運在洪鈞

日居月諸推因大治道母群物理孚先天作則伏羲欽承顓頊投銀臺于

帝嚳布金鑑于旌勳典禮立羲和之官器用拜垂欽之職及夫有虞郇于

緝唐統天史民頌其重華臣工尊其清哲仰觀俯察無不宜上律下襄

自然相應威儀相應儼如雲如日之瞻愷悌無私合好風好雨之驗澤火

云革金水柔乾今之新儀本其法製仰體九疇之敘共勞洛浦之鍾深窺

八卦之全寧倣成周之尺體雖浬于虞甸詎不邁于秦灰詃開布蚖之祥

仍悟黃龍之爨初經營于洛下挍量度于鮮丁形模闢自壽昌軌範增夫

璿璣賦一

梧園賦

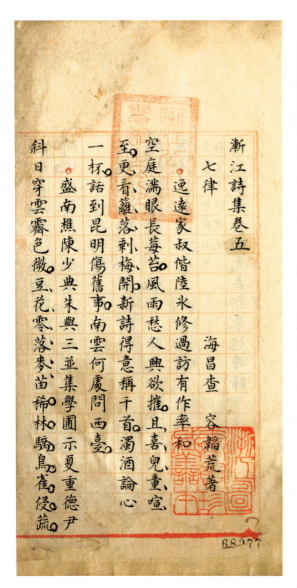

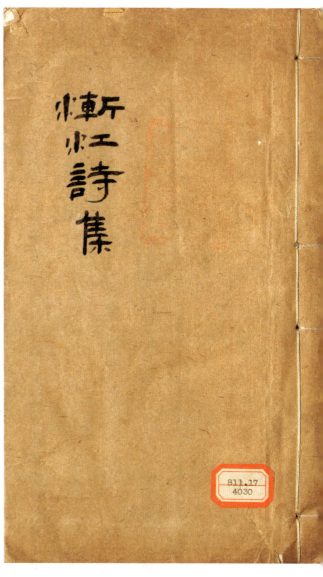

〇二六 漸江詩集十二卷 （清）查容撰 清抄本 一冊 浙江
圖書館藏

存二卷（卷五至六）

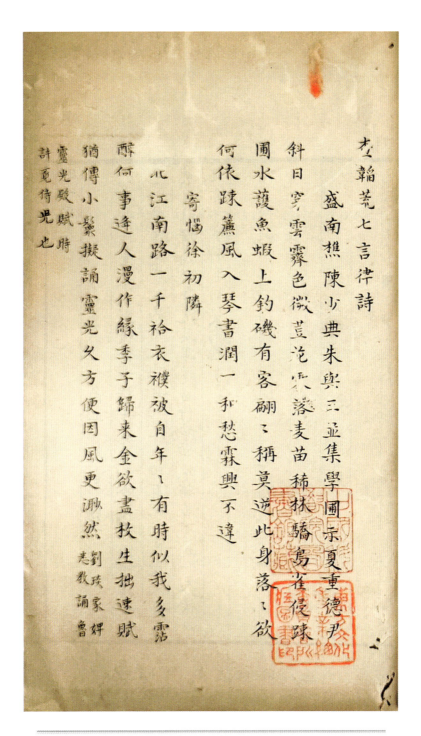

查韜荒七言律詩

盛南樵陳少典朱與三並集學圃示夏重德尹

斜日穿雲露色微菖蒲落麥苗稀林驕鳥雀侵踈

圃水護魚蝦上釣磯有客翩翩稱莫逆此身落~欲

何依踈簾風入琴書潤一和愁霖與不違

寄悃徐初隣

北江南路一千裌衣襪被自年~有時似我多霑

醉何事逢人漫作緣季子歸来金欲盡牧生拙速賦

猶傳小鬟擬誦靈光久方便因風更瀟然　劉璂家婢
靈光殿賦時　美教誦曾
詩竟待兒也

〇二七　查韜荒七言律詩不分卷　〔清〕查容撰　清抄本　一冊
中國科學院文獻情報中心藏

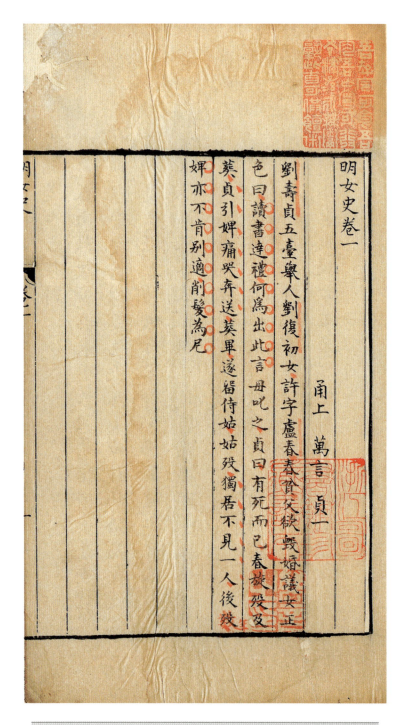

明女史卷一

甬上 萬言 貞一

劉壽貞五臺寧人劉復初女許字盧春春賀父歿毀婚議女正
色曰讀書達禮何爲出此言毋叱之貞曰有死而已春旋歿及
葬貞引婢痛哭奔送葬畢遂留侍姑姑歿獨居不見一人後歿
婢亦不肯別適削髮爲尼

〇二八 明女史八卷 （清）萬言撰 稿本 佚名批校 八冊

浙江圖書館藏

第五批《國家珍貴古籍名録》，名録編號 11638

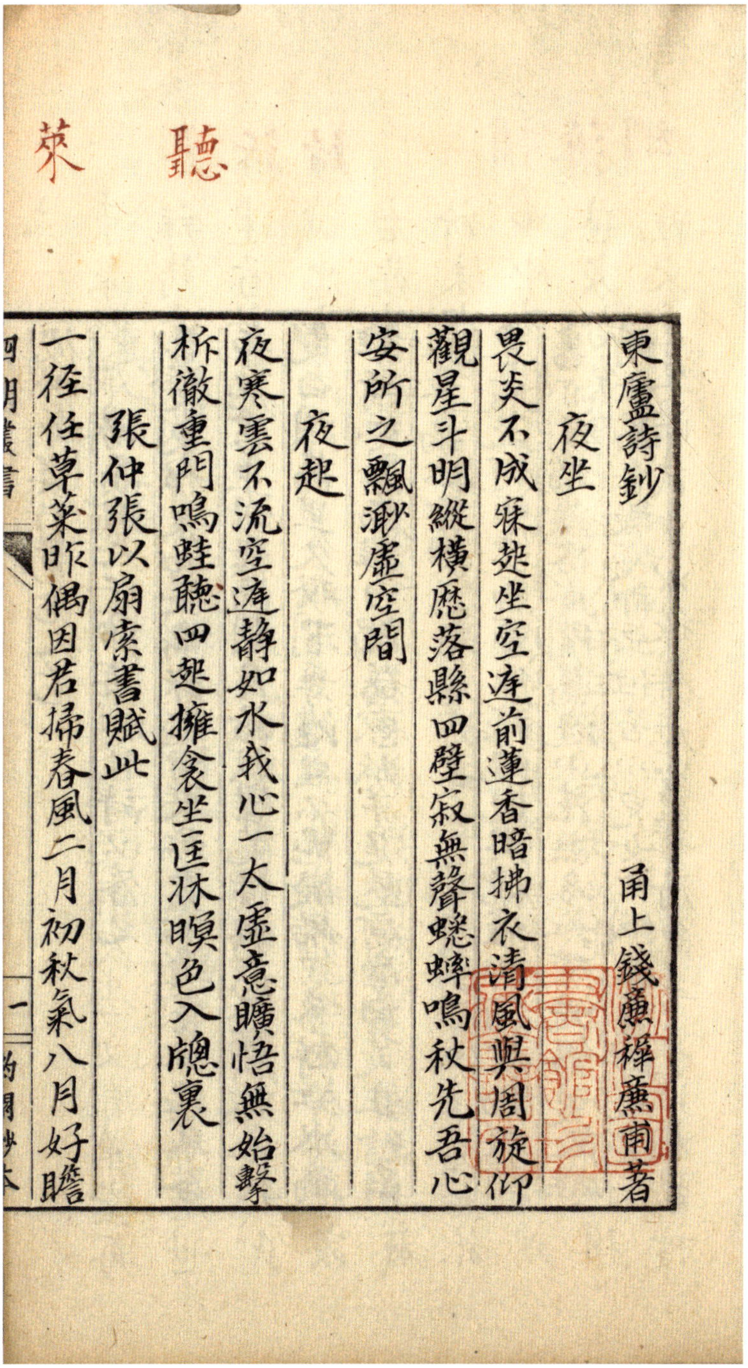

東廬詩鈔　甬上錢廬襌廬甫著

夜坐

畏炎不成寐趺坐空逕前蓮香暗拂衣清風與徊旋仰
觀星斗明縱橫歷落縣四壁寂無聲蟋蟀鳴秋先吾心
安所之飄渺虛座間

夜起

夜寒雲不流空逕靜如水我心一太虛意曠悟無始聲
柝徹重門鳴蛙聽四起擁衾坐匡牀暝色入牖裏

張仲張以扇索書賦此

一徑任草萊昨偶因君掃春風二月初秋氣八月好瞻

〇二九　東廬詩鈔一卷　（清）錢廬撰　民國張氏約園抄本　一冊
浙江圖書館藏

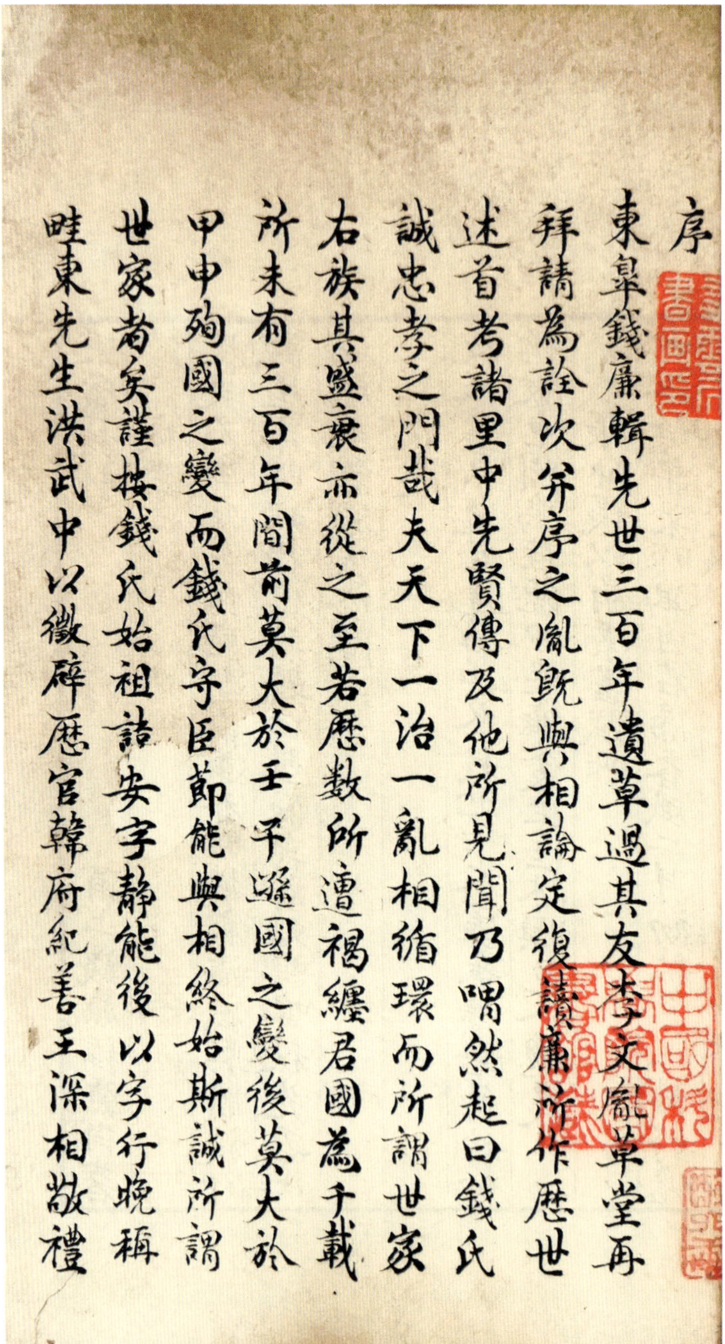

序

東皋錢廉輯先世三百年遺草過其友李文獻草堂再
拜請為詮次并序之亂既與相論定復讀廉所作歷世
述首考諸里中先賢傳及他所見聞乃喟然起曰錢氏
誠忠孝之門哉夫天下一治一亂相循環而所謂世家
右族其盛衰而從之至若歷數所遭禍纏君國為千載
所未有三百年間前莫大於壬子遜國之變後莫大於
甲申殉國之變而錢氏守臣節能與相終始斯誠所謂
世家者矣謹按錢氏始祖諱安字靜能後以字行晚稱
畦東先生洪武中以徵辟歷官韓府紀善王深相敬禮

○三○ 錢氏在茲集不分卷 （清）錢廉纂輯 清抄本 六冊
中國科學院文獻情報中心藏

在茲集原序

昔王元禮輯家門集自洗馬至臨海太守人各一集謂

諸兒曰平安崔氏汝南應氏並累葉有文然未有七葉

之中人々著集如吾門者也不侫每讀史至此未嘗不

躍然神往云我四明所屈指稱大家者必及錢氏自發

祥以來不但鐘鼎龜貂之盛而文彩相映璨瑜錯落鐘

呂鏗鏘踵相望於鼻祖雲耳之間噫亦奇矣豈四明文

章靈秀之氣蜿蜒於甬江之湄而我錢氏厚鍾而徐發

之耶抑我錢氏乞靈於造物而洗馬臨海人々而分以

靈虵之寶耶將祖考而降世載清白無所把取於人間

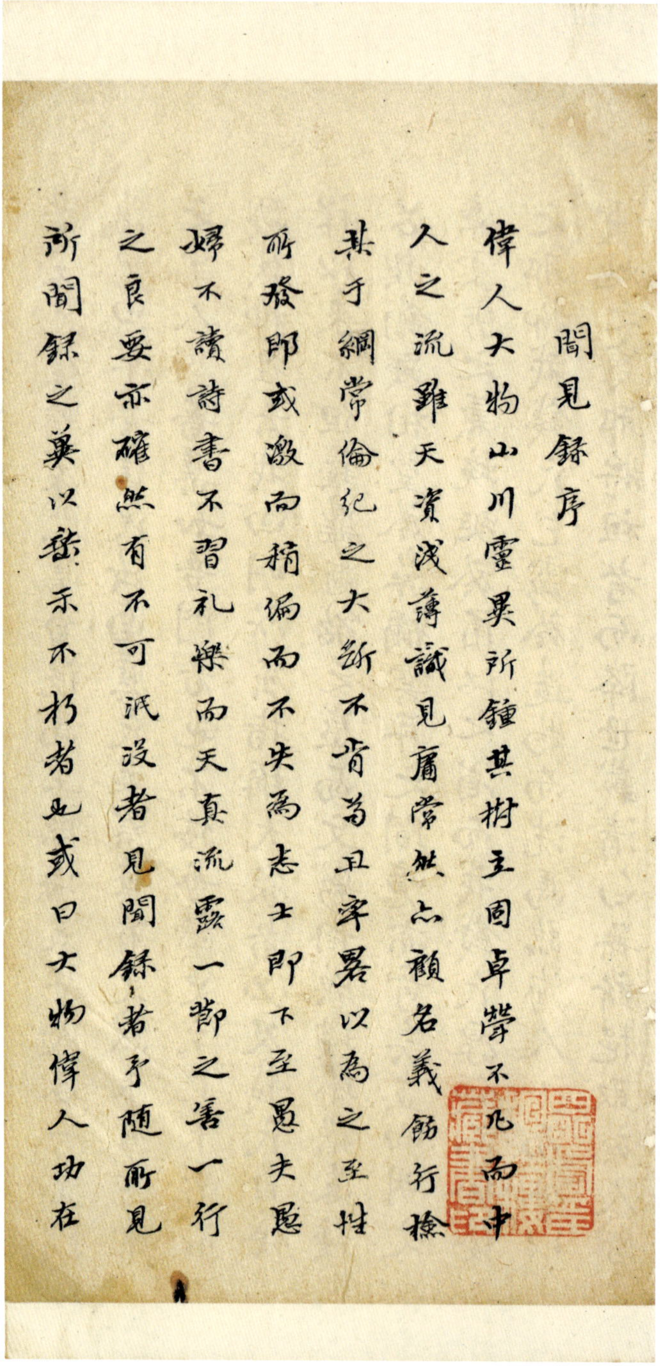

聞見録序

偉人大物山川靈異所鍾其樹立固卓犖不凡而中
人之流雖天資淺薄識見庸常然志願名義飭行撿
甚于綱常倫紀之大斷不肯為丑宰署以為之至性
所發卽或激而稍偏而不失為志士卽下至愚夫愚
婦不讀詩書不習礼樂而天真流露一節之善一行
之良要亦確然有不可泯沒者見聞録者于隨所見
所聞録之冀以藝示不朽者此或曰大物偉人功在

○三一 聞見録不分卷 （清）顧自俊撰 稿本 六册 浙江圖
書館藏

第三批《國家珍貴古籍名録》，名録編號 07848

間見錄卷上

當事

　張存仁

存仁張公以內院隨貝勒平浙遂除浙閩總督政平
法寬百姓安之自湯服辦髮之令下浙東八郡皆變
浙西三郡去城數里悉為敵兵出入之地人民惶〻
公獨恃以靜正設官收氓遣將勦賊先後悉合機宜
四遠鄉民入城公幹及夫匠運車需器具入營絕不

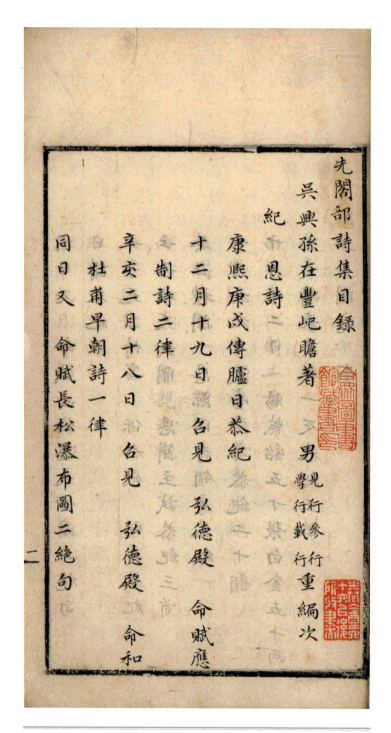

○三二　孫閣部詩集八卷　（清）孫在豐撰　稿本　二册　上海
圖書館藏
館藏單位原題：孫閣部詩集七卷　（清）孫在豐撰　稿本

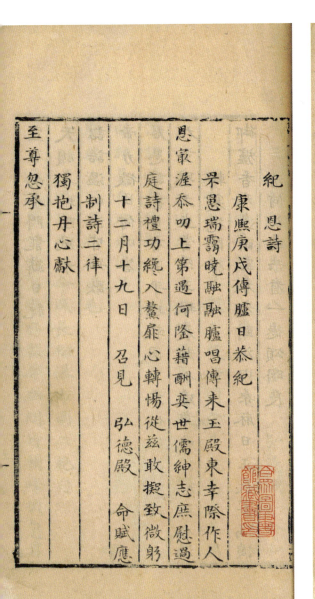

紀恩詩

康熙庚戌傳臚日恭紀

采恩瑞靄曉融融臚唱傳來玉殿東幸際作人

恩霂涯泰叩上第過何隆藉酬奕世儒紳志庶慰過

庭詩禮功綏入鰲扉心轉惕從茲敢擬致微躬

十二月十九日召見弘德殿　命賦應

制詩二律

獨抱丹心獻

至尊恩承

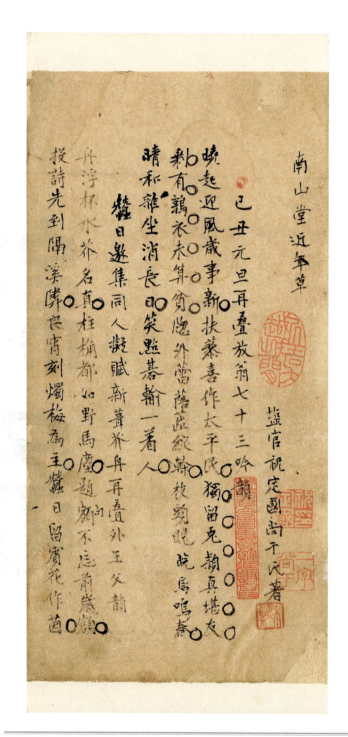

○三三　南山堂近草一卷詩草一卷　（清）祝定國撰　松卿
詩艸一卷　（清）祝出東撰　稿本　四冊　浙江圖書館藏
第一批《浙江省珍貴古籍名録》，名録編號 00188

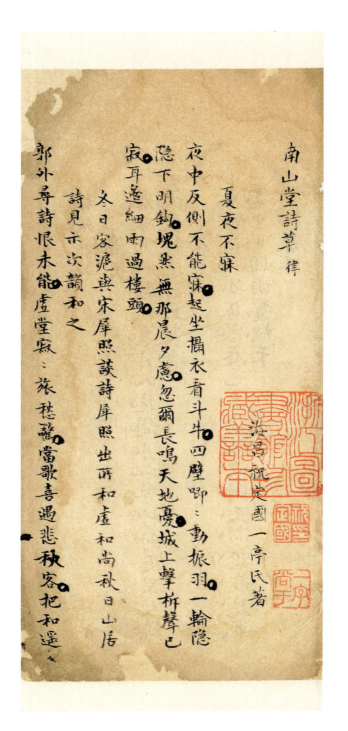

南山堂詩草 律

海昌楓芷國一亭氏著

夏夜不寐

夜中反側不能寐起坐攔衣看斗牛四壁卿卿動振羽一輪隱

隱下明鈎塊然無那晨夕慮忽爾長鳴天地憂城上擊柝聲已

寂耳邊細雨過樓頭

冬日客邸與宋犀照談詩屏照出所和盧和尚秋日山居

詩見示次韻和之

郭外尋詩恨未能盧堂寂寂旅愁離當歌喜遇悲秋客把和還

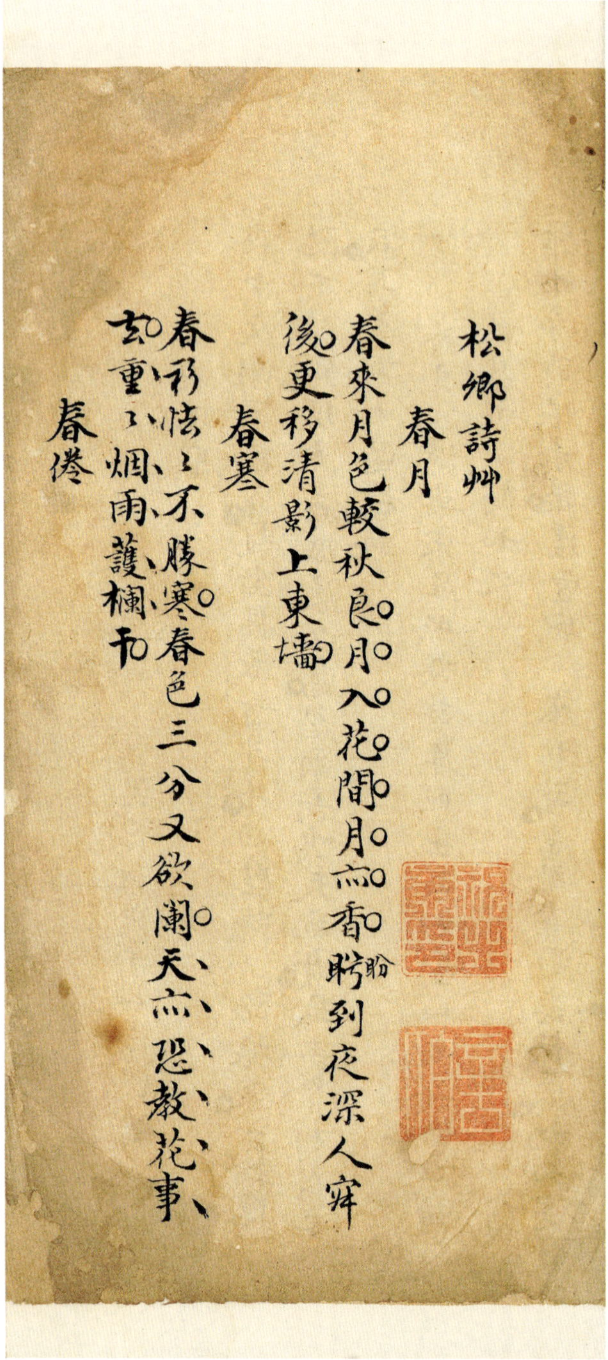

松鄉詩艸

春月

春來月色較秋良。月入花間月亦香。盻(盼)到夜深人穿後。更移清影上東墻。

春寒

春彩怯怯不勝寒。春色三分又欲闌。天亦恐教花事去。重重烟雨護欄干

春倦

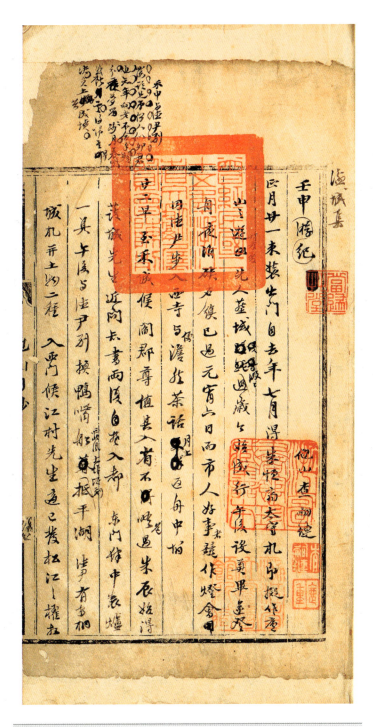

〇三四　壬申紀游不分卷　（清）查慎行撰　稿本　丁以布題記
一冊　浙江圖書館藏
第五批《國家珍貴古籍名録》，名録編號 12009

〇三五　湖録一百二十卷　（清）鄭元慶撰　稿本　清邃盦題簽

清李少青　丁寶書　清楊峴　清俞樾　張宗祥跋　一冊　浙江圖書館藏

存五卷（卷二十至二十四）

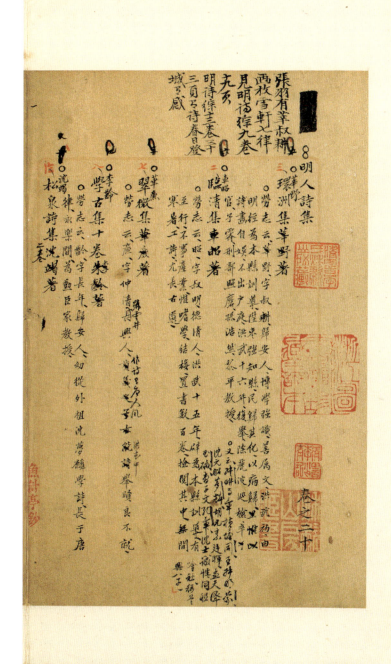

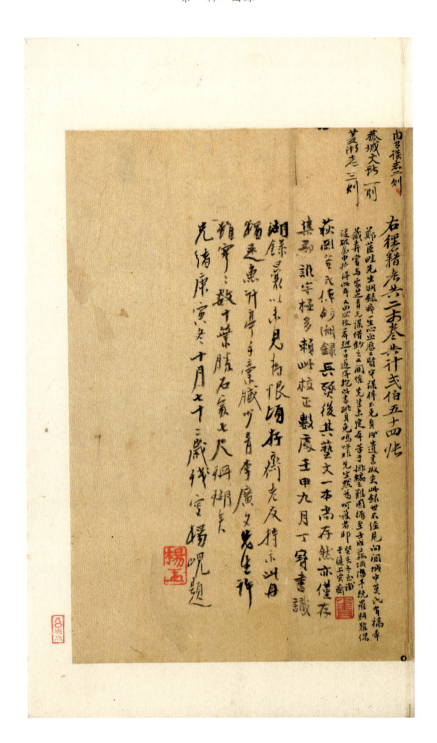

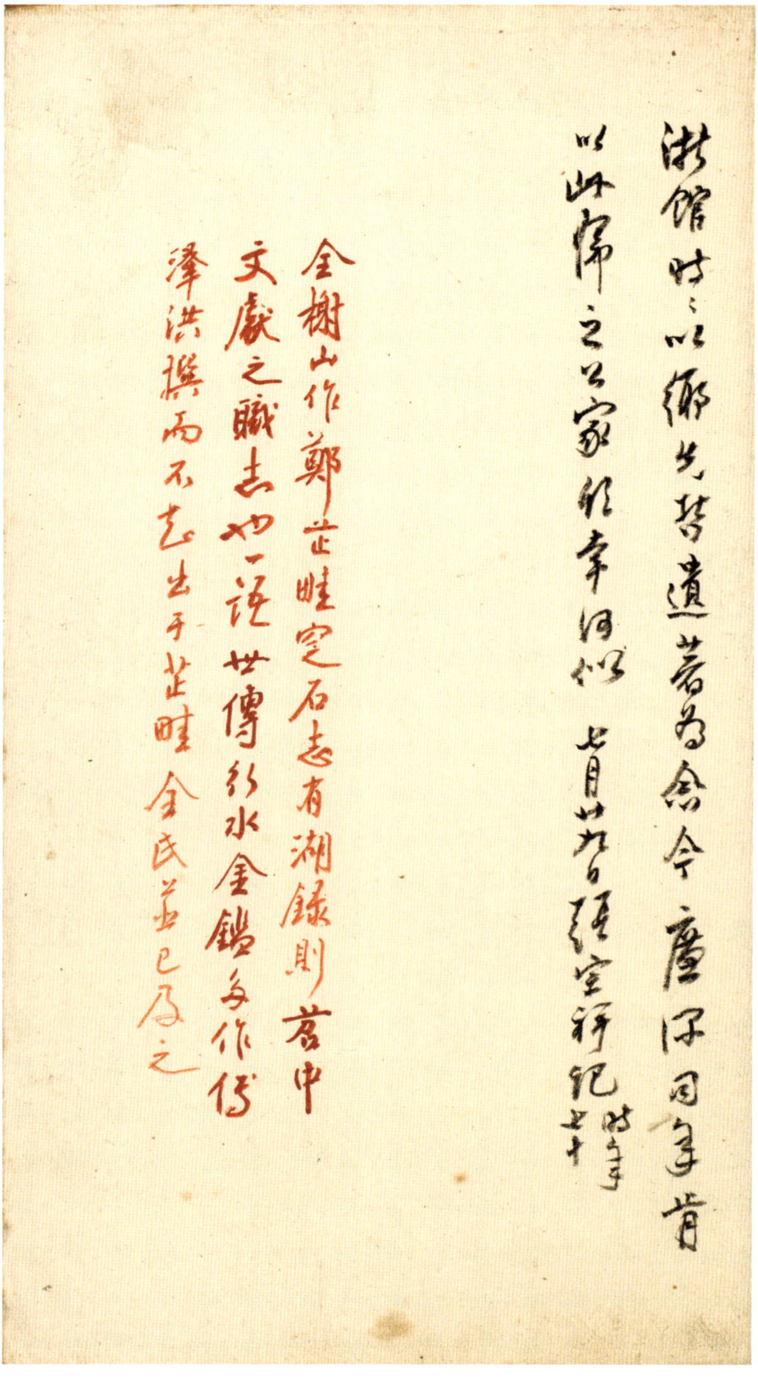

澥館時以鄉先哲遺著為念今廬仔同李曾
以此尋之己家儀幸得如此貴世哲謹室祈記以为录廿十

全榭山作鄭正畦定石志有湖錄則苕中
文獻之職去如一話世傳於水金錯为作傳
澤洪撰而不克出于正畦全氏茝巳戶之

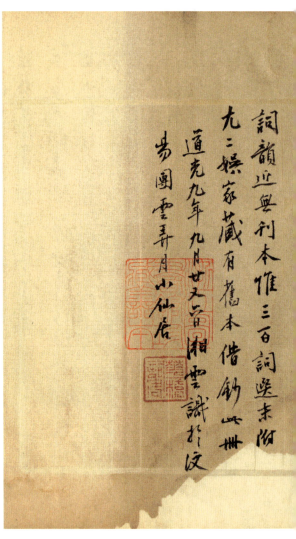

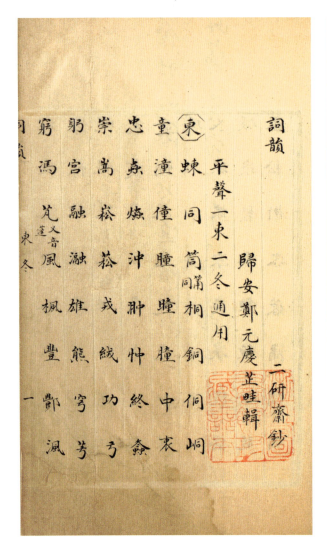

○三六　詞韻一卷　（清）鄭元慶輯　清二研齋抄本　清湘雲跋
一冊　浙江圖書館藏

第一批《浙江省珍貴古籍名錄》，名錄編號00173

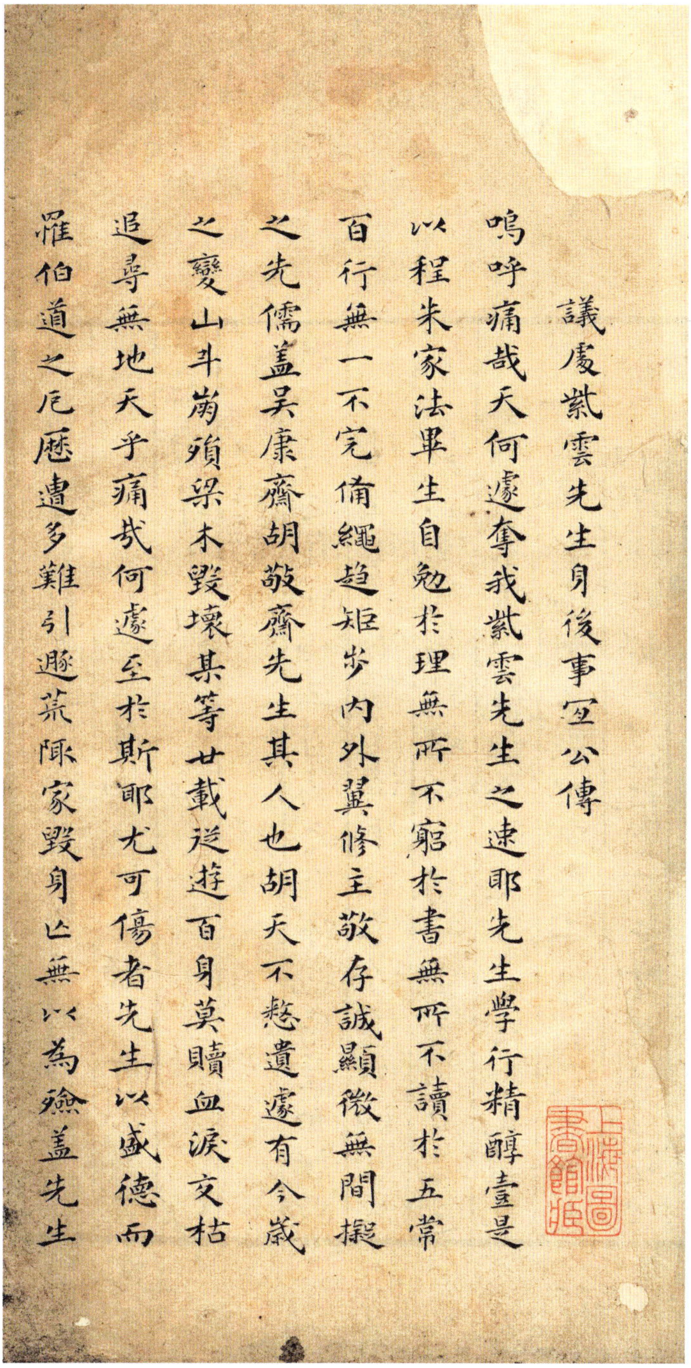

議廬嶽雲先生身後事公傳

嗚呼痛哉天何遽奪我嶽雲先生之速耶先生學行精醇壹是

以程朱家法畢生自勉於理無所不窮於書無所不讀於五常

百行無一不完備繩趨矩步內外翼修主敬存誠顯微無間擬

之先儒蓋吳康齋胡敬齋先生其人也胡天不慭遺遽有今歲

之變山斗崩殂梁木毀壞其等廿載遨遊百身莫贖血淚交枯

追尋無地天乎痛哉何遽至於斯耶尤可傷者先生以盛德而

罹伯道之厄歷遭多難引避荒陬隊家毀身亡無以為殮蓋先生

○三七　許季覺稿一卷　（清）許楗撰　稿本　一冊　上海圖書
館藏

館藏單位原題：錢紫雲遺著一卷　（清）錢汝霖撰　清抄本

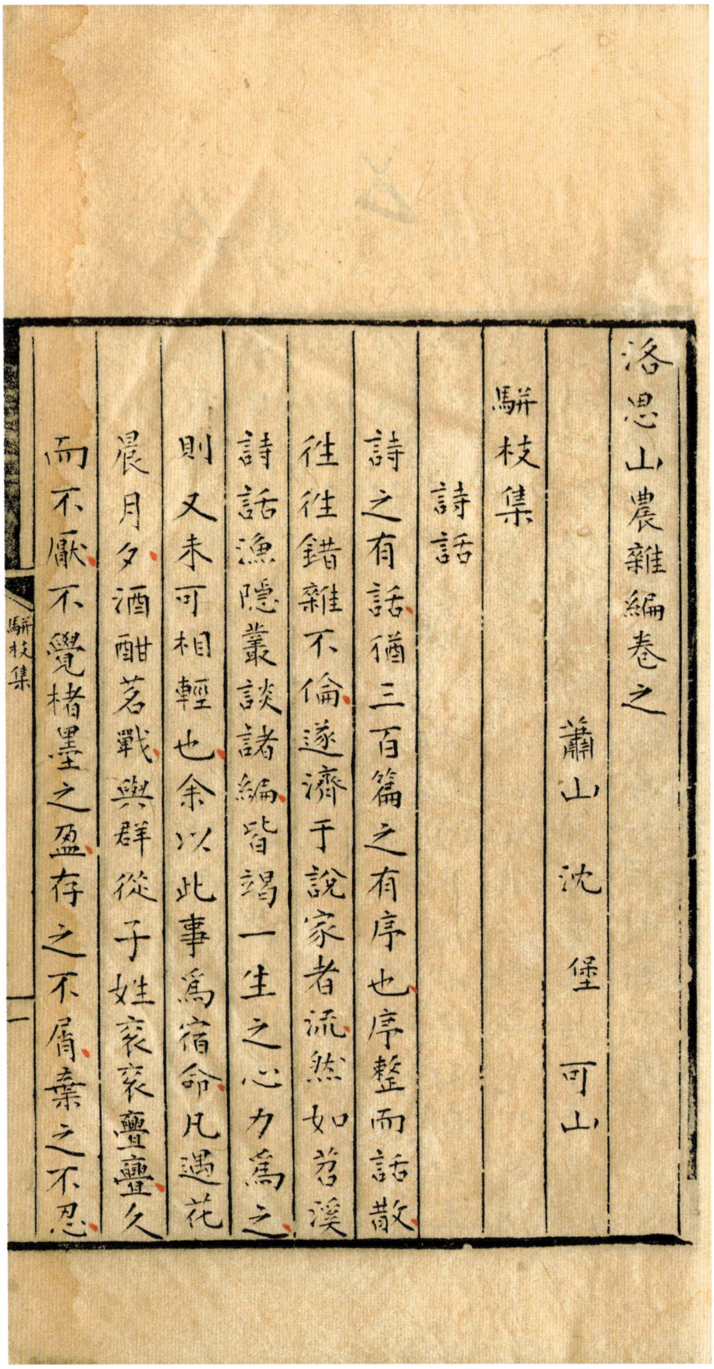

洛思山農雜編卷之

　　　蕭山　沈堡　可山

駢枝集

　　詩話

詩之有話猶三百篇之有序也序整而話散

往往錯雜不倫遂濟于說家者流然如苕溪

詩話漁隱叢談諸編皆竭一生之心力為之

則又未可輕也余以此事為宿命凡遇花

晨月夕酒酣茗戰與群從子姓袞袞亹亹久

而不厭不覺楮墨之盈存之不屑棄之不忍

○三八　洛思山農駢枝集八卷　（清）沈堡撰　清抄本　二冊

紹興圖書館藏

第一批《浙江省珍貴古籍名錄》，名錄編號00173

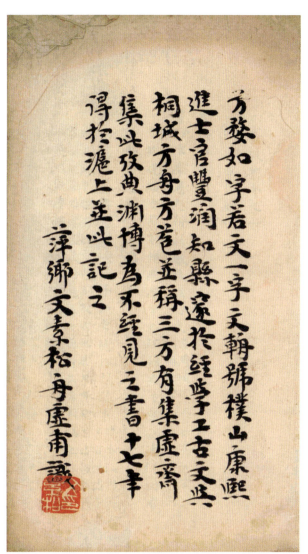

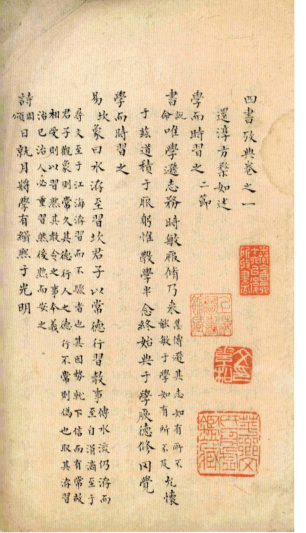

〇三九 四書攷典四十二卷 （清）方棻如撰 清抄本 文素
松題記 六冊 上海圖書館藏

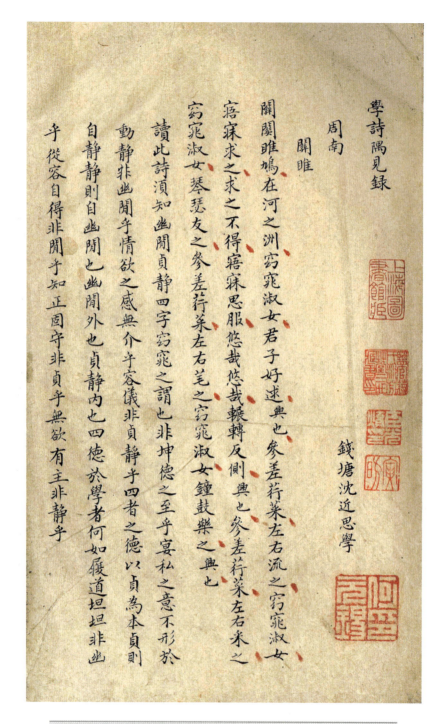

學詩隅見録

周南

關雎

錢塘沈近思學

關關雎鳩在河之洲窈窕淑女君子好逑興也參差荇菜左右流之窈窕淑女
寤寐求之求之不得寤寐思服悠哉悠哉輾轉反側興也參差荇菜左右采之
窈窕淑女琴瑟友之參差荇菜左右芼之窈窕淑女鐘鼓樂之興也
讀此詩湏知幽閒貞靜四字窈窕之謂也非坤德之至乎宴私之意不形於
動靜非幽閒乎情欲之感無介乎容儀非貞靜乎四者之德以貞為本貞則
自靜靜則自幽閒也幽閒外也貞靜內也四德於學者何如履道坦坦非幽
乎從容自得非閒乎知正固守非貞乎無欲有主非靜乎

○四○ 學詩隅見録四卷 （清）沈近思撰 清抄本 六冊 上海圖書館藏

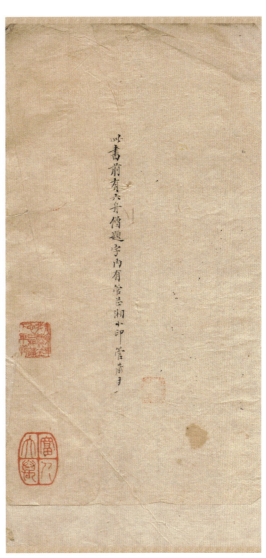

〇四一　玉几山人書畫涉記手稿不分卷　（清）陳撰撰　稿本
一册　寧波市天一閣博物院藏

題右軍七月帖

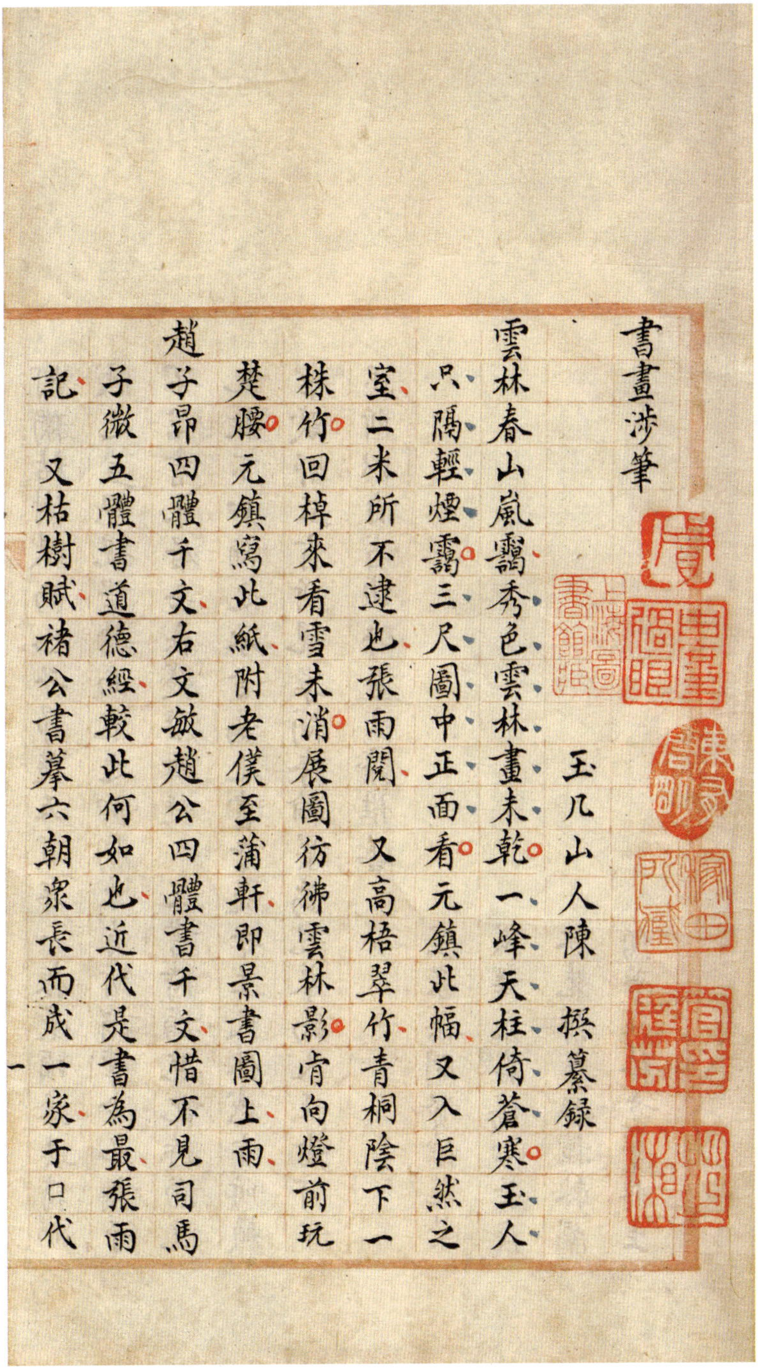

書畫涉筆

玉几山人陳撰篡錄

雲林春山嵐靄秀色雲林畫未乾一峰天柱倚蒼寒玉人
只隔輕煙靄三尺圖中正面看元鎮此幅又入巨然之
室二米所不逮也張雨閱又高梧翠竹青桐陰下一
株竹回棹來看雪未消展圖彷彿雲林影肯向燈前玩
楚腰元鎮寫此紙附老僕至蒲軒即景書圖上雨
子微五體書道德經較此何如也近代是書為最張雨
趙子昂四體千文右文敏趙公四體書千文惜不見司馬
記又枯樹賦褚公書摹六朝衆長而成一家于□代

〇四二　書畫涉筆一卷　（清）陳撰撰　清咸豐二年（1852）管
庭芬抄本　清管庭芬跋　一册　上海圖書館藏

〇四三 錢文端公手寫進呈詩副本一卷 （清）錢陳羣撰
稿本 清許承堯題簽并跋 一冊 浙江圖書館藏

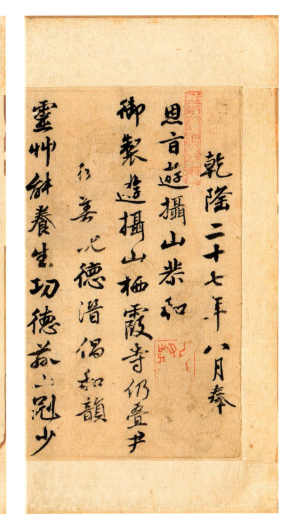

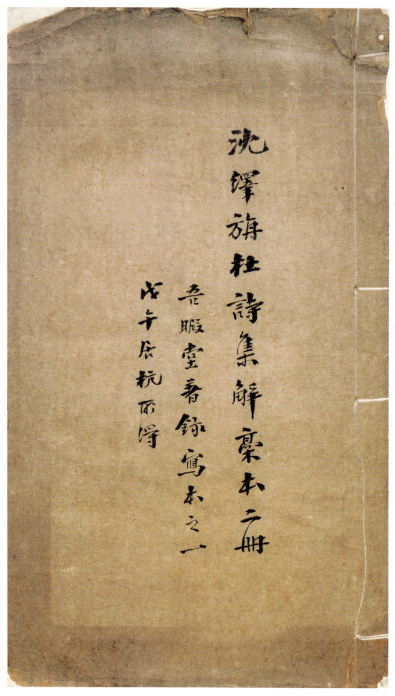

沈繹旂杜詩集解彙本二册

吾眼壺春録寫本之一

戊午長杭不浮

〇四四　杜詩集解□□卷　（清）沈炳巽撰　稿本　二册　復旦
大學圖書館藏
存一卷（卷一）

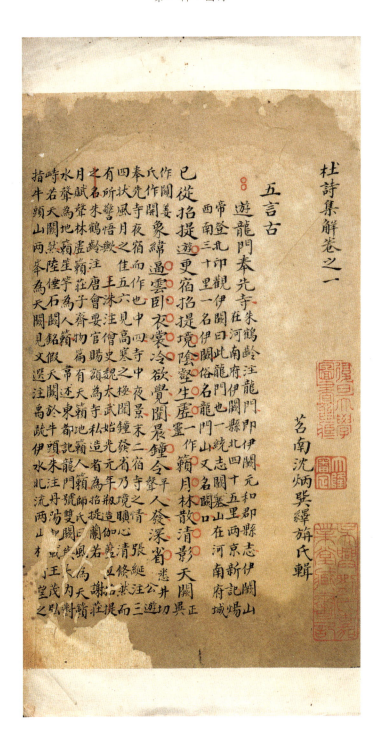

蚟小志

蚟小志　錢塘莫栻右莊氏輯

蚟一

蚟形

草木子曰蚟六足行必向北、席上腐談曰蚟陰
物其足六行必向北北方坎水之所也驗之良然
山堂肆考宋道君皇帝北狩至五穀城見衰
上有蚟呼為琵琶蟲人其形似琵琶也。李時
珍本草釋名曰蚟從虱蚟音迅虫音

誤蚟蟲不甯
竹陰類此其
性畏火置之
物上隨其所
向以指南方
俟即屏之若
有知也此

蚟色

把朴子曰頭蚟黑菁身變白身蚟白菁身變黑
竹漸然也　稽叔夜養生論云蚟處頭而黑
麋鹿食柏而香　李時珍本草集解今人陰毛
中多生陰蚟牢不可當肉中挑出皆八足而偏。
或白色或紅色古方亦不載一醫以銀杏擦之

昆蟲形迅疾而虱緩故也俗首作虱。

外科正宗溝漏一方
一脈志服第二條
氣治泡服六味地黄
丸青鹽臨臥服之
俾其林志垂者
裴滅矣又方一陰中
出蚟方下隙地小有
土蚟多方一陰蚟
女用紅斑蚟物蟲
當歸鶴虱紅珠蟲
連緒銀泡木相

〇四五　蟋小志六卷　（清）莫栻輯　清乾隆三十四年（1769）
稿本　一冊　紹興圖書館藏
第一批《浙江省珍貴古籍名錄》，名錄編號00101

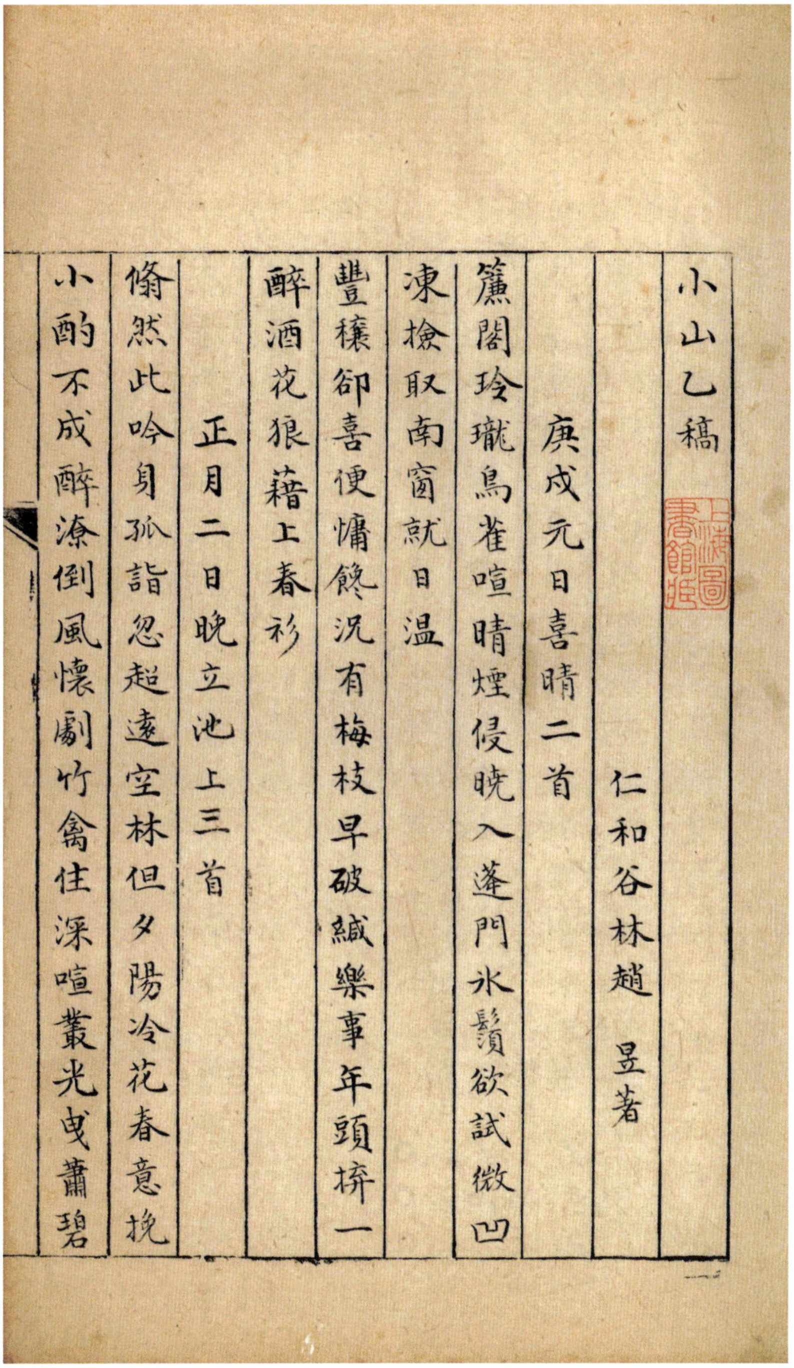

小山乙稿

仁和谷林趙　昱著

庚戌元日喜晴二首

簾閣玲瓏鳥雀喧晴煙侵曉入蓬門冰鬚欲試微凹

凍撿取南窗就日溫

豐穰卻喜便慵懶況有梅枝早破緘樂事年頭擠一

醉酒花狼藉上春衫

正月二日晚立池上三首

翛然此吟身孤詣忽超遠空林但夕陽冷花春意挽

小酌不成醉潦倒風懷劇竹禽住深喧叢光曳蕭碧

○四六　小山乙稿五卷　（清）趙昱撰　稿本　二冊　上海圖書
館藏

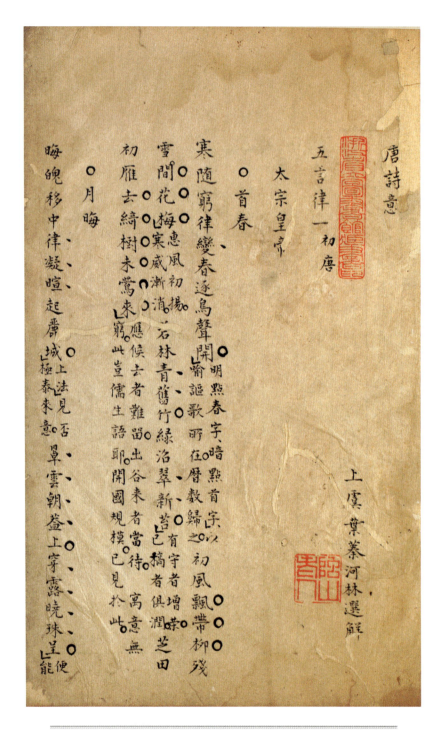

唐詩意

五言律一初唐

太宗皇宗

○首春、

寒隨窮律變春逐鳥聲開○論謳歌○晬○

○○雪間花梅惠風初揚一石林青舊竹綠洛翠新苞已○

初雁去綺樹未鶯來○窮

○月晦、

晦魄移中律凝暄起晬城○上法見否草雲朝蓋上穿露曉珠呈能便

明點春宇、暗點首宾以歷數婦之○初風飄帶柳殘○有守者增榮芝田○應候去者難留出谷來者當待○寫意無○此豈儒生語耶○開國規模已見於此○

上虞葉蓁河林選解

○四七　唐詩意一卷　（清）葉蓁選解　稿本　一冊　浙江圖書
館藏

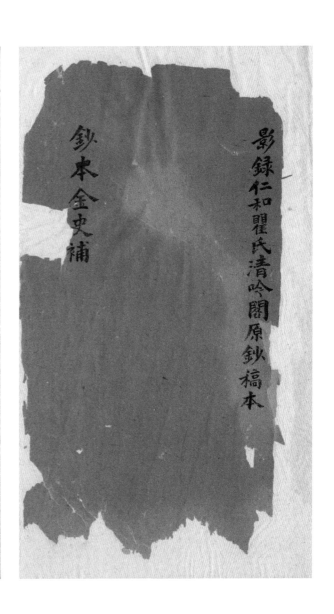

杭氏曹輯有金史補未刊行見載邵氏四庫標注

元史項下聞清吟閣瞿氏有鈔稿九冊未見酒于

浙大友人處藏有瞿清吟原鈔喜甚假歸亟囑

館友影錄全帙撰他日偏入本館善本類內非特

鄉賢遺著可以不朽亦足資研邃史共三一助焉

二十六年·六·五 訓甃

影錄仁和瞿氏清吟閣原鈔稿本

鈔本金史補

○四八 金史補不分卷 （清）杭世駿撰 民國二十六年（1937）

浙江省立圖書館抄本 九冊 浙江圖書館藏

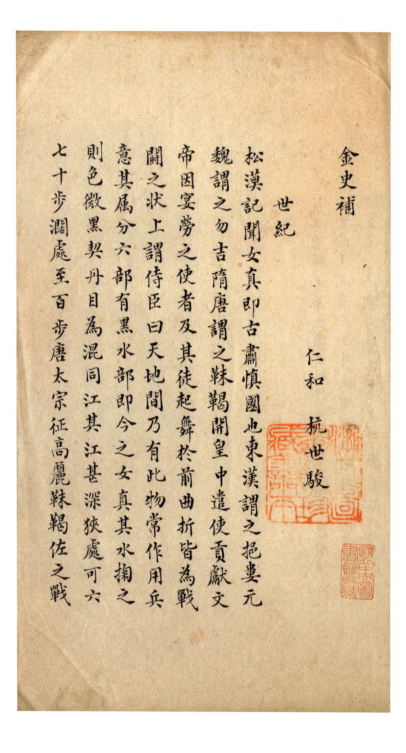

金史補

世紀　　　　　仁和　杭世駿

松漠記聞女真即古肅慎國也東漢謂之挹婁元
魏謂之勿吉隋唐謂之靺鞨開皇中遣使貢獻文
帝因宴勞之使者及其徒起舞於前曲折皆為戰
鬭之狀上謂侍臣曰天地間乃有此物常作用兵
意其屬分六部有黑水部即今之女真其水掬之
則色微黑契丹目為混同江其江甚深狹處可六
七十步潤處至百步唐太宗征高麗靺鞨佐之戰

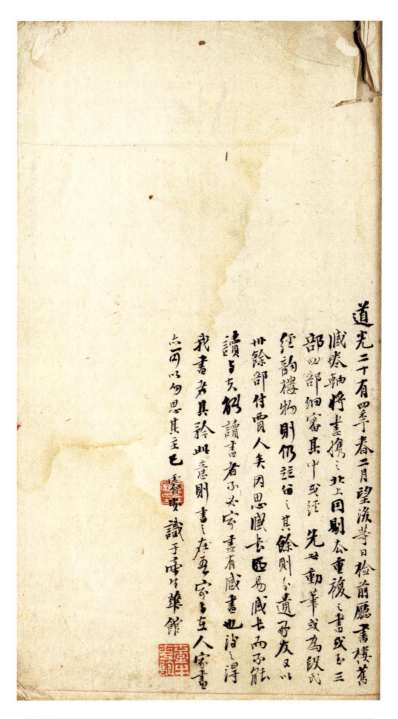

○四九　武林覽勝記四十二卷　（清）杭世駿撰　清抄本　四十
八冊　浙江省博物館藏

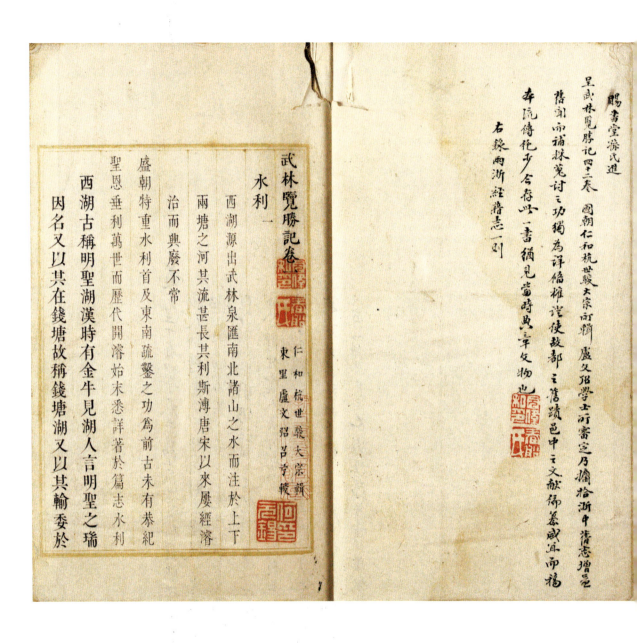

賜書堂游氏進

呈武林覽勝記四十二卷 國朝仁和杭世駿大宗伯撰 盧又紹學士所審定乃擬拾浙中諸志增目也

舊制市補採覓討之功獨為詳備榷謹使故部言舊蹟邑中之文獻備著咸淮而稿

奉院傳飭多令存此一書續見當時典章文物也

右錄兩浙經籍志一則

武林覽勝記卷

水利一

仁和杭世駿大宗伯

東里盧文弨呂喬輯

西湖源出武林泉匯南北諸山之水而注於上下

兩塘之河其流甚長其利斯溥唐宋以來屢經濬

治而興廢不常

盛朝特重水利首及東南疏鑿之功為前古未有恭紀

聖恩垂利萬世而歷代開濬始末悉詳著於篇志水利

西湖古稱明聖湖漢時有金牛見湖人言明聖之瑞

因名又以其在錢塘故稱錢塘湖又以其輸委於

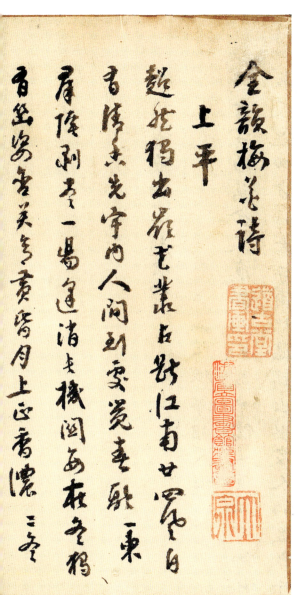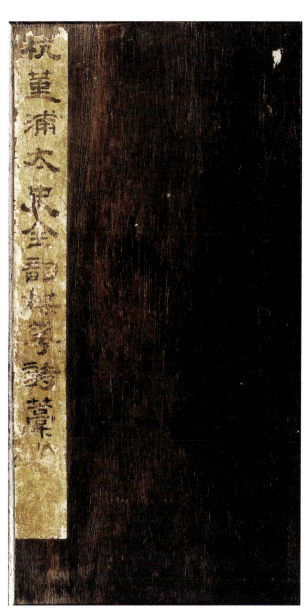

〇五〇　全韻梅花詩一卷　（清）杭世駿撰　稿本　一冊　浙江
圖書館藏
第五批《國家珍貴古籍名錄》，名錄編號12012

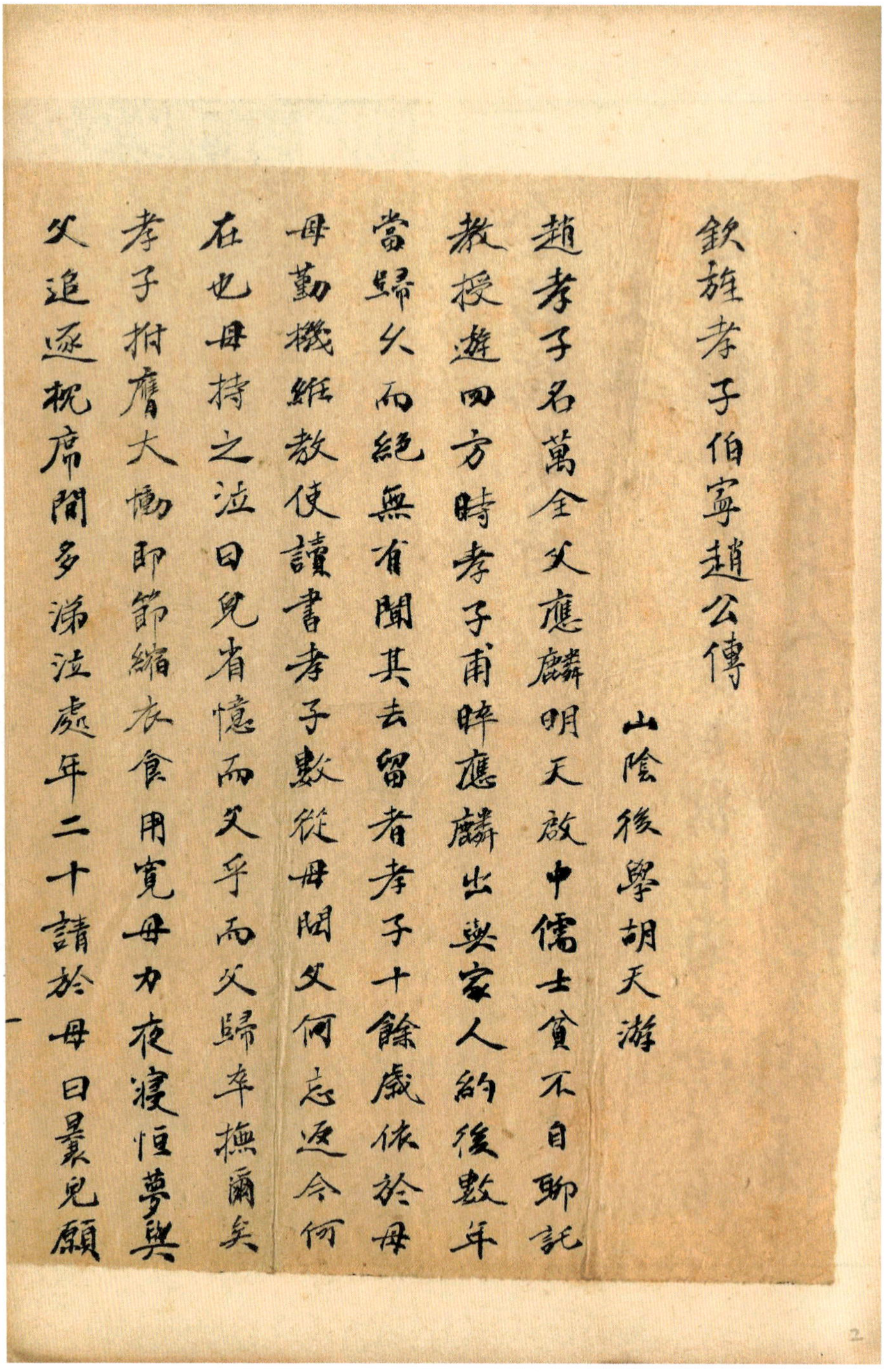

欽旌孝子伯寧趙公傳

山陰後學胡天游

趙孝子名萬全父應麟明天啟中儒士貧不自聊託
教授遊四方時孝子甫晬應麟出與家人約後數年
當歸久而絕無有聞其去留者孝子十餘歲依於母
母勤機紉教使讀書孝子數從母問父何志迄今何
在也母持之泣日兒省憶而父乎而父歸卒撫爾矣
孝子拊膺大慟即節縮衣食用寬母力夜寢恒夢與
父追逐祝席間多涕泣處年二十請於母日晨兒願

○五一　欽旌孝子伯寧趙公傳一卷　（清）胡天游撰　清沈復
粲抄本　一册　復旦大學圖書館藏

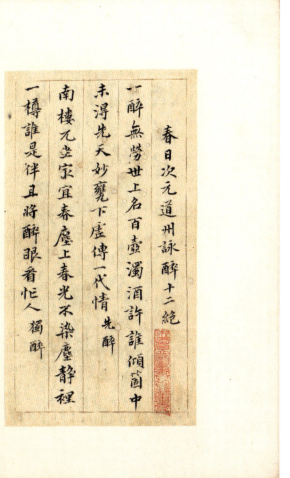

〇五二 陳太僕詩草一卷 （清）陳兆崙撰 稿本 清陳桂生跋

一册 浙江圖書館藏

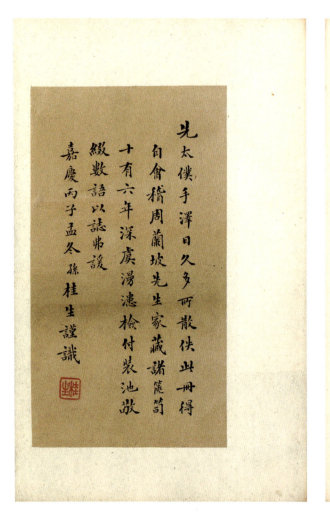

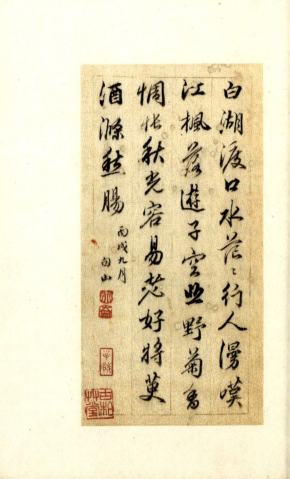

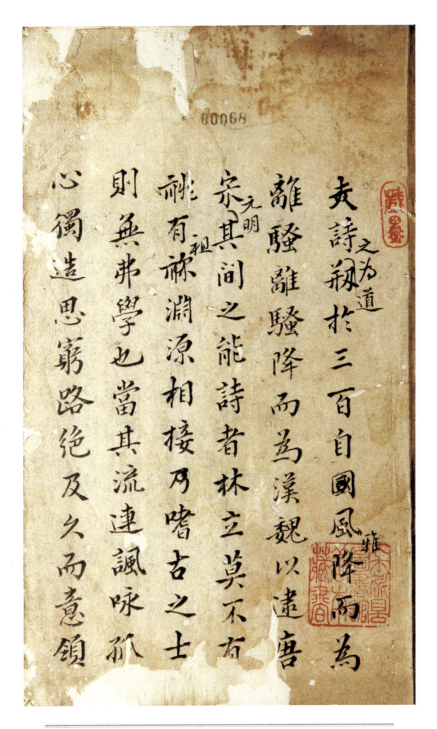

○五三 惜陰書屋詩艸不分卷 （清）羅繼章撰 稿本 一冊
餘姚博物館藏

第一批《浙江省珍貴古籍名録》，名録編號 00185

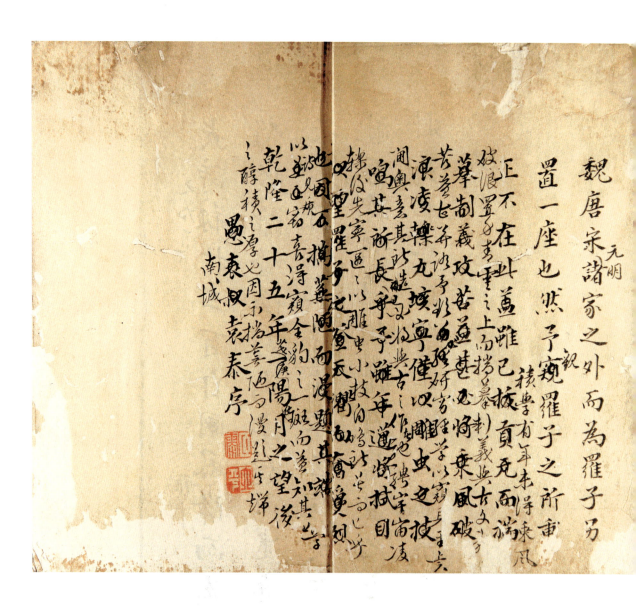

惜陰書屋詩艸　　　姚江　羅縄章　訒齋氏

述懷

為人如登山上路那可歇一為中途望景象在恍惚上有千仞
峯嵂〻難越下有百尺潭深〻易汩没進止判安危
毫髮静夜驚起思所行無一穀前路正渺茫途長致息足
。過淮提閣留贈同學諸子

閣中何所有明月照晴川舉首白雲外臨風緑竹前文従静裡
覓道向苦中研荬㴽陶元亮廬山別有天

春宮曲

沈氏詩醒序

五經皆顯治而詩獨微易衍法象書羅治忽禮燦典章春秋著

事迹如九衢康莊可指顧而得而詩則關於忠臣孝子勞人思

婦之性情心術必廣搜而曲探之如山谷之有反徑幽蹊匪多

方問津必輾轉成迷不能窮其窈窕而窺其深阻是則諸經之

古本一亂于說此太紛詩之古本不一又牿于求之太隘矣乃

至廢三家而獨崇毛序今又屏毛序而獨遵米傳浸溪日甚錮

以埸屋菟速之陋習幷踞義大全通釋諸書亦度疊高閣父師

相沿口耳相授守為定本并歸一轍稍有異同郎瞠目而讄指

為離叛不可容于衆中此亦治經之大厄也譬測天者但指一

星量地者但真一獄以為盡章亥之步馮相之掌即村童里嫗

〇五四　沈氏詩醒八牋二十五卷　（清）沈冰壺撰　稿本

十八册　浙江圖書館藏

沈氏詩醒八牋卷一

山陰學子沈冰壺述

呂祖謙氏讀詩記曰關雎具風比興三義首章以關雎發興後二章皆以荇菜發興（此與鄭玄分章異與集傳同）至于雎鳩之和鳴荇菜之柔順則又取以為比也風之義易見惟興比相近而難辨興多兼比比不兼興意有餘者興也（說出正意是興說出正意仍是興）不直比之者比也（如月之恒一章如金如錫二句是也此體不多見）興之兼比者徒以為比則失其意味矣興之不兼比者誤以為比則失之穿鑿矣（興之不兼比者反興也此體亦不多見此編俱細別之詳見各篇）毛氏特言興也為其理靜也（靜字有味亦以包涵比賦故也）

按東萊此說與集傳持論頗異編中所標往往據為根柢故特揭于首後倣此

九

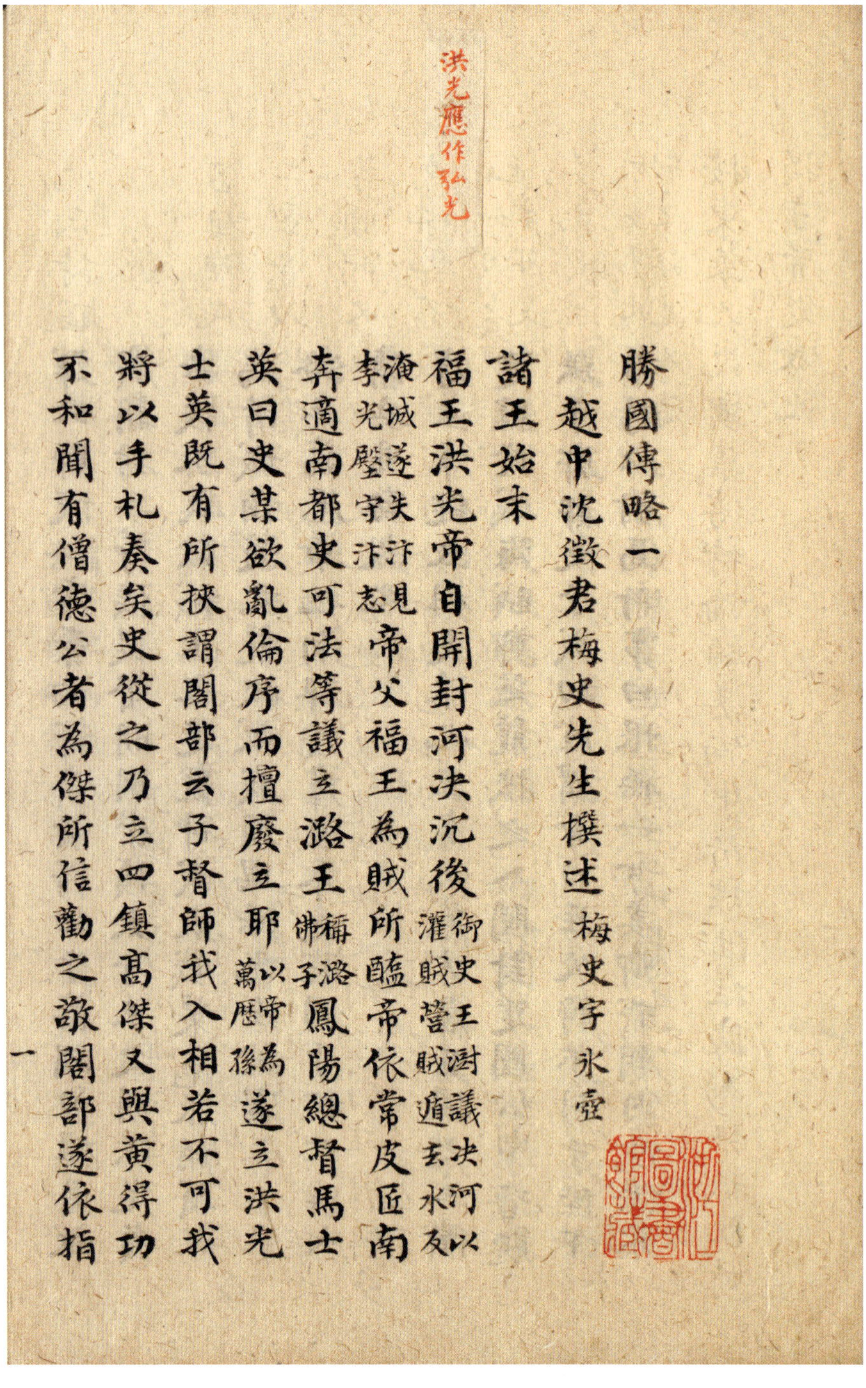

洪光應作弘光

勝國傳略一

越中沈徵君梅史先生撰述 梅史字氷壺

諸王始末

福王洪光帝自開封河決沉後御史王澍議決河以灌賊營賊遁去水反淹城遂失汴見李光壁守汴志帝父福王為賊所醢帝依常皮匠南奔適南都史可法等議立潞王稱潞佛子鳳陽總督馬士英曰史某欲亂倫序而擅廢立耶以帝為萬歷孫遂立洪光士英既有所挾謂閣部云子督師我入相若不可我將以手札奏矣史從之乃立四鎮高傑又與黃得功不和聞有僧德公者為傑所信勸之敬閣部遂依指

一

〇五五　勝國傳略六卷　（清）沈冰壺撰　清抄本　二册　浙江圖書館藏

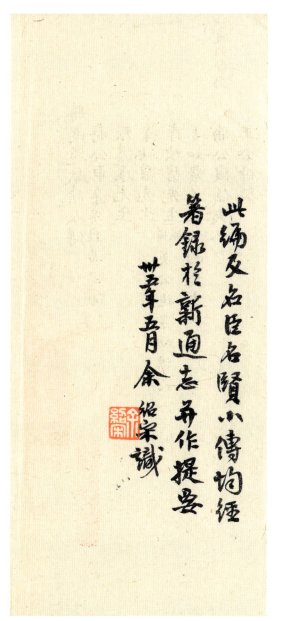

〇五六　勝國遺獻諸人傳不分卷　（清）沈冰壺撰　清黃璋抄本
二冊　浙江圖書館藏
館藏單位原題：勝國遺獻諸人傳不分卷　（清）沈冰壺撰　稿本

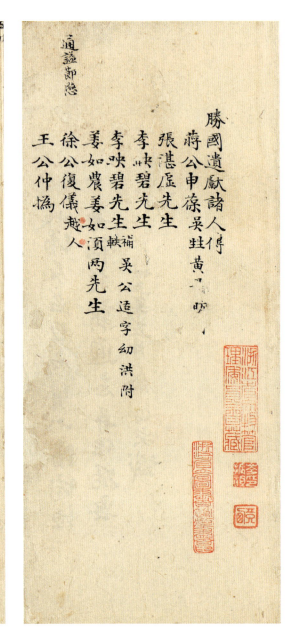

通諡節愍

勝國遺獻諸人傳

蔣公申葆吳蛀黃景昉

張公湛屈先生

李公峽碧先生　補

李公映碧先生　軼　吳公延字幼洪附

姜公如農姜如頊兩先生

徐公復儀越人

王公仲撝

蔣公申葆傳　吳蛀黃景昉附

蔣公申葆字申葆○號八公○禎建晉江人也○天啟壬戌進士○歷律呂○選廢

誦見者嘆異○累官多咎○制亡○民田○多踰制○各告事○嘗陳救荒事宜○邊禮部右侍郎○時議

勝○士○公○環字○德○熟○北○原委○故○典○自前代○文○本朝○一日應○二十餘詰○勅俱溫雅可○

吉○洞○悉○於○撰述○每捷嘗○河清○屯○政○監○箕○水○利○歷○律○砂○

民田○常平義倉○悉○翰本色○武陵相昌楊嗣為中樞時○以汝牧○宜粟宜聽○刻○內○穀○

民壆田○盧忠烈公象昇○致劉寇無人○又侶劉勦飼練餉之議○以竭海內○

使窮民盡化為盜○及盜既熾○主撫不得○乃不得已自請一出○又

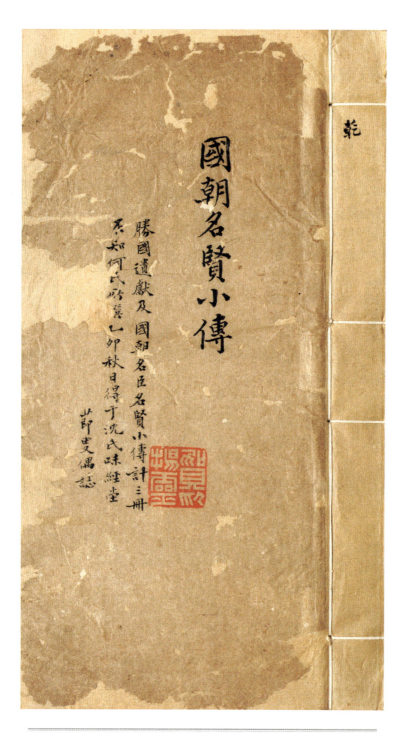

國朝名賢小傳

勝國遺獻及國朝名臣名賢小傳計三冊

不知何氏哈冀乙卯秋日得于沈氏味經堂

此節吏偶誌

○五七　本朝諸公傳二卷　（清）沈冰壺撰　清黃璋抄本　四冊

浙江圖書館藏

館藏單位原題：本朝諸公傳二卷　（清）沈冰壺撰　清抄本

孫鍾元先生傳

先生姓孫氏名奇逢字啓泰號鍾元直隸之容城人晚年講學

夏峰學者稱之曰夏峰先生年十七甲午中鄉薦為○○領萬歷庚子鄉薦學當時東林兩家講

去○乃名節○氣誼○自○餉屬興○相摩切○○忠節公○影響之○學○明而○忠節○講

僅十裏○風雪過○從○互相○定興鹿忠節為○甲○腹脋而○東林家相

席遍寰宇○遇莫○獨標心得故和為黨部所○宇○居父母喪治喪一

先生無所遇○少獨標心得故和為黨部○○力雄陽○父母喪治喪一

準古禮卒兄弟盧墓三年會大學士高陽孫公永督師闗門

忠節徇約先生過塞上指畫山海形勝如學孫公欲留之而先

本朝諸公傳

孫鍾元先生

李二曲先生

崔定菴先生

應潛齋張楊園兩先生

沈甸華陳乾初兩先生

鄭休仲鄭阮公屠安世錢士虎四先生

越中沈求如諸先生

陸桴亭陳確菴兩先生

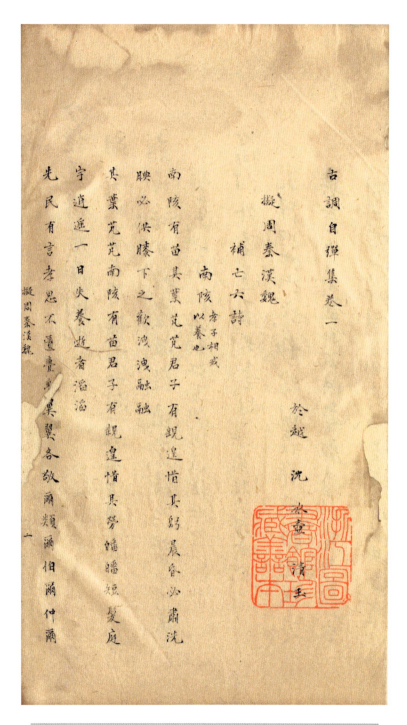

古調自彈集卷一

擬周秦漢魏

　補亡六詩

　　南陔　李子相戒

　　　　南陔以養也

南陔有苗其葉芃芃君子有親違惜其勞晨昏必肅洗
映必供膝下之歡泚泚融融
其葉芃芃南陔有苗君子有親違惜其勞旛旛短髮庭
宇逍遙一日失養逝者滔滔

先民有言孝思不遺靈與黃翼各敬爾類謂伯謂仲爾

　擬周秦漢魏

　　　　　　　　　　　　　　　　於越　沈冰壺　清玉

一

〇五八　古調自彈集十卷　（清）沈冰壺撰　清抄本　四册　浙江
圖書館藏

分授廷枂房屋園地

朝南正屋右首樓下一間屋後天井在內

朝南看少中堂及後退雲後門前廊大

明堂與軒孫芽桐江琴妙衛儀諸姪公同使用

儀門外甬道玉大臺門與軒孫公同出入

乾隆四十六年抄家時惟廷揆廷枂二人

與蒼洳弟赴和訊供本郡通判陳公業山今

劉公肯酌此間之屋與該省公房公共者難以

〇五九 陶篁村稿不分卷 （清）陶元藻撰 清乾隆五十八年
（1793）稿本 徐鏡清 樊增祥跋 一册 浙江圖書館藏
第二批《浙江省珍貴古籍名録》，名録編號 00344

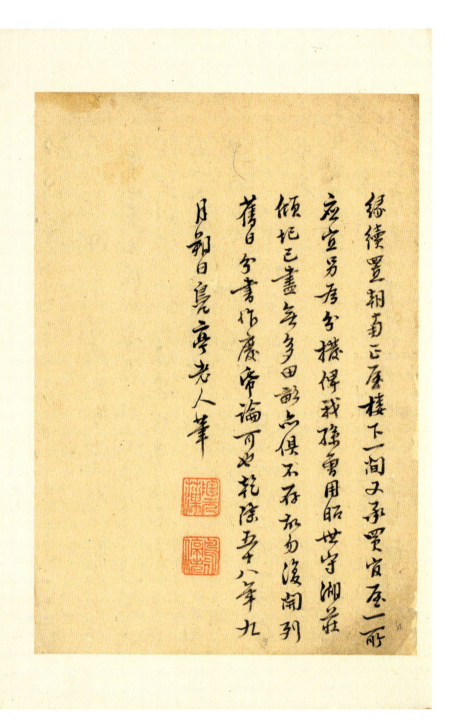

會稽

陶篔村先生同棐生　肖農　太守之高祖于撫志高冥

覃心著述惜成童日于乾嘉臺□中詩文集

得識姓氏即以仰止速文　肖農屬郡氣全集讀

之而未果遇手派鈔剩西朦　肖農云弟　棣士

嘗判塔桉嗣劉生　棣士遁汴世业今棣士以

先生分授某　樸盦　鮑醵尸易巡所賜之勝一通合

裝乃示

先生當日示以書名兩字裏行間旬好莊雅昔人阿誵漬

碳夢老下革百神君小居下也宜子久待寸徳

士林珍重況賢士知于　棣士昆季皆醋謹西學

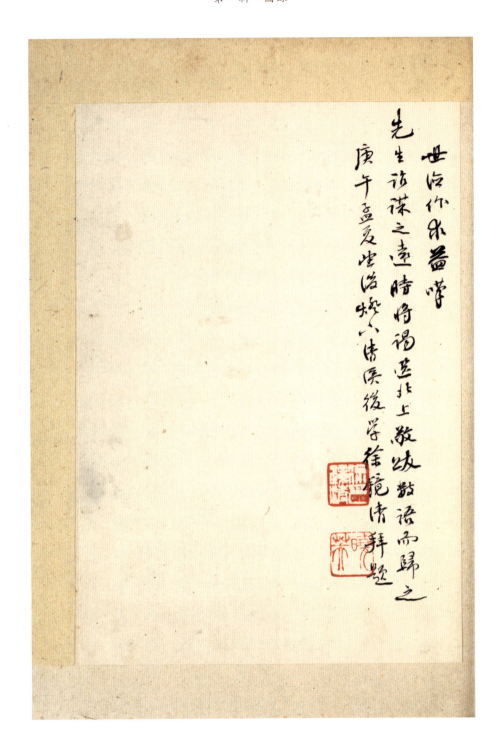

世治仰朱蓋嘩

先生詰諜之遠時將褐造北上敢跋數語而歸之

庚午孟夏嵐治蘩八濤後學徐龍清拜題

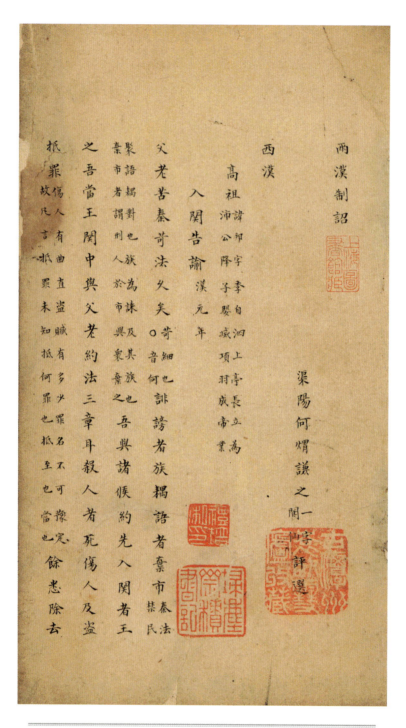

兩漢制詔

渠陽何焯謹之閒仙字評選

西漢

高祖諱邦字季自泗上亭長立為沛公降子嬰滅項羽成帝業

入關告諭 漢元年

父老苦秦苛法久矣○苛細也誹謗者族耦語者棄市秦法禁民聚語耦對也族誅也吾與諸侯約先入關者王之吾當王關中與父老約法三章耳殺人者死傷人及盜抵罪故氏言抵罪未知抵何罪也抵至也當也餘悉除去

棄市者謂刑人於市興及其族

抵罪傷人有曲直盜臧有多少罪名不可豫定

○六○ 兩漢制詔二卷 （清）何焯撰 清抄本 一册 上海圖書館藏

勅桂陽太守文礱舊 永建四年

海内頗有災異朝廷修政大官減膳珍玩不御而桂陽太

守文礱 舊力反 不惟竭忠宣暢本朝而遠献大珠以求幸媚

今封以還之

桓帝諱志肅宗曾孫

災異詔 永興元年六月彭城泗水增見逆流京師 蝗東海朐山崩九月朔日有食之乃下詔

朝政失中雲漢作旱川靈涌水蝗蟲蔓殘我百穀太陽

虧光饑饉荐臻其不被害郡縣當為饑餒者儲天下一家

趣不靡爛則為國寶其禁郡國不得賣酒祠祀裁足 終

周易象述

先遺獻公云聖人以象示人有八卦之象六畫之
象;形之象爻位之象反對之象方位之象互體
之象七者而象窮矣八卦之象天地山澤雷風水
火是也六畫之象重卦是也象形之象大壯言羊
頤損益言龜是也爻位之象繫辭列貴賤乎者存
乎位是也反對之象上下二經反對卦序是也互
體之象左傳陳侯筮敬仲遇觀之否取艮象是也
先遺獻因劉長者鈞深索遠圖不免穿鑿附會別

〇六一 周易象述不分卷 （清）黄璋撰 稿本 一册 餘姚
博物館藏

第二批《浙江省珍貴古籍名録》，名録編號 00229

著為原象在易學象數論中王輔嗣云爻苟全順何

必坤乃為馬苟應乾健何必乾乃為馬是易中

有虞設之象矣豈易之旨哉讀原象而有會心管窺

所及畧識於簡以述家學之万一云

乾

乾上　乾下

子
戌午寅　申辰丑
亥未卯　酉巳月
月月月　月月月

原象曰東方蒼龍七宿角亢氐房心尾箕子丑月黃

昏蒼龍入地故曰潛寅卯月角宿昏見天淵之分故

日在淵辰巳月蒼龍昏見天田星下故曰見龍在田

午未月龍星昏中於天故日天在申酉月大火西流

龍將入地故日夕惕戌寒月平旦龍見於東北盡晦

其形故曰亢按乾上九龍有悔星有角亢以其當

蒼龍之頸轉去聲為亢直高亢日中則昃月盈則食

上九爻純陽之極故其象如此與雲從龍坤龍戰於

野之龍不同彼為龍此為星也左傳覲覿子問龍於

蔡墨蔡墨曰周易有之在乾之姤云：若不朝夕見

誰能物之又凡土功龍見而畢務皆指蒼龍七宿星

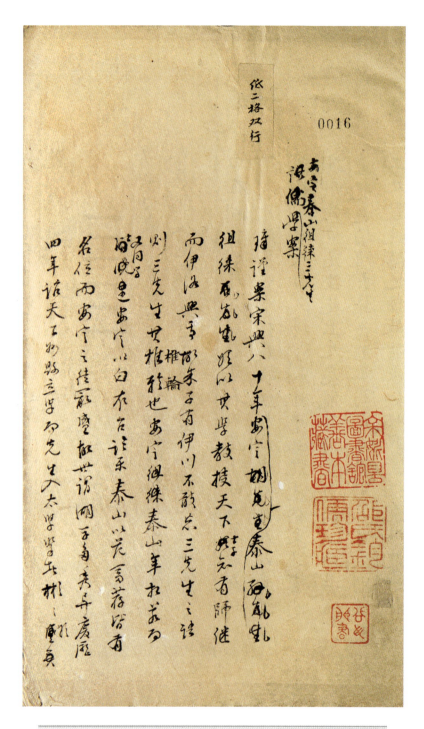

○六二 宋元學案不分卷 （清）黃宗羲 （清）黃百家撰 （清）
全祖望續纂 （清）黃璋等校補 稿本 二十冊 餘姚博物館藏

館藏單位原題：黃梨洲先生宋元學案元孫稺校補稿五十五卷 （清）
黃宗羲 （清）黃百家撰 稿本

第一批《浙江省珍貴古籍名録》，名録編號 00054

黃梨洲先生宋元儒學案元藳

　　　　男　百家　纂輯

　　　後學鄞全祖望續修

　　　元孫　璋　校 [朱印]

徂徠石先生介

石介字守道兗州奉符人世為農家先世丙□□以仕延官
玉太常博士先生舉進士甲科為鄆州觀察推官南京留
守推官御史臺辟主居未久以上書詆數罷不含秩復進
某軍所度書業記代史以友于蜀為嘉州軍事判官丁丙

以上州考

另一天起

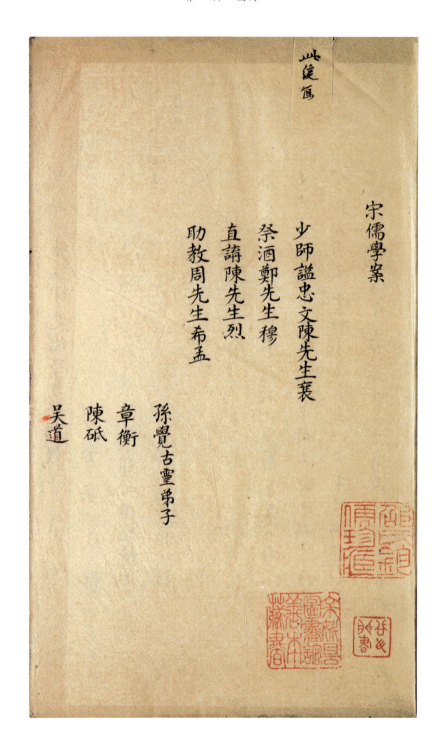

此後寫

宋儒學案

少師謚忠文陳先生襄

祭酒鄭先生穆

直講陳先生烈

助教周先生希孟

孫覺古靈弟子

章衡

陳砥

吳道

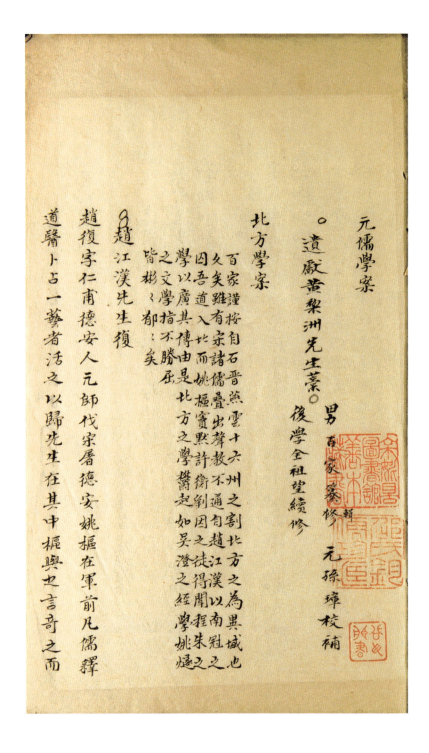

元儒學案

遺獻黃梨洲先生纂。 男百家纂修 元孫璋校補

後學全祖望續修

北方學案

百家謹按自石晉燕雲十六州之割北方之為異域也久矣雖有宗諸儒疊出聲教不通有趙江漢以南冠之因吾道入北而姚樞竇默許衡劉因之徒得開程朱之經學姚燧之文學指不勝屈矣皆彬彬郁郁學以廣其傳由是北方之學醫起如吳澄之經學

○趙江漢先生復

趙復字仁甫德安人元師伐宋屠德安姚樞在軍前凡儒釋道醫卜占一藝者活之以歸先生在其中樞與之言奇之而

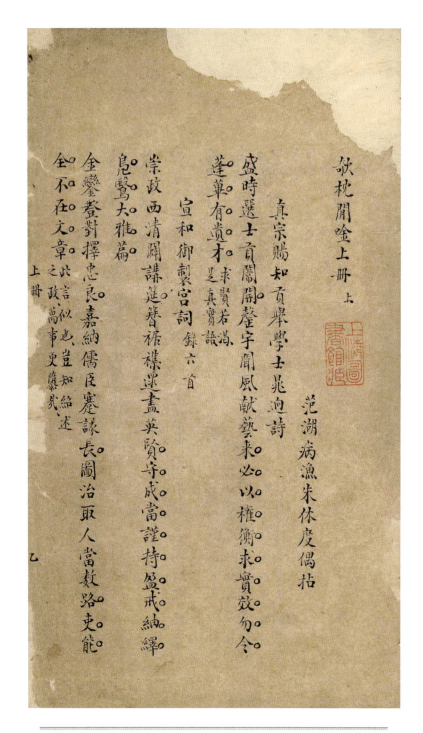

歌枕閒唫上冊 上

范湖病漁朱休度偶拈

真宗賜知貢舉學士晁迥詩

盛時選士貢闈開 鼇宇聞風獻藝來 必以權衡求實效勿令

蓬草有遺才 是真賢諒諰

宣和御製宮詞 錄六首

崇政西清闢講帷 標連畫英賢寺成當謹持盤戒紳繹

鳥鸞大雅篇

金鑾鼇對擇忠良 嘉納儒臣蹇謇長 闔治取人當數路吏能

全不在文章 此言似此豈知紹述

上冊

〇六三 歌枕閒唫不分卷 （清）朱休度輯 清管庭芬抄本 清管
庭芬跋 四册 上海圖書館藏

論語經踠考異，小木子詩集（詳後）

音庭本字芑明清海寧人，喜輯書，所刊見錄之學大多本

錄孝，刻了錢奉吉所修臨昌備志，其所鈔菀迴樓書多，待清書店新鈔，

今藏天津圖書館（中國版本字考略）

敖枕閒吟不分卷四冊　　清朱休度輯

　　　　　　　　　　　清常庭孝手掛

每書十行，行二十三字

芑戌四冊．前年帝，題官澗腐漁其休度偶指末有道光庚子仲秋翔自海昌骨庭孝芑澗坡云？呀錄，

讀書破萬冊日，今自中所引首料，比宜收首数少三十餘首此

乃音庭孝沉錢溥庭微得厚稿何手錄費，紫末掉紙

庭孝，兩笑武陽文小東印．又庖書票稿如知婦於何況，跋後有「子保」及

朱徹．度秀水人，字介菲不，號祥廬．乾隆孝人，知富廣靈縣有善政弋圣

宗徹．有詩曲直者，橢叱粍諉，橢峡服去，嘉慶同到廣婦，有學海觀福錄，皇本

一千六百七十餘章豈中復有擬刪而未忍割愛者即
今無從辨矣第卷冊繁重每冊不得不析為二非敢紊
亂舊文至其原稿脱誤之處確有可據則釐一二餘仍
闕疑他如女郎曹希蘊新月詩或傳為蘸神童之作余
知闇千里雄旗擁六飛一章係雲栖釋蓮池補撰無名
氏横笛何人夜倚樓一絕見秦淮海集中或阮亭誤舉
姑導其舊以俟博洽者改定焉省道光庚子仲秋朔日
書於硤川寓館之寄塵室海昌管庭芳茞湘氏謹誌

歙枕閒啥下冊下全

歸雲室見聞雜記序

室何以歸雲名記何以見聞著也主人歸自鎮海

常居湘管齋東偏小室中燥濕寒暑無日離焉見

子士駿摹得趙待制仲穆歸雲二篆字即顏於楣

間遂以名之主人勤甚述如湖州詩錄吳興藝文

續補二書時在左右雜目常患眚不敢廢棄近復

課孫於几側暇時偶憶平生與賢人長者遊歷凡

有所見所聞已及親歷可記者茶餘睡覺雜然筆之以示

後來未始非閒中勳業也夫理道無窮知識有限

即所記者何足益人神智聰明弟結習在斯似有

○六四　歸雲室見聞雜記三卷　（清）陳焯撰　稿本　二册
中國科學院文獻情報中心藏

熄之時獨能奮其孤蹤仰追逸軌間嘗綜其生平論之其敦內行

屬名節非水心所謂兢兢以禦物欲者歟明庶物知古今非水心

所謂彌綸以通世變者歟如先生者可謂行方景望學

姚良齋矣徒以年未及中壽官不過翰林其書未能盡具而其學

亦未有所施是以後世知之者鮮矣至於吾鄉之人亦鮮能志先

生之志行者先生之遺言任行其可無辭以述之乎又以先生之

行於其國史宜在儒林文苑故不楊謳敘而論之以俟後之

有可採焉同治十年辛未正月族子衣言謹狀

求放心齋遺詩

長短句五首．

瑞安孫希旦撰

族曾孫延釗輯．

君馬黃臣馬白鳴和鸞駕奕奕紛颯沓上闔闔闔闔曉閙攄景光

天皇大帝居中央三公六相侍兩旁鉤陳羽林森蒼蒼二十八宿

各司方日月軌道五星順行夔夔輔舜伊傅佐商同心一意名逐

身昌

聖人出．

聖人出四海清丞相御史及九卿宣奉德意無不平郡國二千石

各各有廉聲選用有德法令公且明家賜復除戶牛酒下逮鰥寡

孤獨閭不遂其生羽毛伏育蠕動跂行體泉湧出朱草發榮皇帝

求放心齋遺詩

〇六五　求放心齋遺詩一卷　（清）孫希旦撰　孫延釗輯并跋

稿本　一冊　溫州市圖書館藏

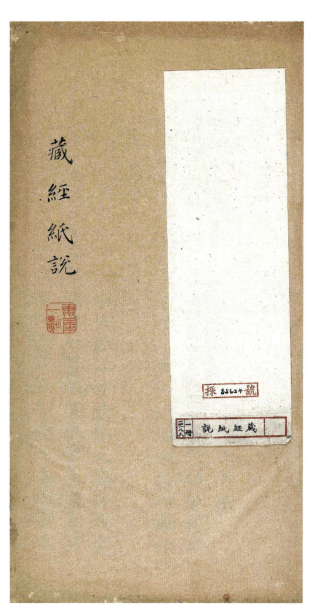

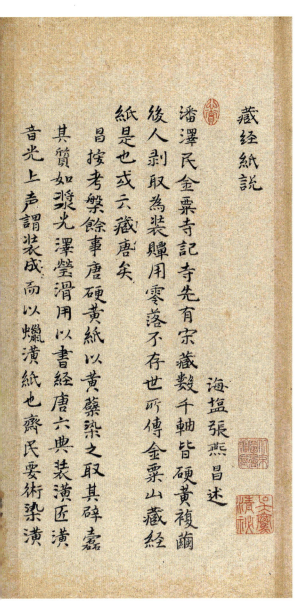

藏經紙說

潘澤民金粟寺記寺先有宋藏數千軸皆硬黃複繭
後人剝取為裝贉用零落不存世所傳金粟山藏經
紙是也或云藏唐矣

海鹽張燕昌述

昌按考繁餘事唐硬黃紙以黃蘗染之取其辟蠹
其質如漿光澤瑩滑用以書經唐六典裝潢匠潢
音光上声謂裝成高以爛潢紙也齋民要術染潢

○六六 藏經紙說一卷 （清）張燕昌撰 清抄本 一冊 國家圖書
館藏

徐紹魯法喜寺重請藏經碑記舊有藏經予不忍其

毀廢而終泯 昌按此蓋指宋藏而言也

鈍以文知不足齋所藏元文宗御書刻永懷二字墨

帖卷子藏經紙引首上有法喜大藏楷書紅印

昌按法喜藏經流傳絕少惟背紙曾見幾番其光

潔如玉與金票無異紅印有三一曰法喜大藏作

兩行一曰法喜轉輪藏經作兩行一曰淦喜大藏

作一行

吳騫按中有一字模糊莫辨者蓋梵書即

淳化法帖一部其題簽皆宋藏經紙上有圓印曰興國福壽院轉輪大

藏經凡十字中有梵書 周松靄大令春昔藏元揚

按宋時經典碑幢每校寺院上加 此印視柞溪所藏僅 字故知中間必梵書也支

此福業院蓋 興國護國觀音院中有藏經閣明王沂陽作記謂院舊

無藏經仍 又樊胡寶字台州訪林云紹興

流傳一部大姓象氏翻鐫妙法蓮花經完以宋初刻今福業院有宋藏經尤為明證矣

四年邑大姓象氏翻鐫妙法蓮花經

拜經樓摹印

紅印乾□大藏乾下一字似門字印有輕重故不

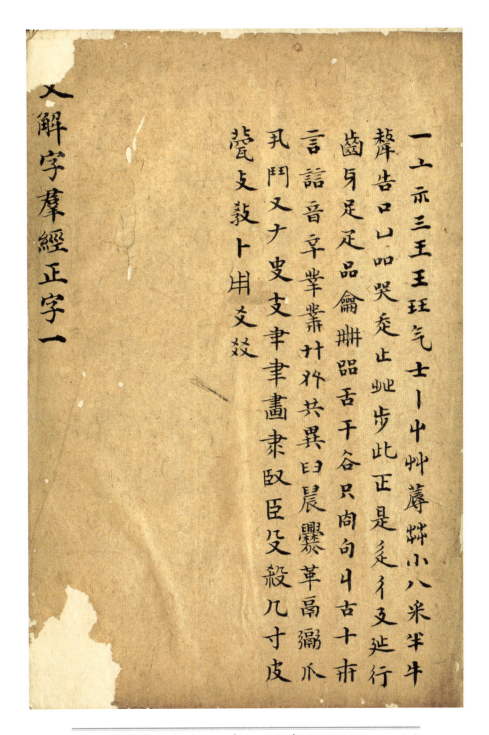

○六七 説文解字羣經正字二十八卷 （清）邵瑛撰 稿本
（卷二十七至二十八配邵啓賢抄本）宋育德題簽 邵啓賢 黃大壎跋
陳治題記 六冊 浙江圖書館藏

丕大也从一不聲

今經典往〻有作平者丕左僖九年十年十一年等傳平鄭平豹浯丕字也立政文字云丕說文平石經平見春秋傳按丕之作平此如隼字說文作隼經典乃作隼也

叓治人者也从又从史叓亦聲

按史說文部首云从又持中九經字㨾云說文作叓隸省作史故叓从又以史說文正字作叓今作吏出隸省此今漢碑以孔穌北海相景君改作吏此叓㝎吏之治也凡以叓諧聲之字竝叓吏作吏

上高也此古文上指事也篆文作上

今經典从篆文省作上此六隸爻見漢孔穌韓勑景君等碑

□博也从二闕方矜

今經典作並五經文字云旁經典相承隸省作並漢魏碑尚有作□□者見劉熊受禪等碑有作□者見校官碑

丅底也指事篆文作丅

今經典从篆文省作下

禮履也所以事神致福也从示从豊豊亦聲古文禮作礼

今經典作禮九經字㨾云禮省古文儿漢碑及唐徐浩等碑往〻用之經典〻著惟詩楚茨鄭箋絲禮準鄭文禮或作礼盧氏袭誕云王藻本作祭禮今效名未如官本毛本永懷堂本相臺岳本禮俱作祀蓋諸碑古文作礼礼記形近之誤也

先高祖桐南公箸說文解字羣經正字二十八卷有
嘉慶丙子家刻本藏板桂隱書屋即　公晚年箸書
霧也洪楊之變盡烳於大傳本点稀　啟賢求之三十餘
年始得吳興陸氏十萬卷樓舊藏本丁巳重付印行越
六年癸亥方客杭州蔡君孟盦書來言聞之沈君秉士
都門某書肆有以　公手稿求售者乃亟馳書以重金購得
之百年手澤展轉流傳仍歸後嗣　先靈呵護非偶然也
惟後二卷紙色較新字蹟点絕不類當為定人續錄爰以暇
日覓得舊紙手自鈔補敬藏於家世世子孫其永寶之

中華民國十四年乙丑閏四月玄孫　啟賢謹識於百宜休齋

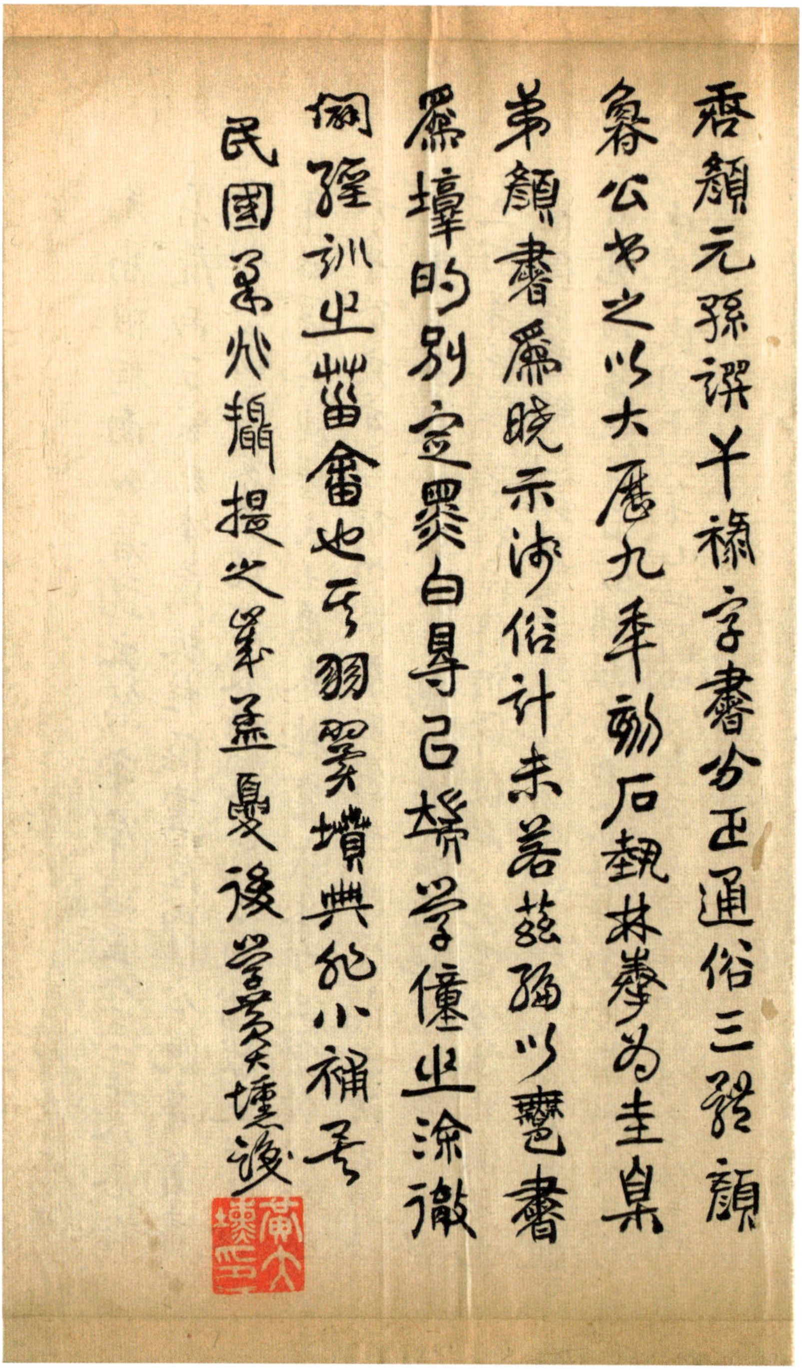

唐顔元孫謁羊禰字書分正通俗三體顔

魯公也之以大歷九年勒石魏林蒙為圭臬

弟顔書羼曉示沙俗計未若慈孫以豑書

羅壇明別定墨白尋己梯學儸坐涂徹

欄隆訓坐當會也云翎翼壙典舭小補焉

民國葊火攝提之峯孟憂後學葊壞堤後

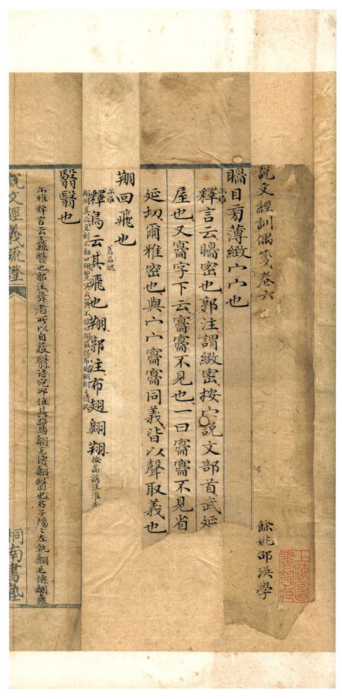

○六八　說文經訓偶箋□□卷　（清）邵瑛撰　稿本　二冊

上海圖書館藏

存四卷（卷六至九）

栗垞公行狀

君諱蓁字履仁號栗垞東陽玉山人真五代祖回焉
傷來遷世以力田自給至大父允安公有揮霍才家
業稍裕考紹升公性豪邁喜任俠家以漸替君生而
穎異始受書輒數十行下年十六其大父攜至越州
始學為詩年十八受知於學使者鄰峯李公以第二
補邑庠歲丙戌余從叔旭祥延為塾賓家故多藏得
君披覽閒間寒暑逾丙夜不倦顧未閒呻唔聲益得
力於黙識云尤精韻學冥搜至忘寢食一日語余從
叔曰此校各家韻書多紕繆昨夢一老宿指示始了

徽自是詩學益進辛邓館於清泉山房經搜者詩
古文詞咸有法度是年鄉試己薦復落甲午二月太
翁紹升公卒館肉經年哀毀幾至滅性乙未十二
月元配陳孺人卒君既窘於貧兩喪荐至賴諸戚友
賻贈之事始藏服闋試輒高等督學偉人王公雲楣
彭公東舉實公先後器重之戊戍冬會考全浙其倫
名試以三生石賦命題君名置第一彭公署其卷云
渾脫老成可與道古由是才名大噪知君者皆以中
十章名試　　　行在報罷明年客江南無錫縣俞
翰期之庚子二月　大駕幸浙進迎　鑾詩三

〇六九　晬盤彙一卷十栗堂稿一卷　（清）葉蓁撰　清抄本
一冊　杭州圖書館藏
館藏單位原題：晬盤彙一卷　（清）葉蓁撰　清抄本

十東堂稿

壬辰

楊白花

楊白花飛飛向何處使教入水化為萍也應戀著
宮中樹

梁父吟

曾子耕太山下阻雪不歸作梁父吟思父
母也今之其詞讀長洲沈太傅擬作心有
所感遂成是篇

巖巖太山梁父是馮父母無食兒當躬耕　梁父

雨雪太山則邪兒耕不歸父母奈何　父母奈何
遙望兒歸望兒不歸春念兒飢　兒將歸笑何簑
笠矣瞻仰太山昌有極矣

偶作

松風灑庭院好鳥鳴階除屬耳聽鳥鳴把卷聊相
於客來對我坐問我讀何書書中古如此書外今
何如答言書中趣外領其餘澹然留神明忘書
嗒忘吾客笑不復問相對息紛挐開軒面空山白
雲自卷舒

夏日讀陶謝詩

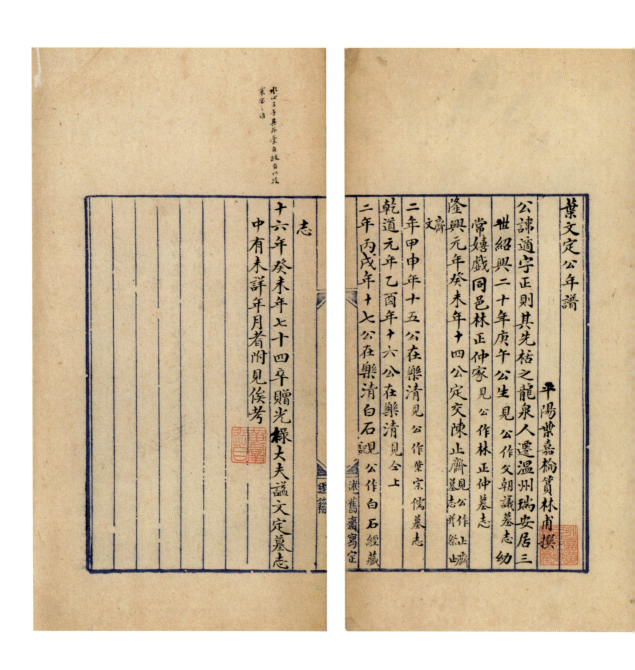

葉文定公年譜

平陽葉嘉棆算林甫撰

公諱適字正則其先柘之龍泉人遷溫州瑞安居三

世紹興二十年庚午公生見公作父朝議墓志幼

常嬉戲同邑林正仲家見公作林正仲墓志

隆興元年癸未年十四公定交陳止齋見公作止齋文齋

二年甲申年十五公在樂清見公作葉宗儒墓志

乾道元年乙酉年十六公在樂清見全上

二年丙戌年十七公在樂清白石觀公作白石經藏

志

十六年癸未年七十四卒贈光祿大夫謚文定墓志

中有未詳年月者附見俟考

○七○　葉文定公年譜一卷　（清）葉嘉棆撰　清述舊齋抄本　一冊

溫州市圖書館藏

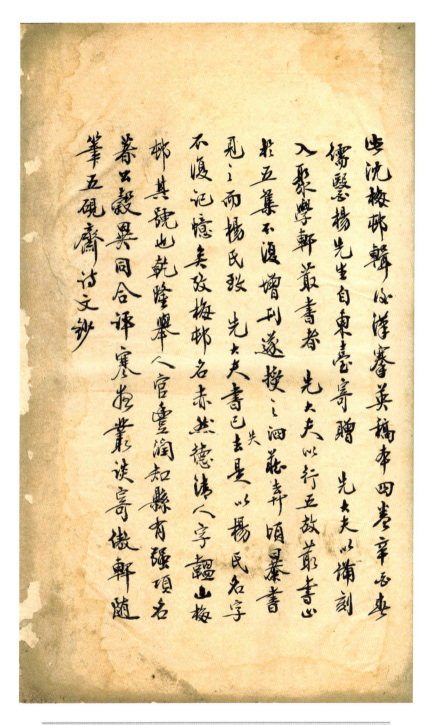

此沈梅邨輯後漢麐英稿本四卷辛亥夏
儒醫楊先生自東臺寄贈　先大夫以瀹刻
入聚學軒叢書者　先大夫以行五故節壽以
輯五集不遑增刊遂擱之泗陵事竟頃叢書
見之而楊氏玟　先大夫書已去是以楊氏名字
不復記憶矣故梅邨名赤然德清人字韜山梅
邨其號也乾隆舉人官臨潼知縣有彊項名
著五穀異同合評寒松堂叢談壽傲軒隨
筆五硯齋詩文鈔

○七一　後漢麐英四卷　（清）沈赤然纂　稿本　一冊　上海圖
書館藏

存二卷（卷一至二）

後漢篆英自序

余於篆前素疎廉辛亥夏家居上谷收撿拾彼書仍

四卷視前名較多然未有倏整理過之情賦不及蔚

宗己自言之天下可貴之物但冀其不廢仍

非而己固不嘗以多少計也或冀諸父君子不寶其

子罕云右之書也莳道之之實也擇文令子不寬其

體屢不佳非象詞隻字百解擇其生新去

録之妾乃非著人為書之嘉乎余曰子不見夫略字

去乎其邦耜藏信陽麗右信危材未嵤之後鋒彼削

藥基地版戴周垣自門臺寢室下至料灶溷漏莫不

秩然各得其宜而於是又擴之以書樓連之以複閣于

櫃百棋疎置中藏呈臨摹用眠量多好匠石不得參

至識者慕而采進臨敬初參一未之瞻一覧之函則

憑案僑榻去烏呈不歎至濯人而索然言誇寺郎出

客子不可無詞乘得第書之不可無奇範佳種也但

不得全来毫瓦艷滋蔓其百不余於范素欲觀賢呈

祝模滓搰芟而游目散步此兩得奇範佳種又徒之

而遍居主撫之心此見其夫精緯削尋或盛

噗呈自調之過讀故謙至筆積而無識昔人已作之

諸矣余則固未脈也窓艷然不疫而止余造此叅英

名其蕃乾隆辛亥七月立秋前五日病叟生沈壽然

漫識於儒宅旅邸

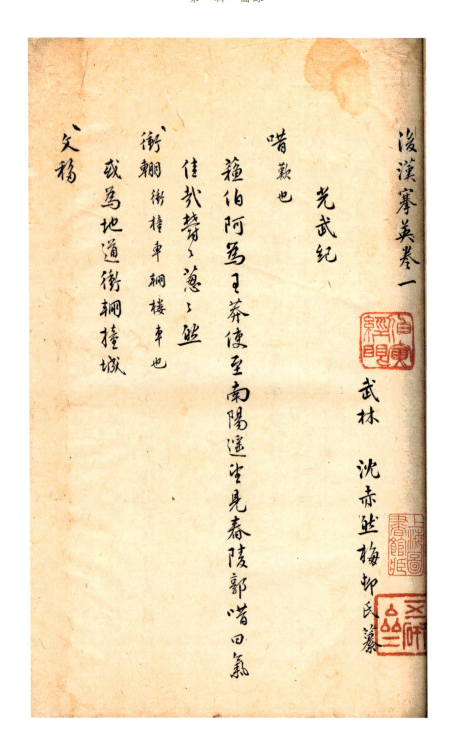

後漢麞英卷一

武林　沈赤然梅邨氏纂

光武紀

嗜歡也

蘄伯阿為王莽使至南陽遙望見舂陵郭唶曰氣

佳哉鬱鬱蔥蔥然

衝輣　衝撞車輣樓車也

或為地道衝輣撞城

父稿

周智鼎銘

惟王元年六月既望乙亥王在周龢王大

若曰智命女更乃祖孝嗣卜事錫女夫環囗囗

周事王在還居井叔錫智赤全琳智受休囗囗

王智周茲金作朕文考宄井伯龏牛鼎智其萬年

用祀子孫其永寶

曼即更字通作賡言繼乃祖孝治卜事智蓋世職

太卜者也井即那周公子所封國也春秋時日夷

〇七二　吳侃叔吉金跋不分卷　（清）吳東發撰　清嘉慶十年
（1805）徐同柏抄本　清阮元　清徐同柏跋　一冊　浙江圖書館藏

吳侃叔吉金跋

類或讀如女紅之紅漢書鄺食其傳紅女下機顏
師古曰紅讀曰工文選長楊賦工不下機注工女
工瓦勦紝婦官如周官典婦功之類未詳就是安
燕也安壺燕器

游蓝吳子侃林集古器物銘考釋成冊甚宏
博稽核余得于渡齋兩卷篇集鐘款識刊米
書人多寶愛之此冊另付△數万年後州呂△

於渡齋者
壽安八年四月△△揚狗院元記於横古齋

作兄癸毓爵作未　並象爵之足比而觀之阿也

因錫弓矢且命以伯爵而作廟器也

昔作釋文　大椿如此今知此器出於△△據△△

定齋伯氏之廟器諒矣左傳云官有世功則有官

族伯氏者其以官族者歟

是銘嘗於丙辰夏草李似仙林先生為作釋文謂是晉簡首
之後知氏器越十年十七丑春過先生舊廬令子孝之本廬出
示先生遺藁見此釋文因手錄以歸　今孝之又已宿州遺藁
不知存否檢閱故紙不勝慨然
嘉慶乙亥七月初六日從榴坊莊徐同柏記　原名大椿

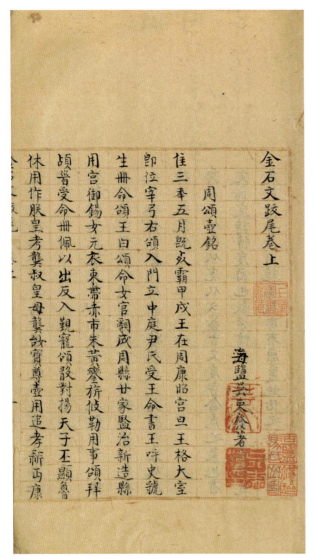
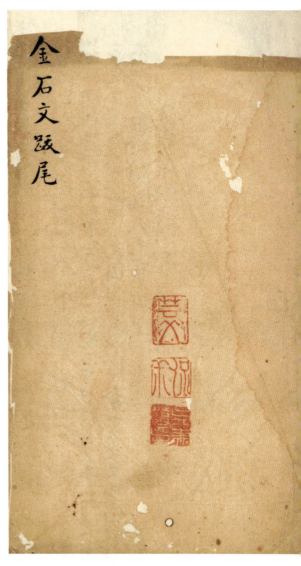

○七三 金石文跋尾三卷 （清）吳東發撰 稿本 一册 上海圖書館藏

從叔閒風公以名孝廉出宰利川劇邑簿書之暇嘗抄撮
史稗乘諸家凡數百篇欸成會心一集因歿於任而絕筆
此冊尚乏定手稿余於壽彝閒中搜得兩藏之今乃乞於
流寓通渭閒耶遠著述已不可問兩乃乞一榷仍淹濡滯
故卿荒村敗屋中已將閱五十寒暑而未克寔窆閱此慘
及不堪法越者
道光十有七年歲在丁酉從姪庭芬謹誌

〇七四 會心集不分卷 （清）管應祥輯 稿本 清管庭芬跋 一冊
浙江圖書館藏
第五批《國家珍貴古籍名録》，名録編號 12042

○○○君臣　　　　管　仲

圓者運連○者通○通則和方者執執者固固○則信君以利和臣以

節信則上下無邪矣故曰君人者制仁臣人者守信此言上下之

禮也君之在國都也若心之在身體也道德定於上則○百姓化於

下矣戒心形於內則容貌動於外矣正也者所以明其德知得諸

已知得諸民從其理也知失諸民退而脩諸已反其本也所求於

已者多故德行立所求於人者少故民輕給之故人君者上注人

己者下注○上注者紀天時務民力○下注者發地利足財用也故

臣者下注上注者紀天時務民力○下注者發地利足財用也故

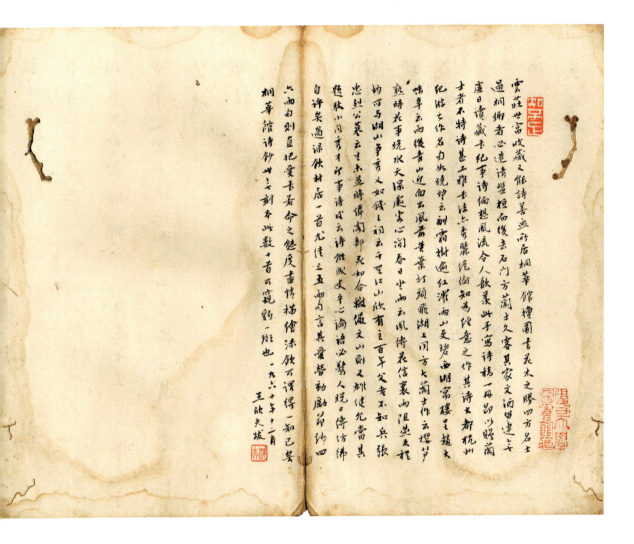

雲莊世言收藏文能詩善畫而居桐華館檀園書花木之勝四方名士
過桐鄉者必造請盤桓而後去石門方蘭士久客其家文酒盤連七七
庵日讀藏書紀事詩細想風流令人歆羨此手寫詩稿一冊即少照蘭
士者不特詩甚工雅去法六朝麗綿倫知為純意之作其詩大都杭州
紀遊之作名由此晚輝云耐霜樹猶紅溯兩山交碧西湖寄樓主趙大
咪辛云兩後青山近向出風吹書葉打頰飛湖上同方大蘭士作云櫻筍
熟時花事曉水天保處寞心間春日久兩云鳳博花信裹兩阻燕未程
均可與胡山爭秀文如錢上初云千里紅山欣有主百年父老不知兵張
忠烈公墓云未盡時搏淘郎天如合轍簡文山副又雄健允當其
題狀云同秀才忻事詩能藏文心論語必驚人晚日傳仿彿其
自許英過淥鐵村店一首尤佳三五响句言其愛蓄動勵苟紗四
六而句刻直把愛書若命之態度畫情描繪淋飲可謂得一知己矣
桐華館詩鈔廿二刻存此數十首可窺豹一斑也一九六十年十二月
　　　　　　　　　　　　　　王欣夫跋

○七五 金鄂巖詩稿一卷 （清）金德輿撰　稿本　王欣夫跋
一冊　復旦大學圖書館藏

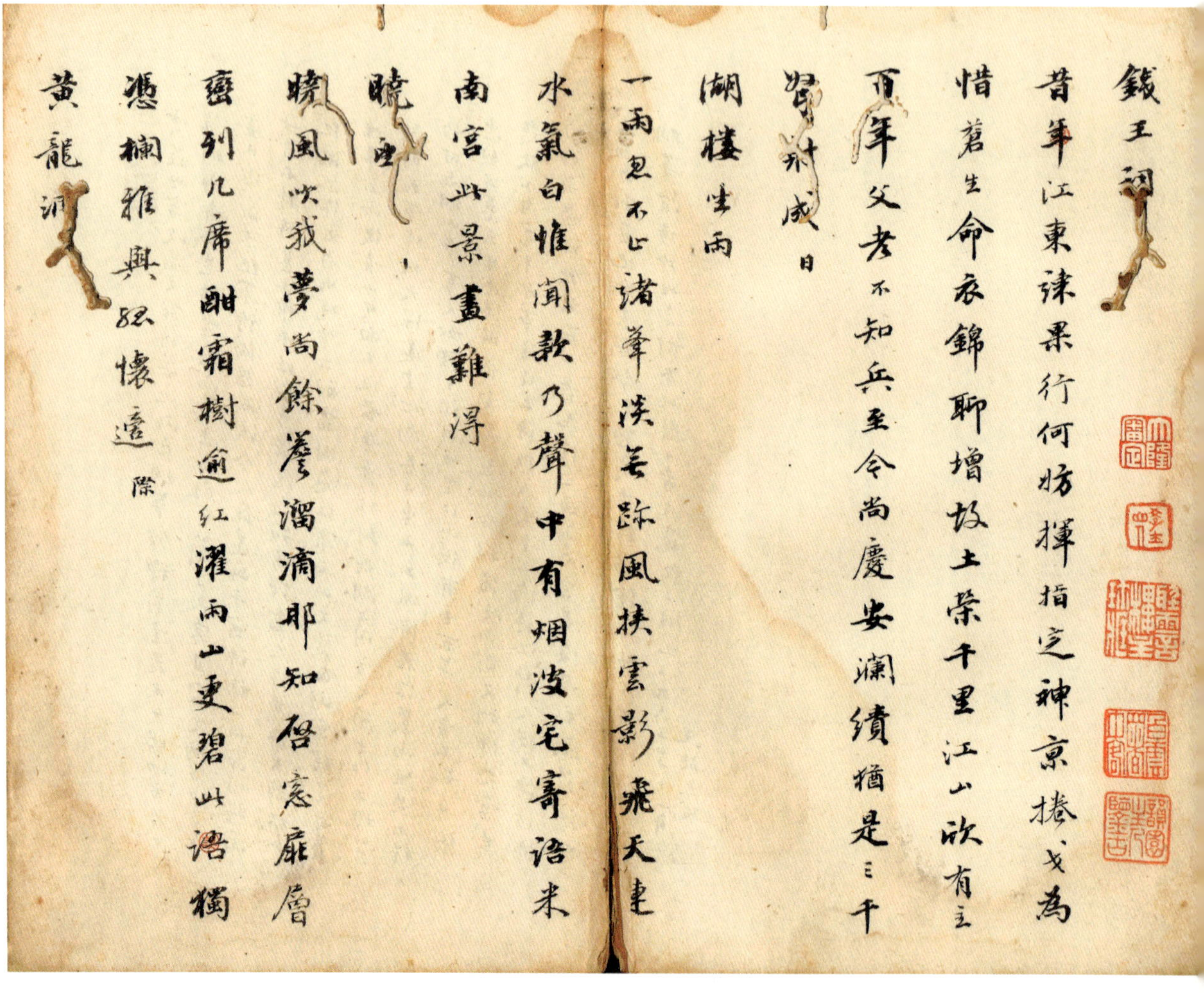

錢王詞

昔年江東謀粟行何妨擇指之神京捲戈為

惜蒼生命衣錦聊增故土榮千里江山欲有主

頁年父老不知兵至今尚慶安瀾績猶是三千

賀州戌日

湖樓生雨

一雨怱不止諸峯淡若跡風挾雲影飛天建

水氣白帷聞欸乃聲中有烟波宅寄語未

南宮此景畫難得

曉坐

曉風吹我夢尚餘謦溜滴那知啟窗扉曾

爐列几席酣霜樹逾紅濯雨山更碧此還獨

憑欄惟與幺弦懷遂隳

黃龍洞

保得□鳴峙雨華間

春日生雨

春社後過初廿十日晴風傳花裹信雨阻燕來

程來價潤生計書郵繫遠情久石內味年書故□餉

簫教鄰近聊次□清明

上巳日同方大泛舟城南

又見崇蘭泯風光到禊辰雜花兮占樹擇鳥為

筆春出郊尋初地同舟有故人無觴茶公好利樂

住天真

過深飲村居

豆花棚下結書堂社到憲前引與長久住澎知

耕鑿趣慶閒謝為牧□忙偶烹野蔌好蒸

味每借奇書潤蔣褒如此村居良不易勸君何

必羨衡湘

蘭女元文以畫冊屬畫多事平、未及應也乾隆乙邜仲春

硯冰乍泮率錄舊作清正

鄞若弟金涑興

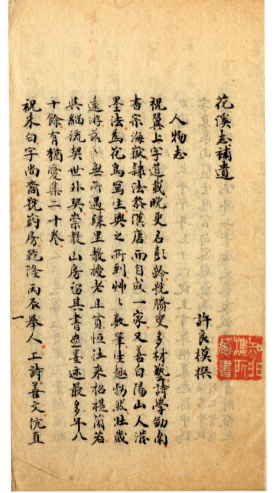

○七六 花溪志補遺一卷 （清）許良模撰 花溪備忘錄一卷
（清）祝定國撰 敬所筆記一卷 （明）許敦俅撰 民國抄本 一冊
嘉興市圖書館藏

花溪備忘録

祝定國尚宇誌

赤兔嶺東麓少轉而南有石磴立形尤人石之下有泉
瀺出大旱不涸鄉之人品茶汲縄相屬焉人謂人祿焉石人
灣天啟年間有董氏弟兄掘崇烏業每日往石人灣而
登山召一日董三兄過此既疲疴其弟倦之坐石人字痛
忘須臾氣絶茅筵喝而回奇告其家人扛至鑀而韓
欲視石人不見點訝狀有莘用于左上茂捨舟視之作金
碧色虐曰此莫非仙茅浅鎬云園取汁滴帳中俟寬復
少牧上作審聲未幾作狂人未裁作吐个夵漸疥三而

一

敢爾筆記

紀世變

靈泉許敢休存吾誤

余今七十歲十歲以前則幼小無知不敢妄議王後六
十年間世道變遷真洺海桑田白雲蒼狗始試一數
以見人心不古者也竟將表花鎮地方于所目睹者言
之嘉靖甲寅乙卯時鎮止常舖止有王店人鄭子束一
舖時值海夷猖獗鄭亦移踈吳今當舖有十四五家約
出利銀二萬餘余幸出自表花夷十思之內者人家
崇得不日就銷耗止孫黃山北醫嶺山南一二里前有

一

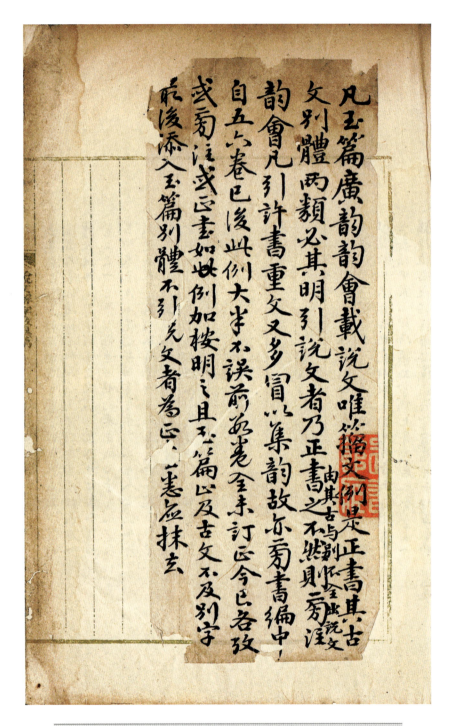

凡玉篇廣韵韵會載說文唯鍇儲文例

文別體兩類必其明引說文者乃正書之

韵會凡引許書重文又多冒以集韵故尔

自五六卷已後此例大半不誤前數卷全

或蜀注或正畫如此例如按明之且玉篇

最後添入玉篇別體不引先文者為正，

〇七七 説文解字攷異十五卷　（清）姚文田　（清）嚴可均撰

（清）姚覲元校補　稿本　八册　浙江圖書館藏

存四卷（卷一至四）

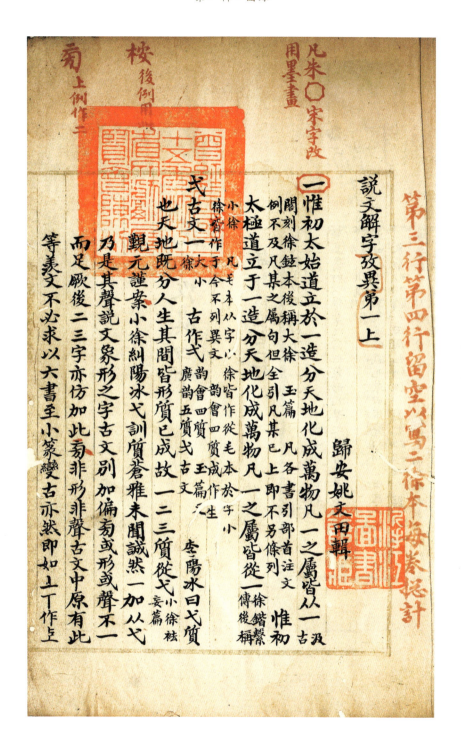

第三行第四行留空以寫二徐本每卷悉計

說文解字攷異第一上

歸安姚文田輯

一惟初太始道立於一造分天地化成萬物凡一之屬皆从一及古

小徐凡毛本从字以徐皆作從毛本於字小

闕刻徐鉉本俊稱大徐　玉篇　凡各書引部首注文
例不及凡其之屬句但全引凡某已上即不另條列　惟初
太極道立于一造分天地化成萬物凡一之屬皆从一傳俊稱徐鍇繫

弍古文一　大小
古作弍　廣韻五質弍古文　韻會四質成弍　玉篇弍古文

也天地既分人生其間皆形質已成故一二三質從弍　妄篇
小徐祛

觀元謹案小徐糾陽冰弍訓質蒼雅未聞誠然一加从弍
棗陽冰曰弍質

乃是其聲說文象形之字古文別加偏旁或形或聲不一

而足歐後二三字亦仿加此蜀非形非聲古文中原有此

等羡文不必求以六書至小篆變古亦然即如土丁作点

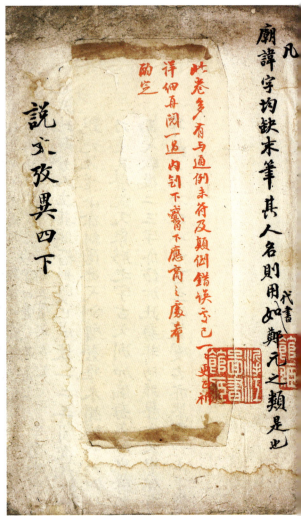

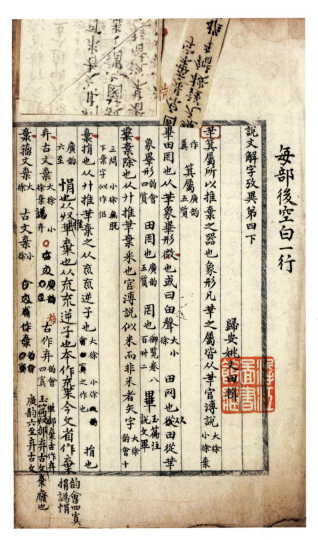

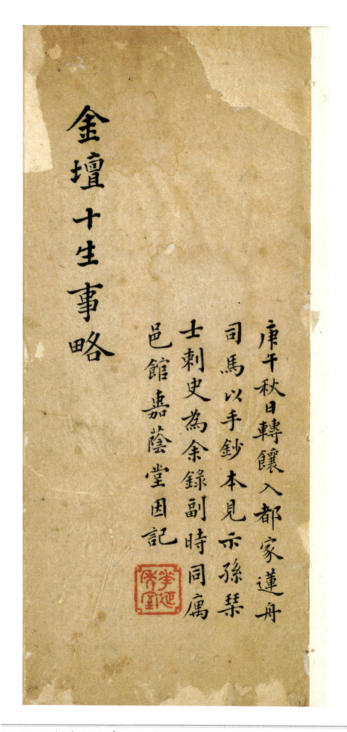

金壇十生事略

庚午秋日轉讓入都家蓮舟
司馬以手鈔本見示孫琹
士刺史為余録副時同屬
邑館嘉蔭堂因記

〇七八　金壇十生事略一卷　（清）姚文田輯　清大興傅氏抄本
清傅以禮題記　一册　浙江圖書館藏

金壇十生事略　　　　　　　　　　姚文田

文田讀先方伯傳載先時金壇某紳有所恨十生欲擠之死上其

事御史臺公以其事無驗弗坐某因肆為蜚語撼公遂抵公以死

嘗以詢之長者歲久遠多不能詳也門人戴開文項司鐸金壇言．

金壇人猶稱頌先方伯不衰因訪諸其故家得金壇公是錄十宦

被戮本末二書皆不詳作者姓名公是錄述其事尤詳為文約萬

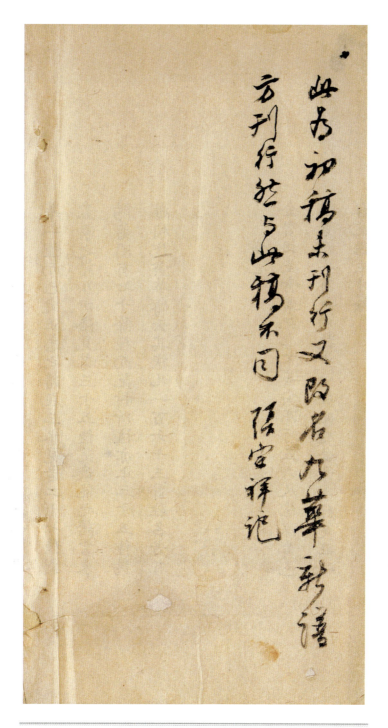

此為初稿未刊行又附名人華新譜方刊行於山稿不同 陸宇祥記

〇七九 菊譜一卷附老圃新菊一卷詩一卷 （清）吳昇撰
馬實夫詞一卷 （清）馬若虛撰 稿本 張宗祥跋 一册 浙江
圖書館藏

第三批《國家珍貴古籍名録》，名録編號 08488

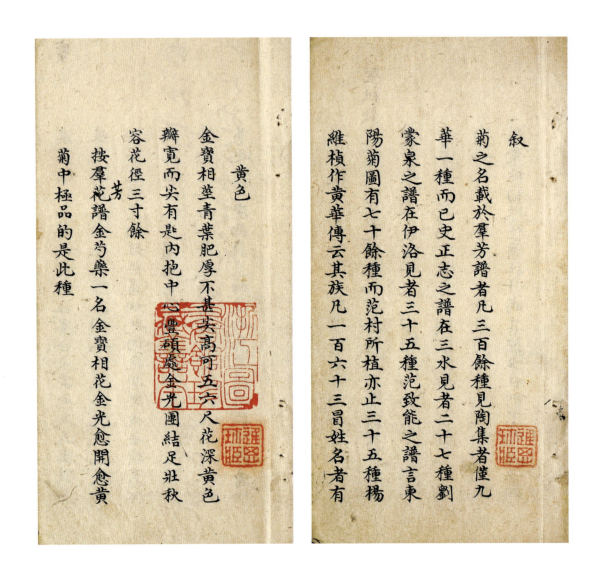

叙

菊之名載於羣芳譜者凡三百餘種見陶集著者僅九
華一種而已史正志之譜在三水見者二十七種劉
蒙泉之譜在伊洛見者三十五種范致能之譜言東
陽菊圖有七十餘種而范村所植亦止三十五種楊
維楨作黃華傳云其族凡一百六十三冒姓名者有

黃色

金寶相莖青葉肥厚不甚尖高可五六尺花深黃色
瓣寬而尖有匙內抱中心二豐頤處金光團結足壯秋
容花徑三寸餘
芳
按羣花譜金芍藥一名金寶相花金光愈開愈黃
菊中極品的是此種

附錄老圃新菊

丙子得三種

玉井蓮莖勁直葉肥大而密高可四五尺花徑二寸
餘瓣尖純白內暈淺碧綠心微凹似銀印而小

酒人衣莖葉與玉井蓮相似惟葉亞處寬而深花瓣
白內暈微黄作鵞兒色徑二寸餘

附錄

馬實夫詞

踈影

王彤軒刺史書詢怡園菊事值子種白色初
開因填此詞卽乙南來佳品

秋香早逗恰書來問訊遶過重九玉蕊新苞初放瑤
華微似西施中酒小學腥雲留幻相一縷清芬無偶

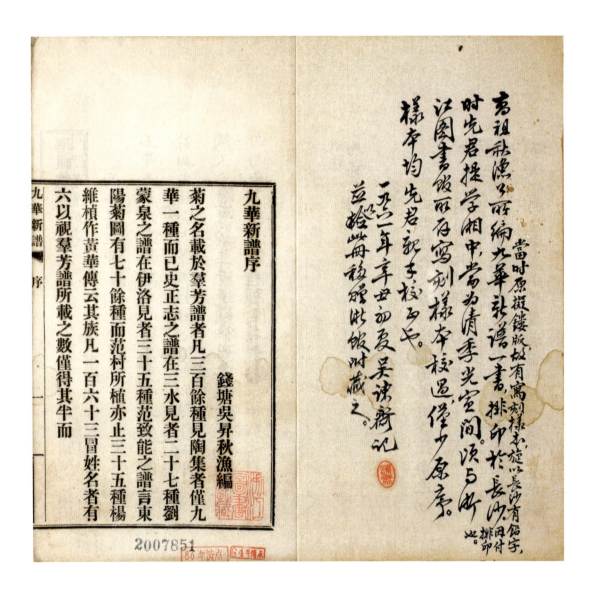

九華新譜序

錢塘吳昇秋漁編

菊之名載於羣芳譜者凡三百餘種見陶集者僅九
華一種而已史正志之譜在三水見者二十七種劉
蒙泉之譜在伊洛見者三十五種范致能之譜言東
陽菊圖有七十餘種而范村所植亦止三十五種楊
維楨作黃華傳云其族凡一百六十三冒姓名者有
六以視羣芳譜所載之數僅得其半而

九華新譜　序

高祖飛漁公所編九華新譜一書，當時原擬鏤版故有寫刻樣本，旋以長沙有鉛字，
時先君提學湘中當為清季光宣間，須與浙江排印於長沙，因付排印此。
江閣書破所存寫刻樣本校過，僅少原序，
樣本均先君，親手校正也。
一九五二年辛丑□夏吳□漪記。
苡□□□□□□□藏之。

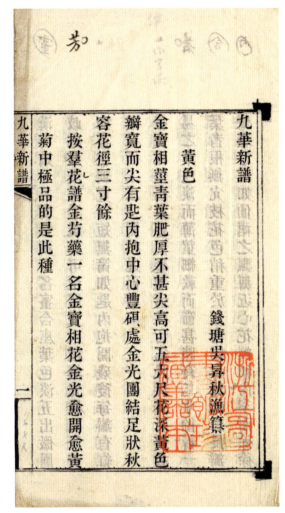

右頁：

九華新譜

　錢塘吳吳秋漁纂

黃色

金寶相莖青葉肥厚不甚尖高可五六尺花深黃色
瓣寬而尖有匙內抱中心豐碩處金光團結足狀秋
容花徑三寸餘
按羣花譜金芍藥一名金寶相花金光愈開愈黃
菊中極品的是此種

九華新譜　　　　一

左頁：

踈

銀印二字倒

附錄老圃新菊
丙子得三種
玉井蓮莖勁直葉肥大而密高可四五尺花徑二寸
餘瓣尖純白內暈淺碧綠心微凹似印銀而小
酒人衣莖葉與玉井蓮相似惟葉亞處寬而深花瓣
白內暈微黃作鵞兒色徑二寸餘
紫舍笑莖青葉淡綠小而踈高三尺餘花瓣長而外
指初開絕佳徑三寸餘

九華新譜　　　　二十六

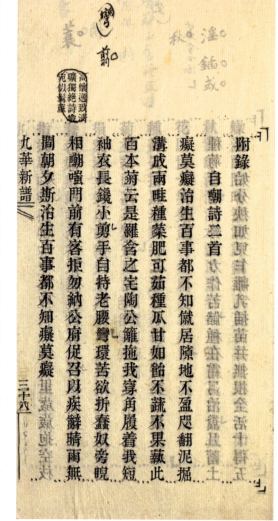

附錄

學
叢
龥

九華新譜 三十四

自嘲詩二首

癩莫癩治生百事都不知懶居隙地不盈咫翻泥掘
溝戍兩畦種菜肥可茹種瓜甘如飴不蔬不果蓺此
百本蒜芸是羅舍之宅陶公籬拖我穿角履着我短
袖衣長鏡小剪手自持老腰彎環苦欲折蠢奴旁睨
相嘲嚙門前有客拒勿納公府促召以疾辭睛雨無
閒朝夕斯治生吾事都不知癩莫癩

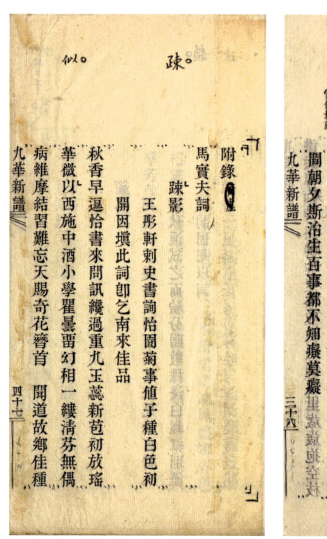

似。　　　　疎。

九華新譜 四十七

病維摩結習難忘天賜奇花簪首　聞道故鄉佳種
華微以西施中酒小學罷墨雷幻相一縷清芬無偶
秋香早逗恰書來問訊縹緗過重九玉蕊新苞初放瑤
　　　開因填此詞卽乞南來佳品
　　王彤軒剌史書詢怡園菊事植子種白色初
　　疎影
　馬實夫詞
附錄

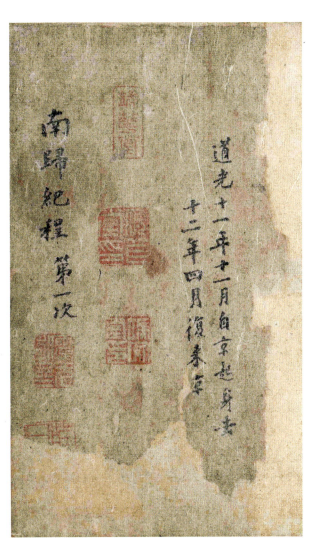

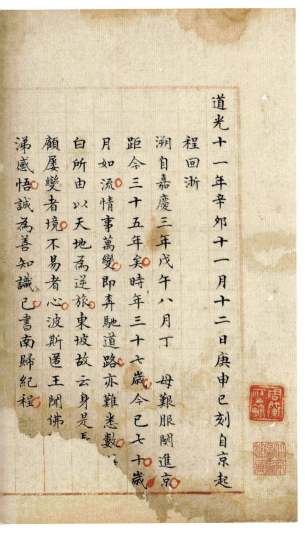

〇八一 南歸紀程一卷 （清）姚祖同撰 稿本 周肇祥跋 二册
國家圖書館藏

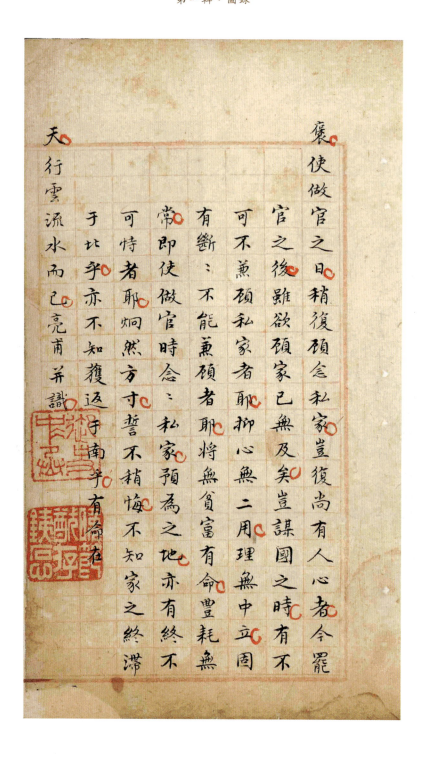

襄
使做官之日稍復顧念私家豈復尚有人心者今罷
官之後雖欲顧家已無及矣豈謀國之時有不
可不薰顧私家者耶抑心無二用理無中立固
有斷：不能薰顧者耶將無貧富有命豈耗無
常即使做官時念：私家預為之地亦有終不
可恃者耶炯然方寸誓不稍悔不知家之終淊
于比乎亦不知復返于南乎有命在
天
行雲流水而已亮甫并識

京山王家營 工補廣東按察使 □□□ 通政司副使道光十年

升通政使遷左副都御史 □次 □見 □年 □□ □歸 □□休致

七十 □旋病 □ 六十 □ 日 □ □ □ 既 □ 家友 □ □ 雙下

日記 □ □ 高陽 □ □ □ 技 □ □ □ □ □ 在 □ 按張俊神道

碑 □ 年 □ □ 廿二年 □ 廿一 □ □ 廿九年 □ 日 □ □ 志 □

誤也 □ □ 四 □ □ □ 石山大川 □ 記 □ □ □ 實 □ 石

區 □ 七 □ □ 人才 □ 治 □ □ □ □ □ 祖 □ 者亦 □ □ 高

論 □ 張 □ □ 圖 □ □ □ □ 改 □ 姓名行實 □ 全 □ □

遂書其後 戊寅 □ □ 日 □ □ 南 □ 祥

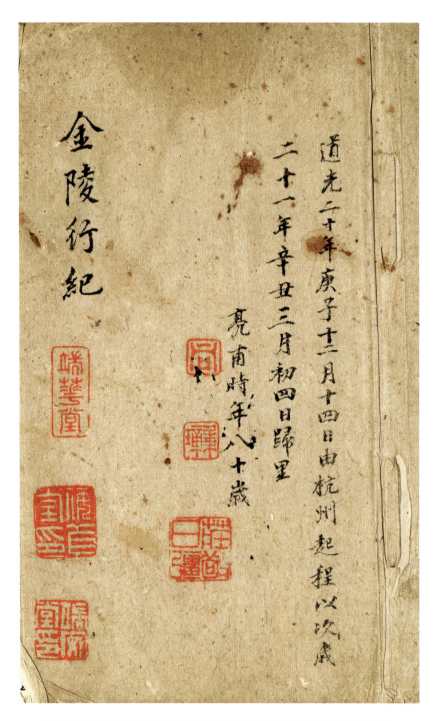

〇八二 金陵行紀一卷 （清）姚祖同撰 稿本 四册 杭州圖
書館藏

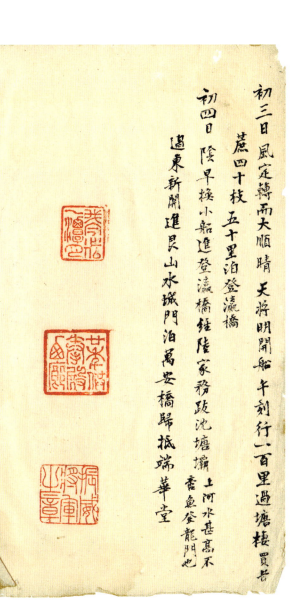

道光二十年庚子十二月十四日自端華堂起身契第七女
同其母顧氏至新馬頭上船帶價二人兩婭自京中帶回書附
新李先由措船出艮山水門盤德勝埧上船開出大開至新馬
頭等候　餘杭俞氏第四女數困赴吳江探望姻戚同舟而行
牡丹頭船　價二十七圓　十兒德賓送玉城外
近維孫將由山東省父進京會試買小舟同行　萬安橋等候
將起身時適接近賓十一月十五京信知其派墊河差使
中刻到舫行三十里至王家莊泊　晴
十五日晴天末明開船二千里過塘棲八十里過石門縣三十五里

初三日風定轉而天順　晴　天將明開船　午刻行一百里過塘棲買菜
蔗四十枝　五十里泊登瀛橋
初四日　陰早換小船進登瀛橋　經陸家務跋沈塘壩
過東新開進艮山水城門泊萬安橋歸抵端華堂

蛟川唱和集

景賢精舍詩鈔卷一

嘉慶乙丑移席鯤池書院無軒世大招過南齋

出示湘管齋圖即次聯吟元韻題後　鄭勲

先生添籌在海屋龍孫介。皆成竹南齋客膝繞膝
多謝庭種樹翰羣玉翮來攜硯並恐尺雲林正
薪綠折簡相招續素歡衷懷自昔同虛谷湘管名圖
出數卷鐵網珊瑚爭品目瑤草原應仙子汲天花徧
付墨娥錄嘯蓬閣迴絕世蹁屧滄瀛羞兔俗何處
清音貼耳聞豈是霓裳羽衣曲乃知鰲柱濤聲激遠
過人閒竹與肉還從流泝溯淵源中夜振衣起蕭穆

簡香徽君掌教鯤池惠過學舍見和湘管聯吟
舊韻三十二叠奉答　　　　陳焯

鯤池窊逈泮林屋中隔軍椒暎花竹皐比坐擁勝寒
簟笋班羣列差。玉君家通德樹北海奕葉庭前帶
草綠餘事猶能咏鷗鶒遙傳絕唱唐時谷闡幽表微
重先澤嘉行遺編羅衆目更將身教淑諸生成德達
才胥又錄鹿洞湖州今復見定教振起傾隤俗素心
晨夕古歡多……歌曲清冷烹……莫笑觴
酒還能薰豆肉履綦常接樂何如雲海蒼茫緫古穆
無軒世大叠用聯吟韻晶及掌教鯤池再次元

〇八三　蛟川唱和集二卷　（清）鄭勲　（清）陳焯等撰　稿本
一册　寧波市天一閣博物院藏

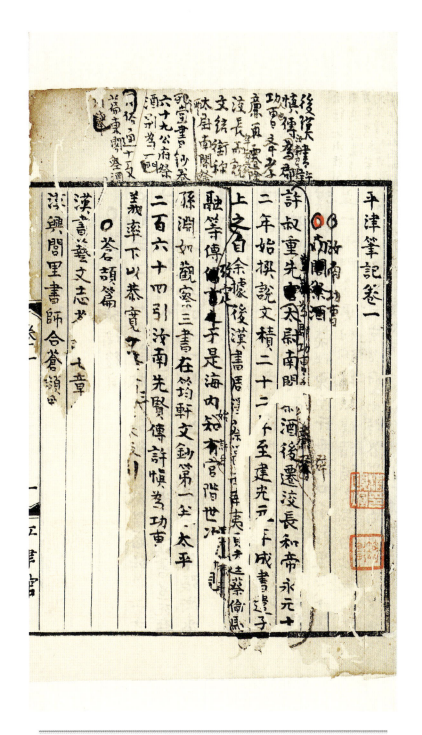

〇八四 平津筆記八卷 （清）洪頤煊撰 稿本 四册 浙江圖
書館藏

第三批《國家珍貴古籍名録》，名録編號 08549

平津筆記卷五

○蔡邕非張衡後身

白帖卷二十一引語林云張衡死蔡邕母始孕

才貌相似時人云邕是張衡後身案後漢書邕死存

初平三年年六十一則邕生當在陽嘉元年張衡永

和四年卒時邕已八歲

治河隄閞

漢書溝洫志河隄使者王延世以竹落長四丈大九

圍盛山小石兩船夾載而下之二十六日河隄成後

漢書于景傳自滎陽東至千乘海口千餘里景十里

立一水門令更相洄注無復潰漏之患白帖卷八十

一引虞水部武昌府江陵界罣清白渠

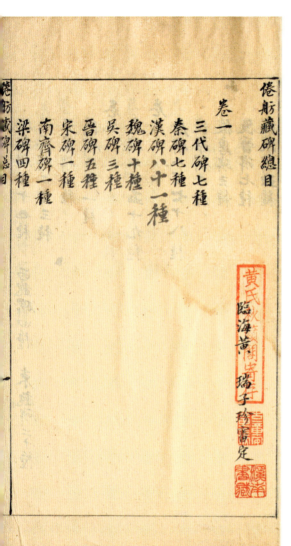

○八五　倦舫碑目六卷　（清）洪頤煊編　清黃氏秋籟閣抄本　一冊
浙江圖書館藏

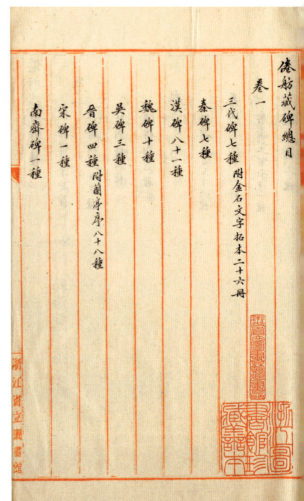

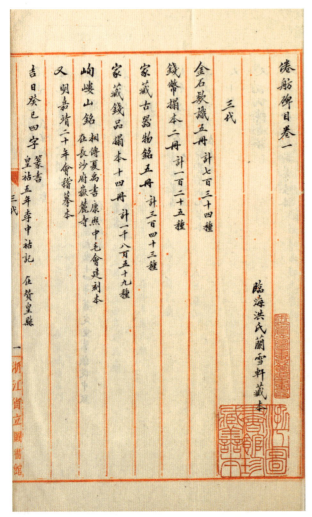

倦舫藏碑總目

卷一

三代碑七種 附金石文字拓本二十六冊

秦碑七種

漢碑八十一種

魏碑十種

吳碑三種

晉碑四種 附蘭亭序八十八種

宋碑一種

南齊碑一種

倦舫碑目卷一

三代

臨海洪氏蘭雪軒藏本

金石影藏五冊 計七百三十四種

錢幣搨本二冊 計一百二十五種

家藏古器物銘五冊 計三百四十三種

家藏錢品搨本十四冊 計一千八百五十九種

峋嶁山銘 相傳夏禹書 康熙中毛會建刻本 在長沙府嶽麓寺

又 明嘉靖二十年會稽摹本

吉日癸巳四字篆書 皇祐五年李中祐記 在贊皇縣

三代

續增碑目

乙卯初夏偶檢舊篋得　先嚴所輯家藏金石目錄底稿六卷余抄錄
成書後遠吳子苾學使弍苶亦好尋贈金石拓本數十種校對前
目多所未載又於市肆購訪及同人拓贈抄錄帙作續增附后夫金
石之流傳於世間日出不窮隨得隨編次不能盡依年代定先
後云咸豐七年歲在丁巳閏五月十三日臨海洪瞻墉容甫氏識於小
傳雲山館之浣香亭

張法壽造四面佛象記　正書
　後魏天平二年四月　在河南登封縣

黃帝祠字四字　李陽冰篆書
　無年月　　在縉雲縣

續增

清信士陳昌宗造象　行書
　唐長安四年　　在河南洛陽

盪寇將軍領鈎楯令王史平等造象　行書
　正始二年四月　在全上

平望鄉胡元度造象　行書
　年五月　　在河南洛陽

二十五年十二月九日　夏寉盦校

故人絕塞夢想為勞頃從大馮得見手書具審安善甚慰馳仰弟乾學
前歲癸丑无官回家今改還原職客冬赴補循次巳轉宮僚而家仲軟
去兩浙近始回京家三弟由內閣調掌院學士戰弟兄寓舍皆在宣武
門西諒吾兄未悉近狀轉寄並華報雁摩先生深念之希為致意前者
之事巳刻々與家弟伯意為之緱床累夕也客冬深望 浩蕩屬言路
真陳而終多打格惟有長歎適大馮云有便音兄中草此數字附四金
伴束見字可付一哉并以手生詩文郵寄弟當序而梓之三年前曾
及此耿々不盡率與遺棄臨紙惟有馳結
　　四月廿二日弟乾學頓首
弟自巳巳南歸即遭先人大故儤將草土者三年關服之後還延中歲

○八七　秋笳餘韻不分卷秋笳集附編不分卷　（清）陳之遴
（清）顧貞觀等撰　（清）張廷濟輯　稿本　三冊　國家圖書館藏

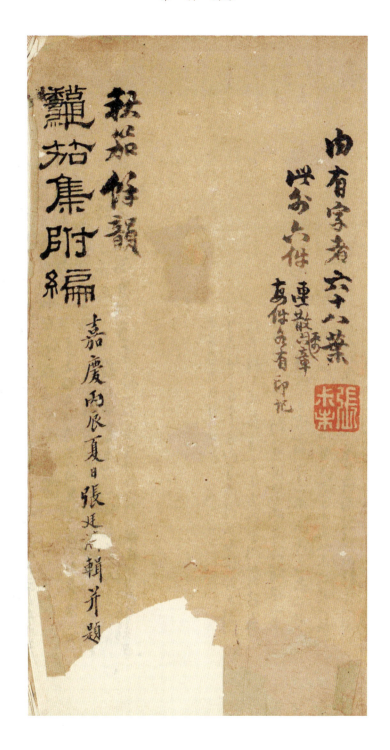

由有字者六十八葉

此分六佚 連散前章

真佚无有印記

穀梁條韻

籀弨集附編 嘉慶丙辰夏日張廷濟輯并題

吳雯模先生家此審其江人順治四年三十未生歿於逸艶佩懂木

罷順治壬子不科……救艱身逸家寶守壙

巳亥閏三月生國……寅年壹丙支人萬赶

戌含肥龍瑞毅長湖審文慎……山莖山後曰難力寧……納崇戌

修中蔡涇胤中榴枢力譽枝納鐺陵收……相國納崇戌

榴楹……庚辛求推启小堂義……寸南蒙……女画

者儔為慎之義……奎……五条

……山海以忍枝陵四子……曹……君巳殳

……南旌叔予苏青三……杭日常書虞鳴向……

……萬偉娓笛原鳴香字顏涤圖

吟漢樓之壽本壽厄首淺同兴而诔关子周
旋申报立兴秦庭玉于生入玉門裁於志
慶玉誙之猶覺泪痕滿劳哐習風雨悬
而不輟其音雪霜零而不淥其色末非政
棟而頖之可以見賢逹之求文云末始非漢樓
诔人哔溓那也偶再以廣為按罹而祥之以取
其待則詩候之異世
嘉慶改元歲在丙辰五月廿九日嘉興張廷濟識

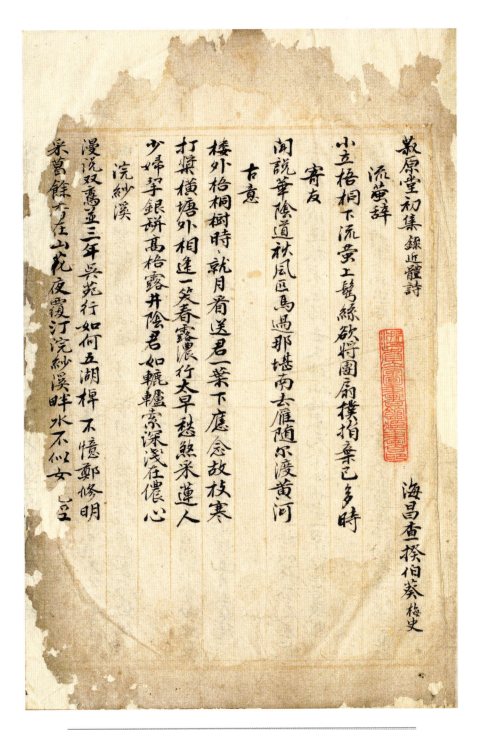

菽原堂初集錄近體詩

流螢辭

小立梧桐下流螢工鬢絲欲將團扇撲指葉已多時

寄友

聞說華陰道秋風區馬過那堪南去雁隨爾渡黃河

古意

樓外梧桐樹時就月看送君一葉下應念故枝寒

打槳橫塘外相逢一笑春露濃行太早愁煞采蓮人

少婦弄銀箏高梧露井陰君如轆轤索深淺在儂心

浣紗溪

漫說双鬟五三年吳苑行如何五湖柁不憶鄭修明

采曾餘芳在山花夜霞汀浣紗溪畔水不似女 己豆

海昌查揆伯葵 梅史

〇八八 菽原堂初集一卷 （清）查揆撰 稿本 一冊 浙江圖書館藏

第二批《浙江省珍貴古籍名錄》，名錄編號 00357

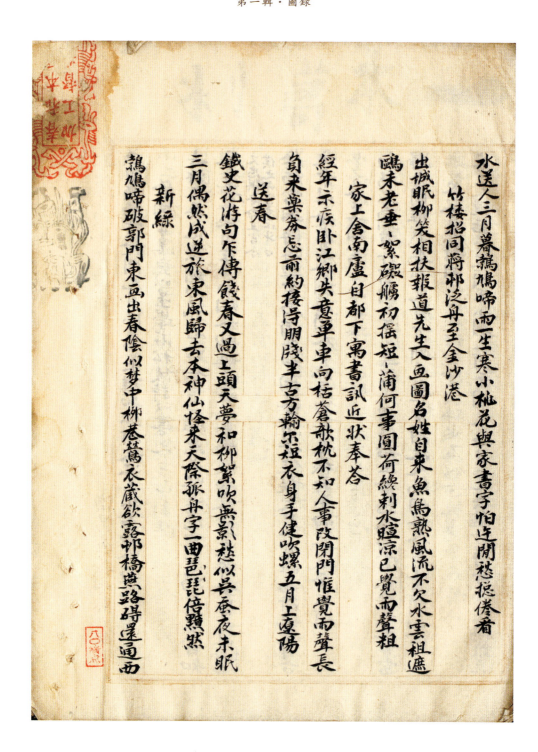

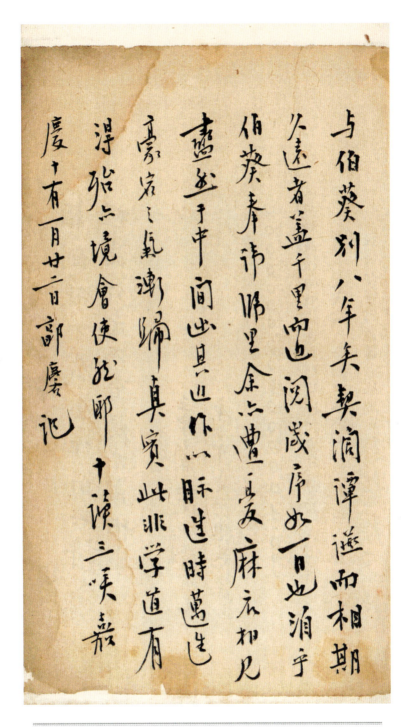

与伯葵別八年矣契涸譚邈而相期
久遠者蓋千里而遇閱藏序如一旦此洵于
伯葵奉詩歸里余六遭喪麻衣相見
畫於于中間出其迹作以眎迨時萬迨
豪宕之氣漸歸真實此非學道有
得駘六境會使然郇十讀三嘆嘉
慶十有一月廿二日郇麐記

○八九　菽原堂詩一卷江行小集一卷　（清）查揆撰　稿本
清郭麐跋　二册　上海圖書館藏

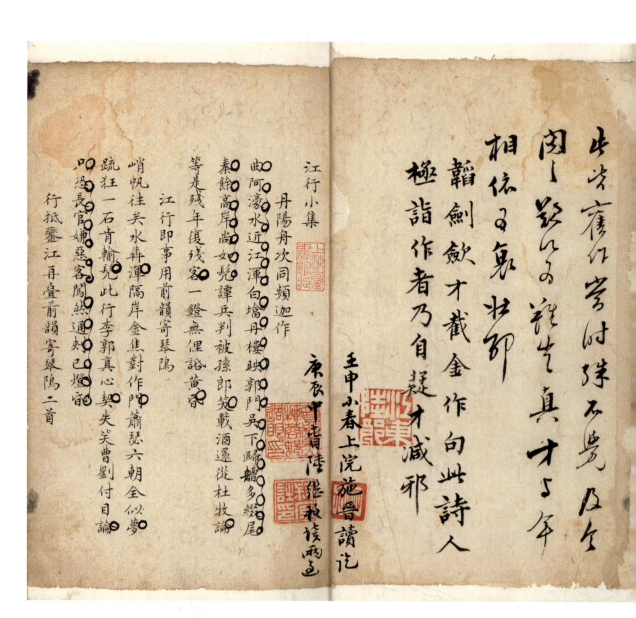

出於襄作當時殊不覺及今
閱之節々雜出真才乃年
相依々衆业卯
韜劍歛才截金作句此詩人
極詣作者乃自疑才減邪

壬申小春上浣施晉讀記

江行小集

丹陽舟次同頻迦作
曲阿瀝水近江潯白墻映郭門吳下歸艣多綴尾
秦餘高岸尚女竳譚兵判被孫郎爰載酒還從杜牧論
等是殘年後殘客一鐙無俚語黃昏

江行即事用前韻寄琴隝
峭帆往芙水犄渾隔岸金焦對作阿蕭瑟六朝全似夢
疎狂一石肯輸堯此行李郭真心契失笑曹劉付目論
只恐長官嫌惡客闒然通夾已燈前

行抵鑒江再疊前韻寄琴隝二首

康辰中青陸總敕後兩雪

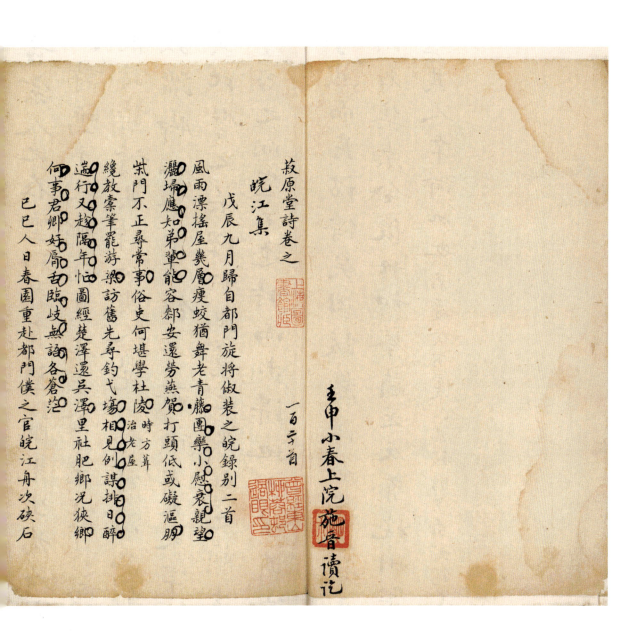

菽原堂詩卷之

皖江集

戊辰九月歸自都門旋將倣裝之皖録別二首

風雨漂搖屋幾層瘦蛟猶舞老青藤團欒小慰衰親望

灑埽應知弟輩能容鄰安還勞燕賀打頭低或礙迴胐

恭門不正尋常事俗史何堪學杜陵　時方葺治左屋

綵教豪筆罷游親訪舊先尋釣弋塲相見例謀排日解

遜行又趨隔年怡圖經楚澤還吳澤里社肥鄉況狹鄉

何事君卿嬌扇舌臨岐無語各蒼茫

己巳人日春園重赴都門僕之官皖江舟次硤石

一百二首

壬申小春上浣施聲讀記

吾宗人之在雲和者有琴蘭先生為名宿
以詩鳴于其鄉袖其集示余、不能詩而尚
能讀詩讀其詩知其人覺一種沖淡幽曠之
致躡脚人海中也餘年而識士大夫罕有
其比譬之梁棟於此篁之裏譬之蘭生於
空谷之間堂不逢時而未得地先生其窮

乎然而其詩傳矣因跋數語卷還之他日有
附名集末令後世知琴蘭之友有杭州寄
廬其人幸何如也嘉慶癸酉夏六月錢塘宗弟武錫書

〇九〇　古槐書屋詩文稿□□種□□卷　（清）王樹英撰　稿本　清王武錫
王存義跋　十三冊　浙江圖書館藏

存七種十四卷（古槐書屋古今體詩卷一、三，古槐書屋詩鈔卷一至四，雲邑山水諸詠，
麗水山水諸詠，桂一樓詩集卷一至四，詩存草，烟霞嘯客少時賦）

第二批《浙江省珍貴古籍名録》，名録編號 00351

空五眼
□□□□□

古槐書屋古今體詩卷一　雲和王樹英毓才葉

古意

淵淵硯中水。芙蕖生其湄。好風正飄飄。綠葉
何紛披。美人隔遙浦。對之生長思。誰謂出淤泥。
亭亭鮮自持。
欝欝山上松。元鶴巢其巔。奮翮凌青霄高飛

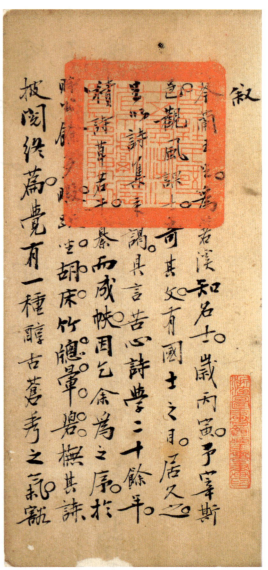

叙

　　苕溪知名士。歲十六。丙寅。予宰斯
邑。觀風試士。奇其文有國士之目。居久之
與予言苦心詩學三十餘年。於
積詩盈帙。出以示余。為之序。余於
而咸挾周孔。余為之序。序於
生胡床竹榻。覃碧橅其詩
披閱終篇。覺有一種醇古舊秀之氣溢

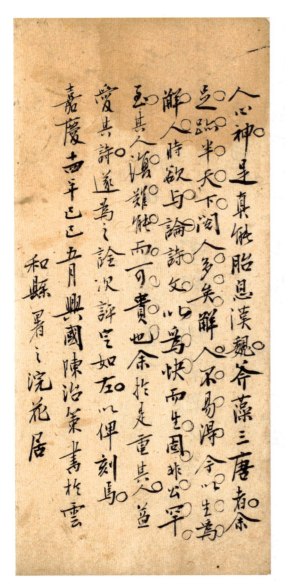

人心神是真傳。脫胎息漢魏。夵藻三唐。余
之跡半天下。閱人多矣。辭人不易得。余以生為
辭人時欲与論詩文。心鳥快而生困非公罕
玉其人孄熊而一可貴也。余於是重其道。
愛其詩遂為之詮次詳學如左。以俾刻焉。

嘉慶廿年乙巳五月興國陳治策書於雲
和縣署之浣花居

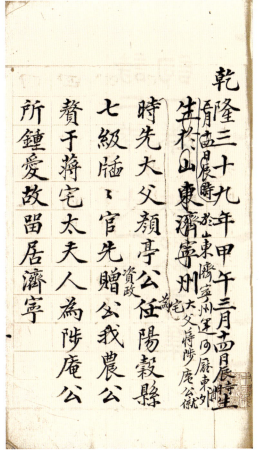

乾隆三十九年甲午三月丙辰時生

　顧西月辰時　於山東濟寧州迁河厰東外

生於山東濟寧州　蓋宅大父侍陝庵公儀

時先大父頦亭公任陽穀縣　資政

七級陞官先贈公我農公

贅于蔣宅太夫人為陝庵公

所鍾愛故留居濟寧

〇九一　嚴烺年譜不分卷　（清）嚴烺撰　稿本　一冊　中國科
學院文獻情報中心藏

○九二 會稽王笠舫稿五卷 （清）王衍梅撰 民國抄本 三冊
嘉興市圖書館藏

會稽王衍梅笠舫稿

羊城造病雜詩三十首并序

烏鵲南飛再逢人病海雲東指兩值秋殘詛壓腳之災星

識扶頭之醉月張：舞我感舊如年眇之愁余懷人待旦

海擁衾而覓句輒蘸藥以揮毫文不雅馴語無倫次傳諸

好事繼以成聲云爾

殘星壓腳太荒唐破費仙窠肘後方處：醫皆盲郭璞將：身作

睡穩康鐙旋檜縫由僧子閒賞車帷學女郎最是月斜人夢醒東

牆花影索紙昂

摇落髮絲素髮多英雄髀肉半銷磨睨飛目斷王喬為牛矢心驚

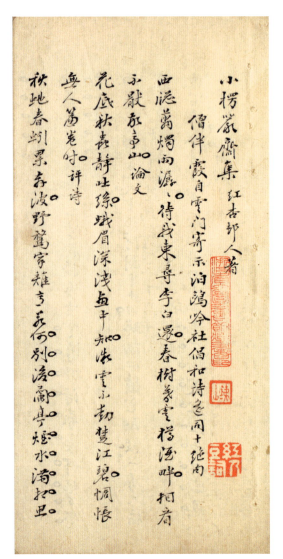

○九三 笠舫詩文集十二種 （清）王衍梅撰 稿本 九冊 浙江圖書館藏

存十一種〔小楞嚴齋集、小楞嚴齋詩鈔、癸酉詩鈔、綠雪堂詩鈔（小竹齋集）、己卯詩鈔、笠舫詩鈔、海南憐香集、乙丑詩鈔（乙丑詩稿）、丙寅詩鈔、笠舫隨筆、笠舫四六文，庚午草稿（佚）〕

第二批《浙江省珍貴古籍名錄》，名錄編號 00358

笠舫隨筆

遊鳳鳴山記

庚午四月二日余與芝泙渡峨江赴錢氏館拉何君生所為決句之游潯

吳拉高宕為高樓新構夜雨盪尾作高齊秉蘆聲沸入夢殊此燒

露色楚、礎泥新孔錢之浮村聲聲風雪山、玄而活東南一脉里三帖

南志叔詩主人具肴核兩妻以矢匈持上波淡棄度支背坐卧遁遠室中

央縢清流涓、狗活東挑躍麥煙搔捉柔笑誅峰杉梓徐堂蒼麻栢

住者松敬十華驛弓挹廃悴金雪與具撓而覱且馱四螫東峰石墻

步、扑近乃匪庵之昻首金連派而莱而射林湏扑人出入肩項都隆慶

迄馬之東至石西遊去妘與恭洵㧓句心牛扣答鄉風送之風息

迴旋則此人失昨不狂卅乃泰行三五里許金小村庙斜黃葭為廣郡

覙磨基揀門環徐水可散蘊下與斮步敲石狗金徐蕯康中汸車

挶抄少項一簑卒妘師出視將欲襄選了安撓其肴桃花源尿波上

與行人山、聆紫聲白石沙粼消不昰活出拉閒水聲源、出舟林抄隱、

旧光一淥銀蛇姦機而下裂秕琪泼溝常再行再止上至石壁宕

鎮字与行扚簃璪之真文曰韶閒石壁宕光飲煉江筆斗不賣錢至

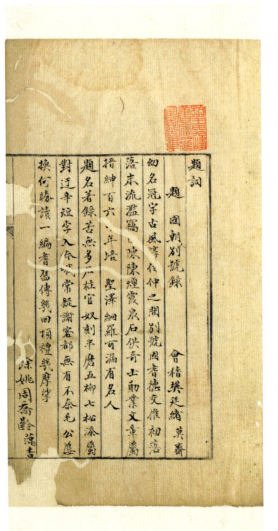
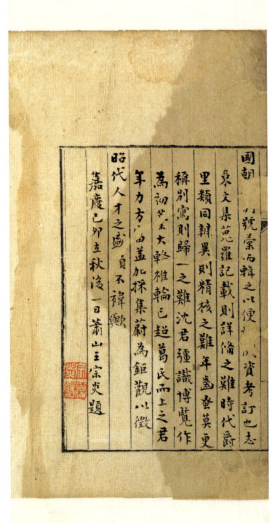

〇九四 國朝別號錄十卷 （清）沈復粲輯 稿本 六冊 浙江圖書館藏

存六卷（卷一至四、九至十）

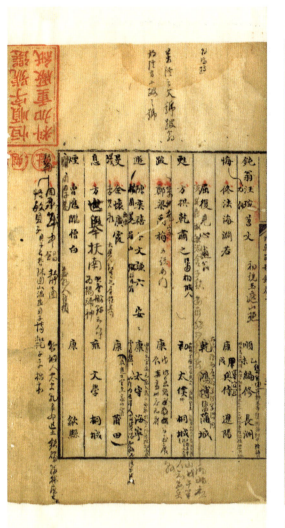

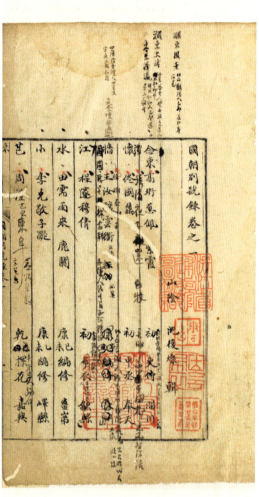

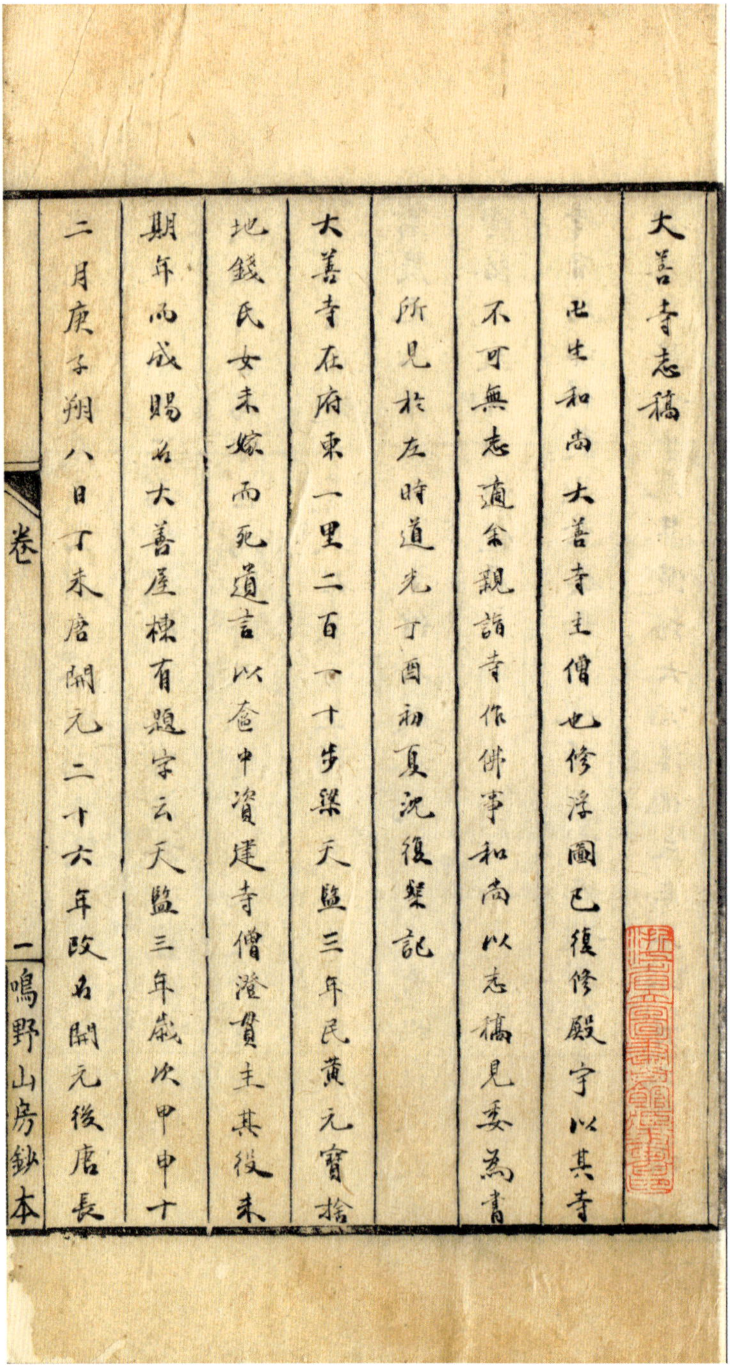

大善寺志稿

此生和尚大善寺主僧也修淨圖已復修殿宇以其寺

不可無志適余觀詣寺作佛事和尚以志稿見委為書

所見於左時道光丁酉初夏沈復粲記

大善寺在府東一里二百一十步梁天監三年民黃元寶捨

地錢民女未嫁而死遺言以奄中資建寺僧澄貫主其役未

期年而成賜名大善屋棟有題字云天監三年歲次甲申十

二月庚子朔八日丁未唐開元二十六年改名開元後唐長

卷

一鳴野山房鈔本

○九五 大善寺志稿不分卷 （清）沈復粲撰 稿本 一册 浙江
圖書館藏

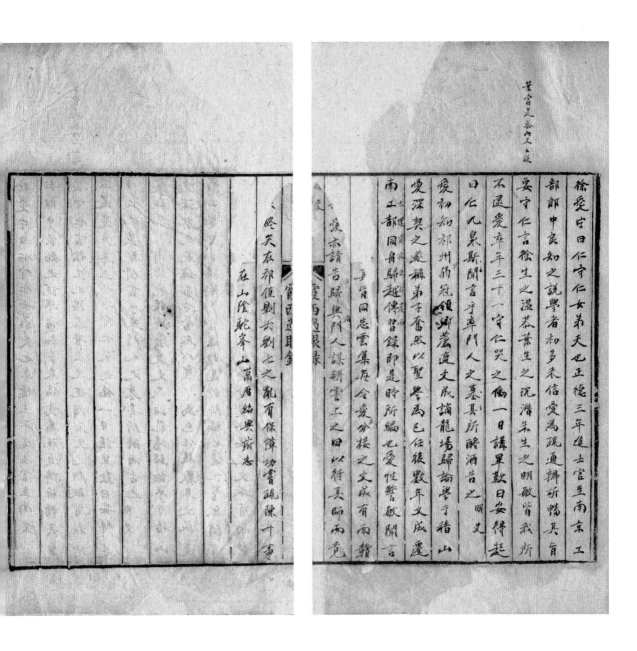

〇九六　霞西過眼錄八卷　（清）沈復粲輯　稿本　四冊　紹興
圖書館藏

存四卷（浙中一卷、江右一卷、南中一卷、志事隨劄一卷）
第三批《浙江省珍貴古籍名錄》，名錄編號00510

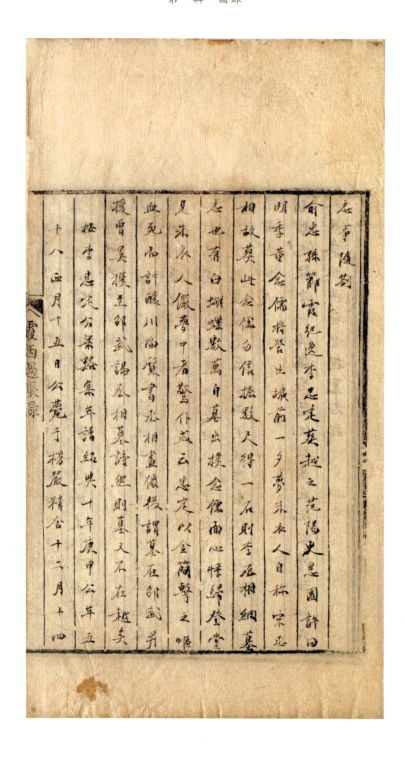

志事隨筆

俞忠孫節霞紀逸李忠定墓趾之范陽史忠
明季黃念儒將啓出壙前一夕夢朱衣人自稱宋丞
相故葬此念儒乃信掘數尺得一石則李丞相細墓
志也有白蚺蝶數萬自墓出撲念儒面忱懌歸登堂
見朱衣人儼夢中者驚仆忥云忠定以金簡擊之喗
血死而許釀川尚質書丞相畫像後謂墓在邠武矛
援曾吳撲至郜武諝丞相墓詩然則墓又不在越矣
㘘李忠定公梁輯集年諺紹典十年庚申公年五
十八西月十五日公薨于樗嚴精舍十二月十四

霞西愚艮録

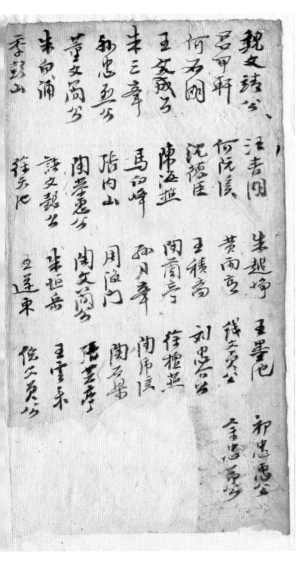

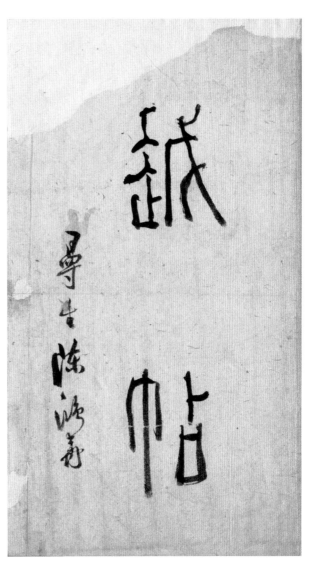

〇九七 鄉賢織翰記一卷 （清）沈復粲輯 稿本 清蔡名衡批
校并題記 一册 浙江圖書館藏

館藏單位原題：鄉賢織翰記一卷 （清）沈復粲輯 清沈氏鳴野山房
抄本

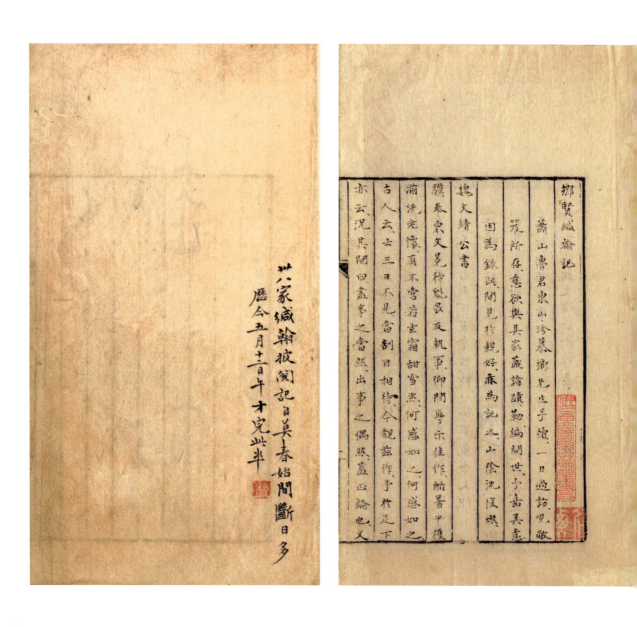

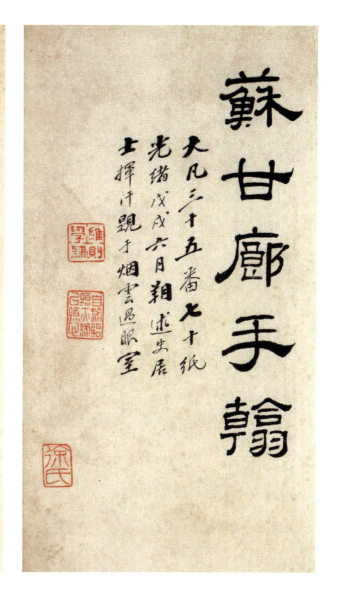

待船先唫祉多福非奉
手翰密字藧眠令我選情鵠公惟是華音
道工相見時有藟罪之麥亰范不自知書揮
梦神宜樹君問狀擾供生夫宵世傳晶枕中
一枝扡花幻作芳洲柱々為妻非離魂麗懷建
其薄怷倘如不信可嘆蜩嫂見微南華老偉
共諆乇事也仙诗字々起抄屑有所無先和

蘇甘廊手翰

大凡三十五番七十纸
光緒戊戌六月朔述生居
士揮汗觀于烟雲過眼室

〇九八 蘇甘廊手翰不分卷 （清）杜煦撰 徐維則輯 稿本
一册 浙江圖書館藏

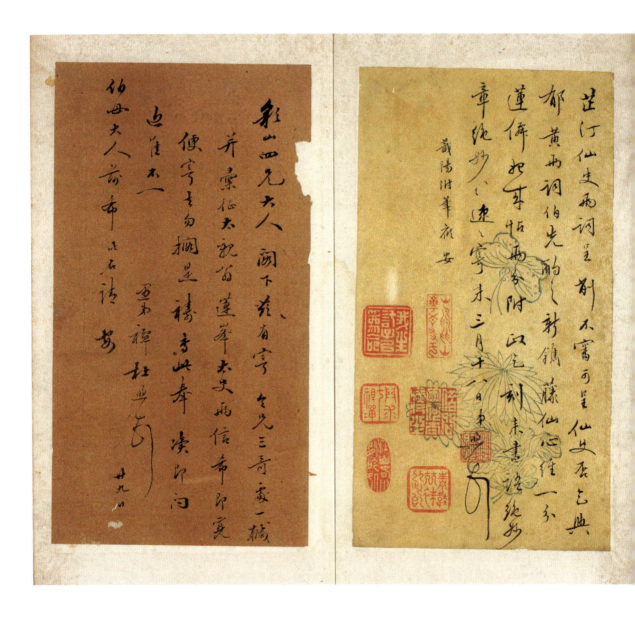

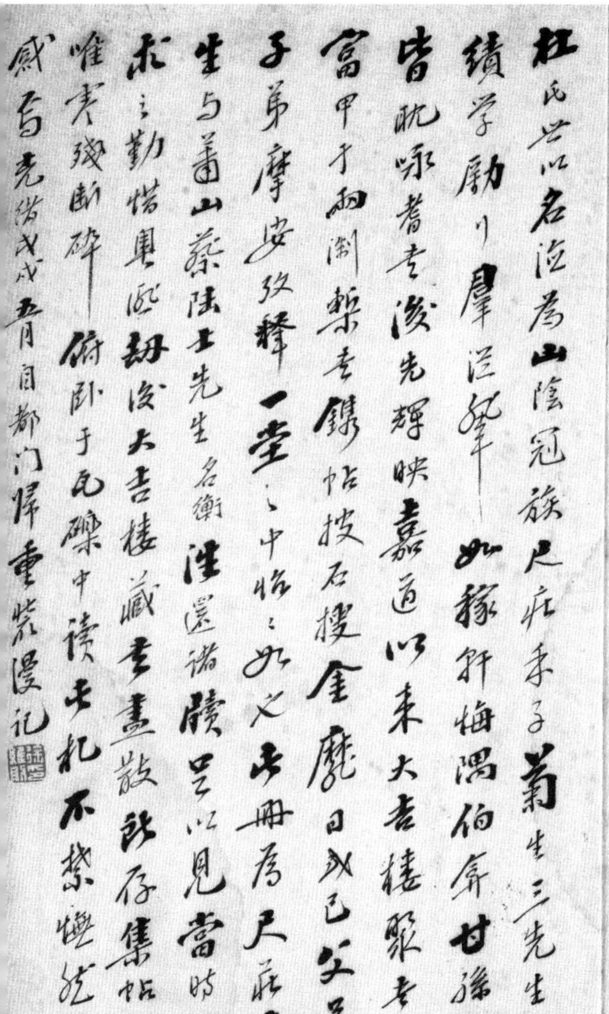

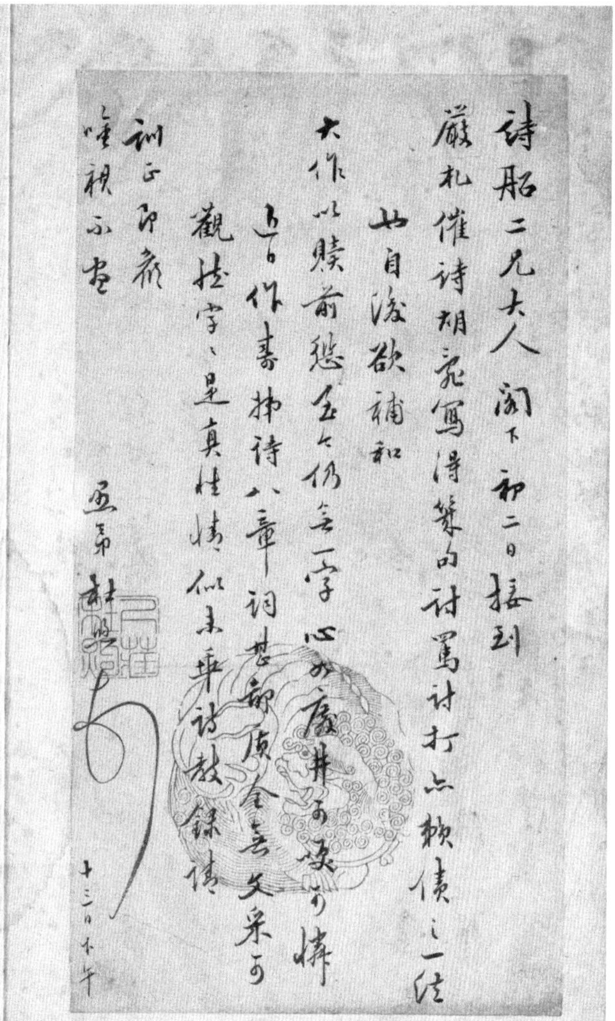

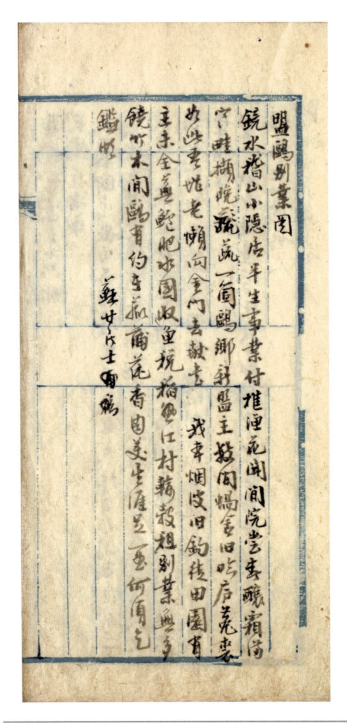

盟鷗別業圖

鏡水稽山小隱居半生事業付雖涅花開間院豈春釀霜筒

宕畦搪晚蔬菜一甌鷗鄉耘醫主發閒媧金舊吃户菱菱

此些書姓老懶向金門去敕吉我亦烟皮舊釣後田園舊

主末金氣鰌肥水國收魚槐魚江村耤穀趕別葉無多

鏡竹未聞鷗有約吏瓶爾花香圖美生崖芝一盞何有包

鑑塘

蘇甘廊士甫稿

○九九　蘇甘廊先生詩稿一卷　（清）杜煦撰　稿本　一册
紹興圖書館藏

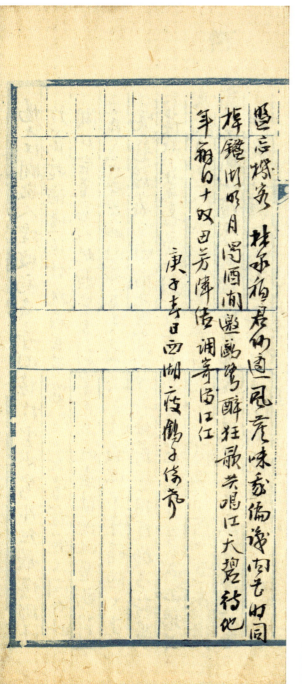

暢于江湖散人煙波釣名寄何時於雲水瀋外往歌憶鄉味

於花鱸徧遊既飲杭志生黃巖以卜花當樵鏡之間也此

湖山合有高人肥遯幾多刻業之所由各也以余在之

業之所由各也以余在之最其定之最躁又章婷酒之才

惆起簷長之自憶米克諫共住荷篁相傳欲与斯盟

諸以每日長歌一闋研修素望之雲山的十年試証鑑明

之月

耕釣生涯化六廢花鱸風味幽懷說指門前泉水汀洲

八弓明山谁分畝煙波一席任釣渥阿人高隱年為喫窩

遇忘樵家　林承福者的適一風气味家偏潑肉光的同

揮鐘明明月冒酒甫邀鷗驚醉狂歌芡鳴江天碧行也

年扁白十双田芳懌佶調寄呂江

庚子夀日西湖夜鶴子傷草

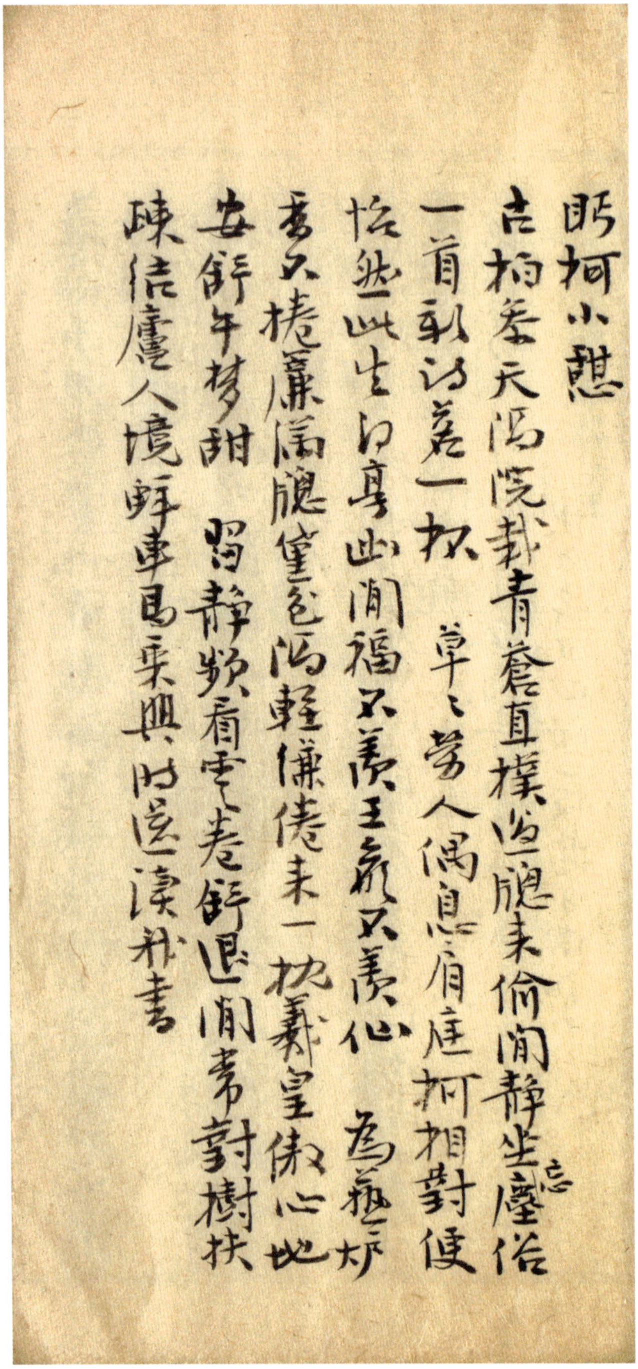

眠柯小憩

古柏參天滿院栽青蒼直撲□腿未偷閑靜坐塵俗忘

一首數功若一杯　草木等人偶息有庭柯相對便

怡然此生與身此閑福不羨玉帝又羨心　為藝爐

秀又捲簾屬腿黛色偏輕傷倦未一枕羲皇俯心地

安餘午夢甜　習靜頻看雲卷舒退閑書對樹扶

疎信廬人境軒車馬柔與時遠溪邦書

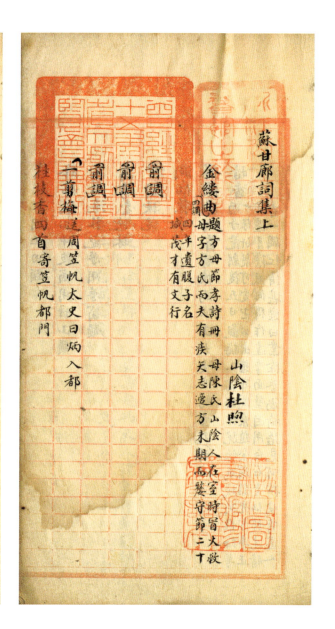

蘇甘廊詞集上

金縷曲

題方毋節孝詩冊毋陳氏山陰
人在室時賈大救
母字方氏而夫
有疾矢志適方
未期而嫠守節二
十

山陰杜煦

程枝杏四首寄笠帆都門

一剪梅送周笠帆太史日炳入都

東

金縷曲

題方毋節孝詩冊毋陳氏山陰東浦人在室時賈大救母
字方氏而夫有疾矢志適方未期而嫠守節二十四年遺
腹子名城茂才有文行

浦水東流也任前頭逆風欄緊可能西瀉白玉仙棺天上降熱血
淋漓濺赭更不待夢分鴛瓦苔一篇魯熱誦錢肝腸繞賦桃天
嫁光泪瀼瀼新夜綠雕紅碎宸詞寫短姻嫁同心結在並頭花
謝只要再生緣未了甲帳綵鸞復駕便共住芙蓉樓榭賽鶼鰈
人世活算何如雙蝶青陵化甘碎首緦帳下

一○○ 蘇甘廊詞集二卷 （清）杜煦撰 稿本 二册 浙江圖
書館藏

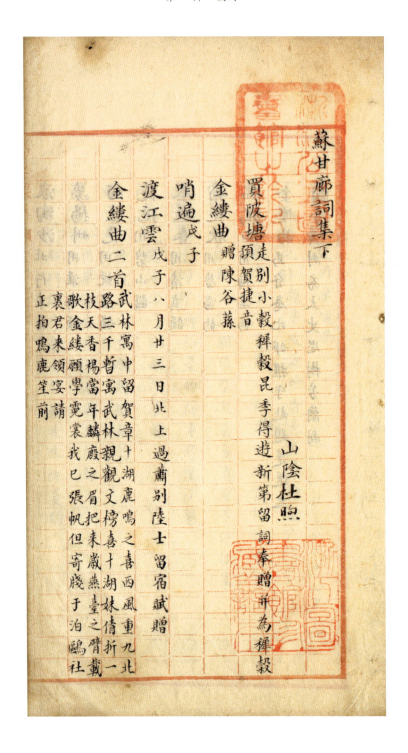

蘇廿廊詞集下

買陂塘
　頻賀捷音

走別小穀穉穀昆季得遊新第留
詞奉贈开為穉穀

山陰杜煦

金縷曲　贈陳谷蓀

哨遍　戊子

渡江雲　戊子八月廿三日北上過蕭別陸士留宿賦贈

武林寓中留賀章十湖鹿鳴之喜西風重九北
路三千暫寓武林覘觀文榜喜十湖妹倩折一戴
天香楊當年麟廢之眉把來歲燕臺之臂戴

金縷曲二首

枝天香楊當年麟廢之眉把來歲燕臺之臂戴
歌金縷願學霓裳戎已張帆但寄牋于泊鷗社
裏君來領宴靖
正拍鵙鹿笙前

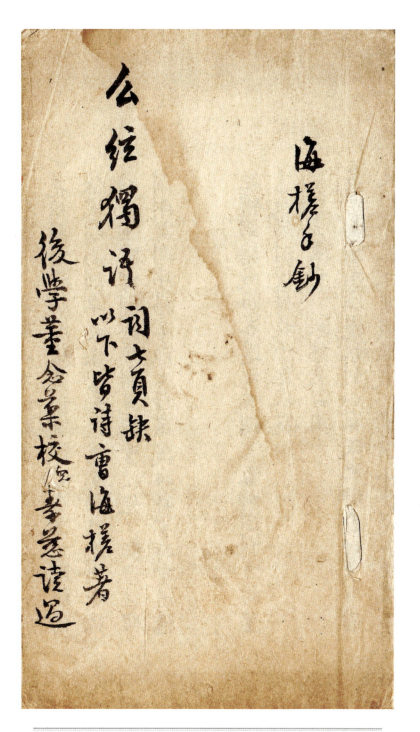

一〇一 么絃獨語一卷 （清）曹大經撰 稿本 董壽慈題記 一册
浙江圖書館藏
第三批《浙江省珍貴古籍名録》，名録編號 00556

么絃獨語　　　　　　　　海樹倚觳

甲戌至癸未

南浦木送瑜山支館新賸

花信到梅梢指河梁幾樹香飄晴雪落日黯離情

餘寒哨南浦草痕末碧輕帆搖曳緣波遠與新賸

接地主書樓開入詠想見講堂清絕　詞壇往典

闌刪記問字楊亭印心程席從此算雲時重追憶

宛轉錦塘風笛客邊滋味彈人春柳還秋月玎望

畫來鱗羽便慰我小窻岑寂　　玉壺冰草秋林覓句圖

羅雲錦樹秋瀟灑秋到山容改池塘春艸夢覺醒

又聽亭亭皋木葉戰秋蔽尋詩小步還孤生泉石

閒功課畫中詩境我猶貪無奈秋塵滿目隔秋山

　　憶真妃　華清出浴圖

嫣然出水夫容斂姜容恍見華清深院三薰風

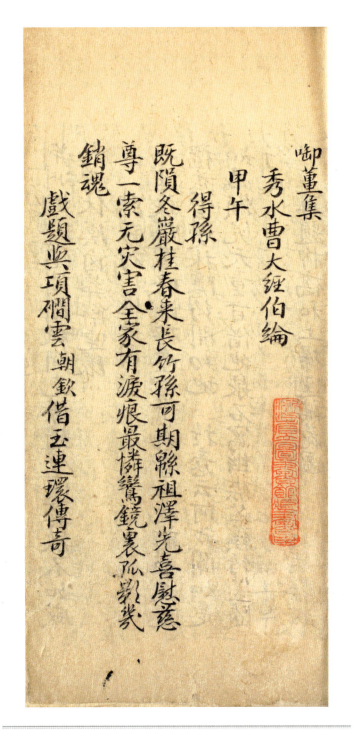

唧薑集

秀水曹大經伯綸

甲午
　　得孫

既隕冬嚴桂春來長竹孫可期緜祖澤先喜慰慈
尊一索无災害全家有渡痕最憐鸞鏡裏孤影甍

銷魂

戲題與項礀雲朝欽借玉連環傳奇

一〇二　唧薑集一卷後詠懷一卷　（清）曹大經撰　稿本　一册
并一長卷　浙江圖書館藏

後詠懷

臨流老作信天翁為稻梁謀感塞鴻遵荻渚吹秋
絮白插霜花憨夕陽紅漁懸斷岸千絲網牛下平
原一笛風重寫幽懷還自咲衰邁未肯厭雕蟲
門徑蕭條碧蘚封無田僅作種花農疏籬衰露裳
餐菊小閣凌秋夜聽松捫摸人爭摹相亂飛騰誰
果好真龍世情不到幽閒境澎湃經邱信籃節
望裏青帘卓醉杠買春寧惜杖錢雙素心有約談
秋雨紅友應須共夜惚境逍柔榆慈轉切年催蕈
桂性雖降此身久厭人間世擬向寒山禮佛幢
菊秀蘭裳此一時吟秋孤館檻霜籃微雲疏雨懷
人畫落葉室山送酒詩尚友敦希千載上讀書堂
止十年遲頹齡相賞餘花卅陶寫無頻竹與絲
霜花拂處舊痕非不復濃陰護板扉此日懷人殊
渺渺當時折柳記依依江流逝水魚無信泥落空

不舍熊魚二美兼楊家遺集表精嚴濮湘韶合刻

集題曰二廈聞樵李詩繫蔣春雨擬續沈南疑

楊詩鈔有是俊樵李詩繫胡瘦山乐

俱未成未竟梅涇續典藏詩鈔續巳有年矣繼使

容華慶西子也難刻畫到無鹽亂頭麁服安吾素

恰稱茅茨與葦巖

秋容澄澹日西街紅紫千林葉盡芰旋轉化機憑

冷煖抽添至味外酸鹹古人事往遺殘簡遠道風

高感破帆樂間即寫破帆圖見贈莫爲群材怨搖

落喬松修竹在山巖

　柏泉二兄先生　教正

　　甲辰九秋作錄似

　　海樝曹大經具艸棠

菊秀蘭衰此一時吟秋孤館樓霜凝微雲疏雨橫

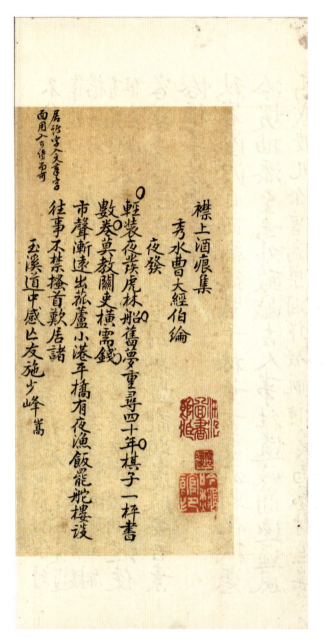

一〇三 襟上酒痕集一卷 （清）曹大經撰 稿本 清汪澍觀款 鄭曰章跋 一册 浙江圖書館藏

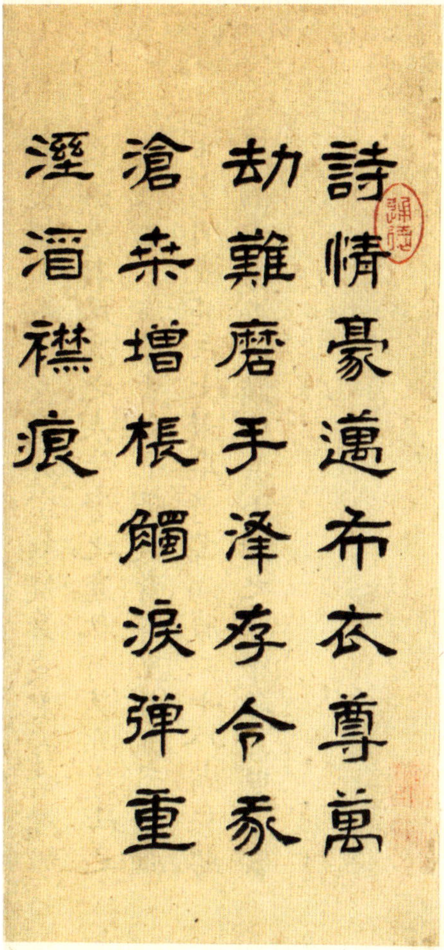

詩情豪邁布衣尊萬
劫難磨手澤存令泰
滄桑增梗觸淚彈重
涇滔襟痕

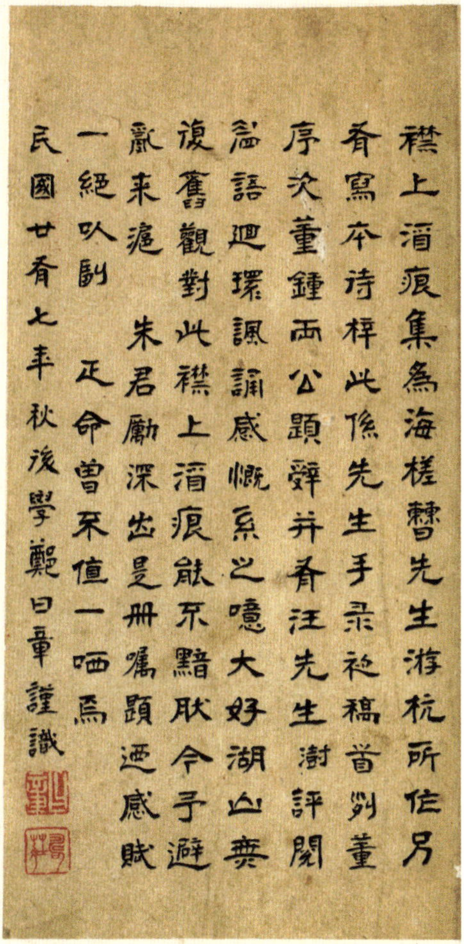

襟上酒痕集為海槎蟄先生遊杭所作另
香寫本詩梓此係先生手录舊稿曾別董
序次董鍾兩公顯弇幷香汪先生澍評閱
蓋語迴環諷誦感慨系之憶大好湖山共
復舊觀對此襟上酒痕猷不黯然今予避
亂來滬　朱君勵深出是冊囑題迺感賦
一絕叭劇　正命曾不值一哂為
民國廿有七年秋後學鄭日章謹識

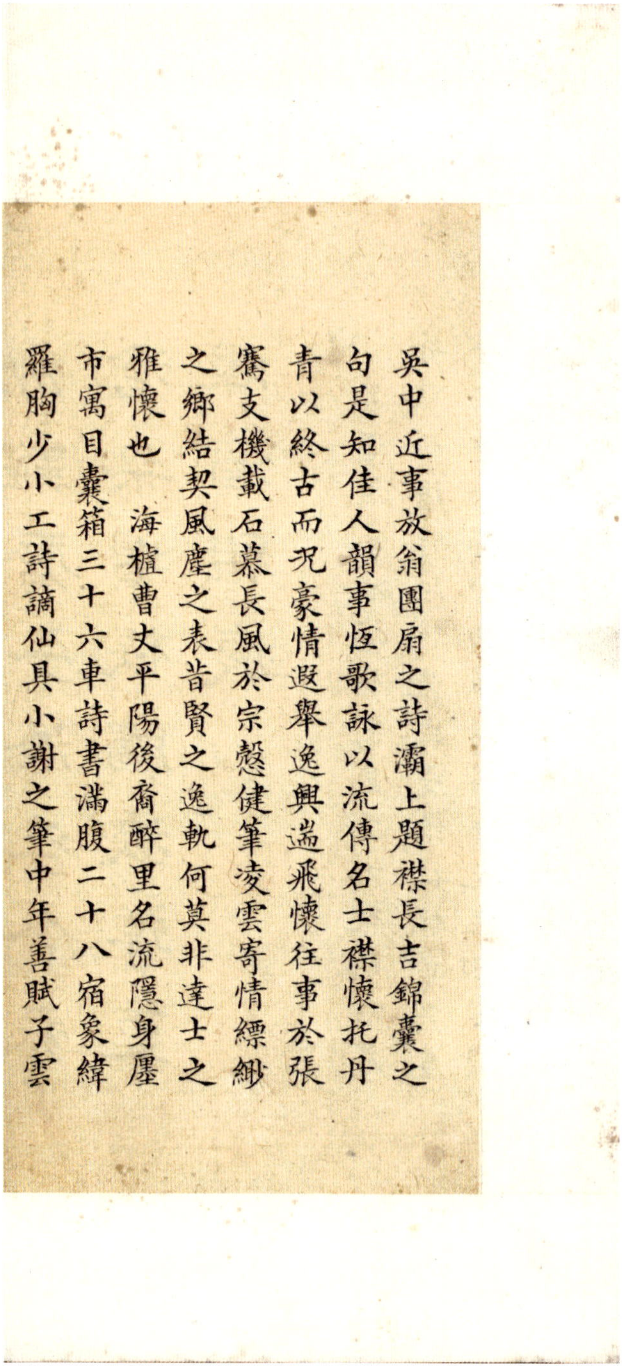

吳中近事放翁團扇之詩瀟上題襟長吉錦囊之
句是知佳人韻事恆歌詠以流傳名士襟懷托丹
青以終古而況豪情邈舉逸興遄飛懷往事於張
騫支機載石慕長風於宗慤健筆凌雲寄情縹緗
之鄉結契風塵之表皆賢之逸軌何莫非達士之
雅懷也 海槎曹丈平陽後裔醉里名流隱身屠
市寓目囊箱三十六車詩書滿腹二十八宿象緯
羅胸少小工詩謫仙具小謝之筆中年善賦子雲

一〇四 海槎圖題辭一卷 （清）曹大經輯 稿本 周通彥題簽

鄭曰章跋 一册 浙江圖書館藏

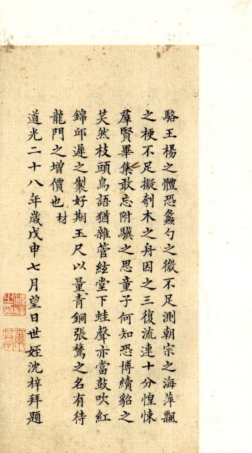

駱王楊之體恐驢勺之微不足測朝宗之海漳飄
之梗不足擬剞木之舟因之三復流連十分惺悚
摩賢畢集敢忘附驥之思童子何知恐博續貌之
笑然枝頭鳥語猶雜管絃堂下蛙聲亦當鼓吹紅
錦邱遲之製好期玉尺以量青銅張鷟之名有待
龍門之增價也材
道光二十八年歲戊申七月望日世姪沈梓拜題

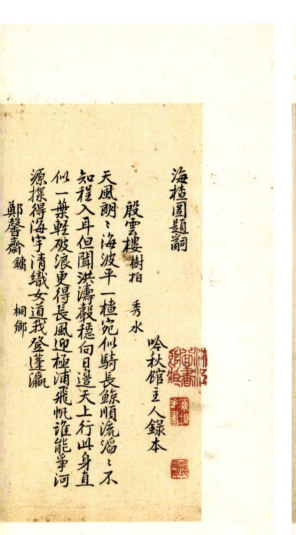

海楂圖題嗣

殷雲樓樹柏　　秀水
　　吟秋館主人錄本

天風朗朗海波平一楂宛似騎長鯨順流滔滔不
知程入耳但聞洪濤報穩向日邊天上行以身直
似一葉輕破浪更得長風迎極浦飛帆誰能掌河
源探得海宇清織女道我登蓬瀛
　　鄭馨齋鏞　桐鄉

浮海乘槎寄此身超然人去軼
紅塵故鄉淪陷詩猶在遺墨流
傳萬古新
海槎曹先生秀水濮川人乞布
衣工詆嘗倩董樂園先生繪畫
徵頤經洪楊亂畫供乎不可得今
朱君勵深訪得沈北山徵君手

書序言及先生手录殷雲樓等
及先送祖馨並拙言兩公題
辭九二十家又供名題稿一頁
彙裝一冊丙子識跋子思緫經
塵刧而得重覯是冊甚為希香
之事爰賦一絕叺誌囙緣云
民國第一戊寅秋八月鄞日章顥于滬寓

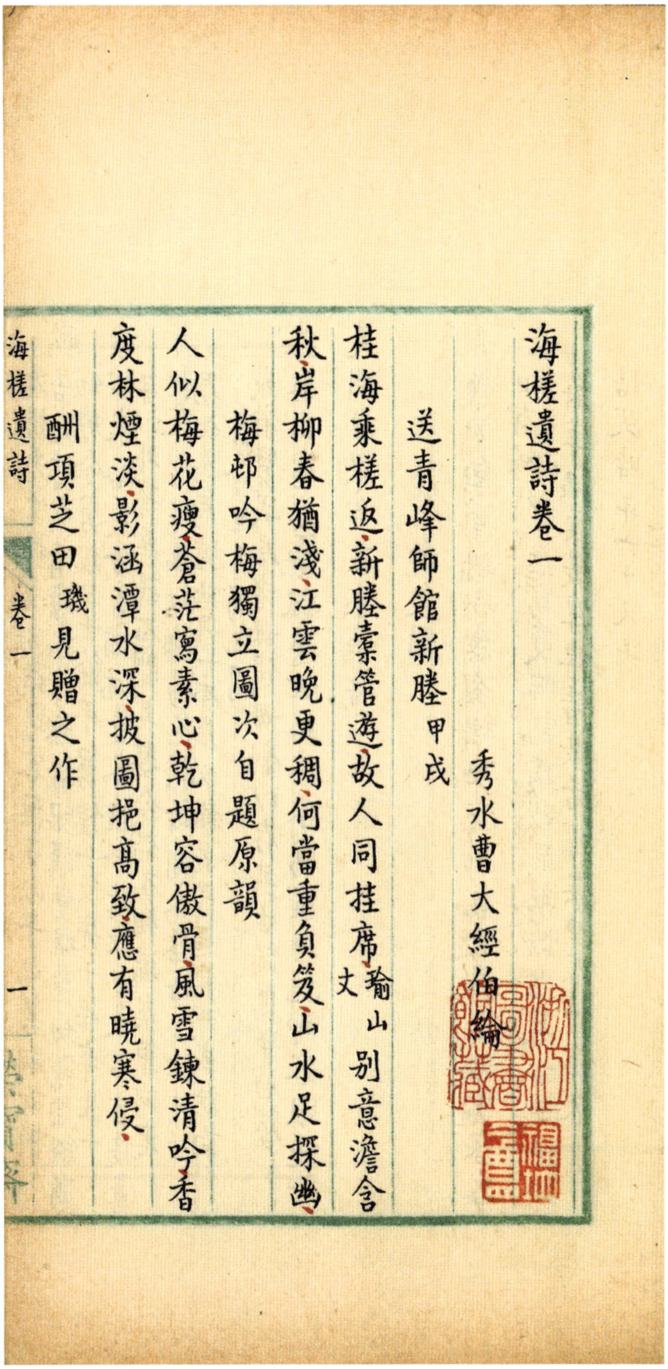

海槎遺詩卷一

秀水曹大經伯綸

送青峰師館新塍甲戌

桂海乘槎返新塍橐管遊故人同挂席翰山別意澹含
秋岸柳春猶淺江雲晚更稠何當重負笈山水足探幽

梅邨吟梅獨立圖次自題原韻

人似梅花瘦蒼茫寫素心乾坤容傲骨風雪鍊清吟香

度林煙淡影涵潭水深披圖把高致應有曉寒侵

酬項芝田璣見贈之作

海槎遺詩 卷一 一

一〇五 海槎遺詩四卷 （清）曹大經撰 民國抄本 二冊 浙江
圖書館藏

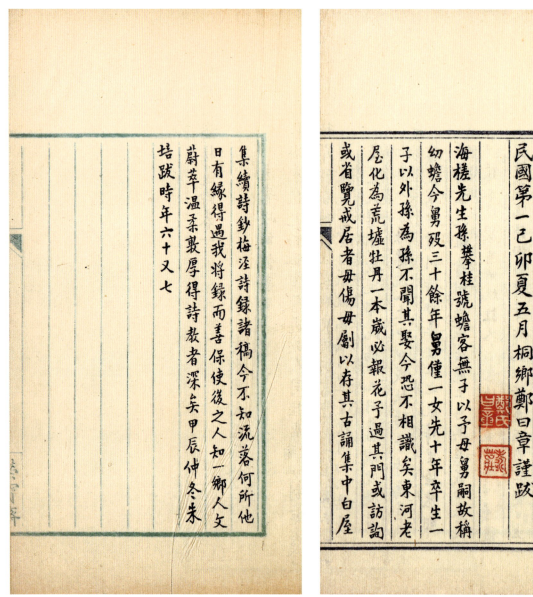

卷兹不采入而誦是編者雖未窺全豹已畧見
一斑矣編既定乃弁數語以誌顛末云

民國第一己卯夏五月桐鄉鄭日章謹跋

海樓先生孫攀桂號蟾客無子以子母舅嗣故稱
幼蟾今舅歿三十餘年舅僅一女先十年卒生一
子以外孫為孫不聞其娶今恐不相識矣東河老
屋化為荒墟牡丹一本歲必報花子過其門或訪詢
或省覽戒居者毋傷毋劇以存其古誦集中白屋

集續詩鈔梅涇詩録諸稿今不知流落何所他
日有緣得遇我將録而善保使後之人知一鄉人文
蔚萃溫柔敦厚得詩教者深矣甲辰仲冬朱

培跋時年六十又七

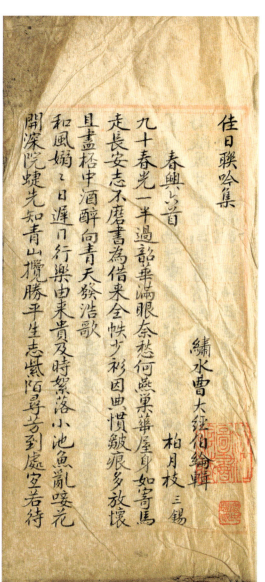

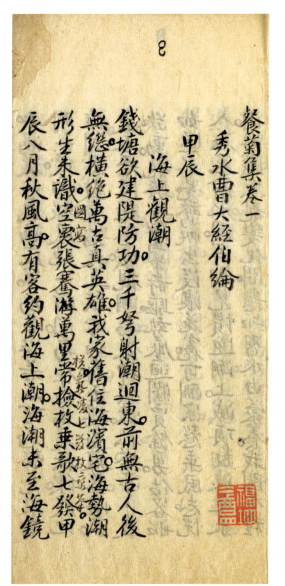

佳日聯吟集
繡水曹大經伯綸輯
　　柏月枝 三錫
春興四首
九十春光一半過韶華滿眼奈愁何與巢華屋身如寄馬
走長安志不磨書為借來全帙少衫因典慣皺痕多放懷
且盡樽中酒醉向青天發浩歌
和風嬌日遲門行樂由來貴及時鬗落小池魚亂嗾花
開深院蟣先知青山攬勝平生志鬗陌尋芳到處空若待

餐菊集卷一
　秀水曹大經伯綸
甲辰
海上觀潮
錢塘欲建隄防功。三千弩射潮迴東。前無古人後
無縱橫絕萬古真英雄。我家舊住海濱宅海勢潮
形生朱讖空襄張騫游萬里常撿校乘歌七發甲
辰八月秋風高有客約觀海上潮海潮來至海鏡

一〇六　曹伯綸叢著十種　（清）曹大經撰　稿本　十七冊　浙江
圖書館藏

8

硯以靜壽室詩鈔

秀水曹大經志翁

乙卯三編

一、題黃道士堅遺畫棧道圖卷

咨聞五丁鑿嵂嶪天開畫一本撐秋空。雲飛石走森

劍鋩。百步九折入烟通截峭三峽遒岷江懸流絕

壁崢長雄公孫據似井底蛙諸葛運擬雲中龍舟

車馬步凛畏途。利名性命輕飛蓬元州道士出餘

落葉詩

鍾梅邨賢祿

庚辰九秋余小病新瘥索居多暇搔首西風

驚沁短鬢一胸疏雨飄零不盡蒼蒼幾樹翀

霜點綴偏饒蓴蔼嘆春光芳莫館綠陰空圍

觀秋色之可憐黃雲滿隴亂烟渡口影蕭隔

浦漁刺寒鵲林間鄉晉雜空山推俊門掩夕陽

人崦斜月小橋流水蒼分葭崢千堆深巷迴

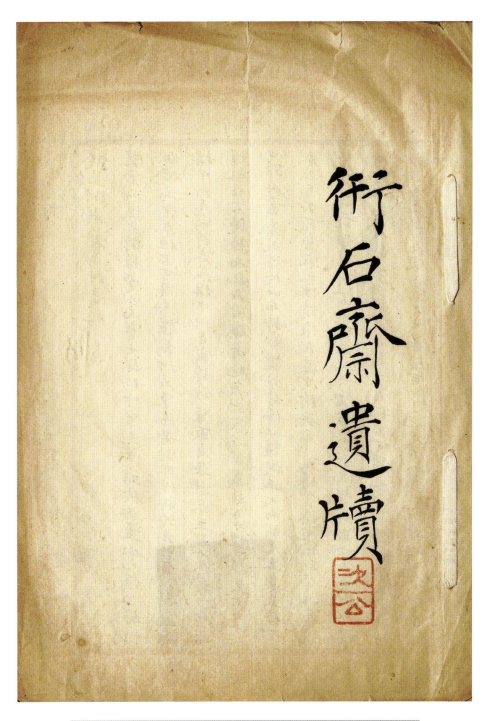

一〇七　衍石齋遺牘一卷　（清）錢儀吉撰　清抄本　邵瑞彭題簽
一册　浙江圖書館藏

衡石

錢星湖(?)與蘇萮村手札

某君所選之詩雖費力而實大謬於汴中先單非徒無益而已僕因發憤

欲重為定本但不可同其體裁抑若爭勝者則非僕所願為也再四斟酌欲

輯中州百家詩存或稱中州百家詩鈔皆取有集數卷至數十卷者一篇一詠

雖絕唱不得錄而記名附驥者絕矣大家名家累數百篇可錄豈不大快人

心耶此書若成勝於山左詩鈔幾輔詩傳以體例正大而諸先生集至若干

卷必有不可磨滅之性情惟在綴其精英耳或謂當輯中州名賢小集僕

以後人與前賢同列不必皆名人大儒若李子沆即是未一家不可以輯

名賢而集有詩文今鈔出百數十首亦不可謂之小集也若輯百家詩鈔

存或詩或多於百家或八九十家皆可耳記足下睿屈指計之可以有百餘

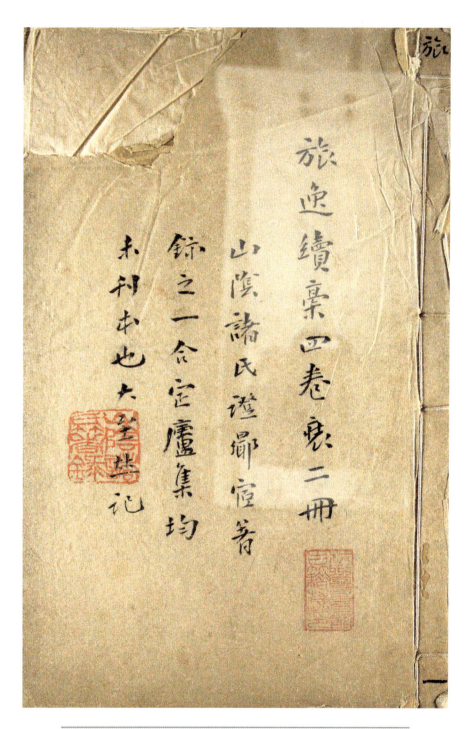

一〇八　旅逸續橐四卷定盧集四卷　（清）錢儀吉撰　清抄本
五冊　杭州圖書館藏
存七卷（旅逸續橐卷一至四、定盧集卷二至四）

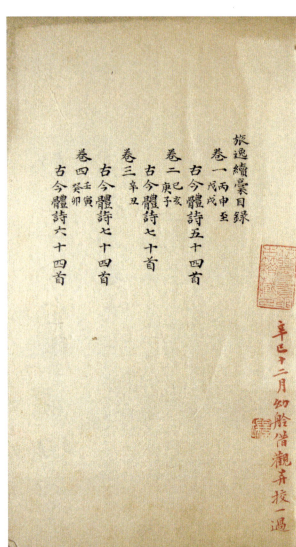

旅逸續彙目録
卷一戊戌丙申至
古今體詩五十四首
卷二己亥庚子
古今體詩七十首
卷三辛丑
古今體詩七十四首
卷四壬寅癸卯
古今體詩六十四首

辛巳十二月初於借觀并校一過

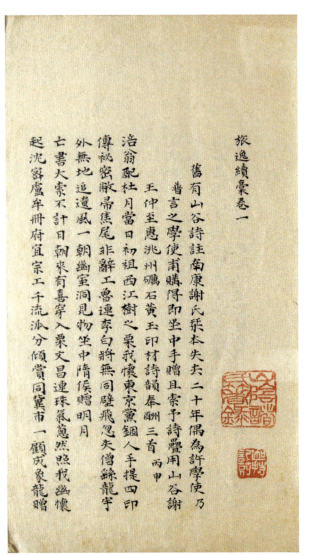

旅逸續彙卷一

舊有山谷詩註南康謝氏梟本失去二十年偶為許學使乃
普言之學使甫購得即坐中手贈且索予詩體用山谷謝
王仲至惠洮州礦石黃玉印材詩韻奉酬三首　丙申
沿翁配杜月當日初祖西江樹之栗我懷東京黨錮人手提四印
傳秘密散帛焦尾非辭工魯連夸白將無同壁飛忽失僧餘龍宇
外無地追遺風一朝幽室洞見物坐中隋侯贈明月
古書大索不許日朝來有喜穿入粟文昌連珠氣藹然照找幽懷
起沈客盧牟冊府宜宗工千流派分傾賞同冀市一顧成象龍贈

錢氏疏草序　　　　　　　　　　王崇簡　苑平人
　　　　　　　　　　　　　　　　　　　　　諡文員

嗚呼明天啟寅卯之際魏忠賢以一閹官擅天子大權且五六年

祠宇徧天下至與孔廟孝陵並峙頌語不倫有至聖至神多福多

壽或以九千歲為稱皆見之章奏而無忌上之詔旨必以廠臣並

行下之啟事書陛下必書上公三從聲威鷹公侯伯之封而明之

世臣豐城侯且以王封請羣逆効謀有不待九錫之命袖中之詔

之勢俄而天啟晏駕崇禎踐阼斯剝極而彶之時矣在廷猶瞻顧

不敢發一言一旦以二冑監列其十罪以進通政司猶拒之不納

遂幷糾之始得上達斯時也錢嘉徵之名聞天啟天啟七年十月

二十六日也十一月魏忠賢遂遣謫自經於途旋戮屍懸首阜城

一〇九　錢氏疏草二卷　（清）錢瑞徵原輯　（清）錢儀吉輯

（清）錢志澄再輯　清抄本　一册　上海圖書館藏

錢氏疏草卷一　鶴庵府君諱瑞徵原輯　來孫儀吉重輯
仍孫志登謹再輯

臨江府知府琦家譜號東畬

家乘上世何氏明初貴四公以逋賦成都与幼子裕寄

育於錢始易姓次子寔庠生寔次子達達長子珍貴號字公

兩涯次子琦進士歷官郡守著臨江集十四卷錢子測語

雰史等書

薛應旂浙江通志錢琦字公良海鹽人正德三年進士

授盱眙知縣流寇入境竭力戰守邑賴以全歷南京刑

部郎中臨江知府德政懋著尋請老歸教子姪相繼登

第義聞孚於鄉族

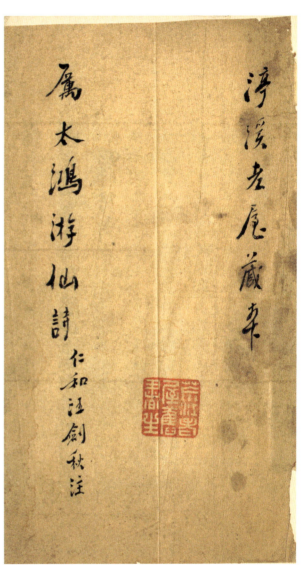

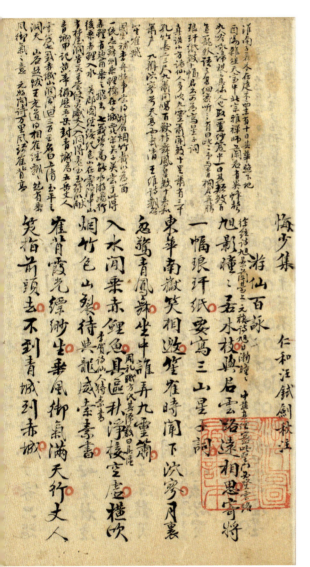

一一〇　游仙百詠注三卷　（清）厲鶚撰　（清）汪鉽注　稿本
管元耀題簽、跋并過録　清管庭芬跋　一册　浙江圖書館藏
第二批《浙江省珍貴古籍名録》，名録編號 00336

按此書為仁和汪文劍秋之遺稿□ 族曾祖

芷湘老人所偁作杭城友人之原本也輾

轉流傳為吾鄉張氏所藏今春得見

於張君默孫家愛玩之餘即蒙見贈

喜不旬已即以藏之行篋重九日風□

兩□淒絶無聊緘閲一過借破岑寂爰

識數語并錄芷湘老人手鈔此冊跋

語於此時

宣統元年九月九日海昌管元耀書於

靜得軒

吳長公自梁溪移家來杭用沈陶菴題石田有

竹莊韻奉簡

高人雅愛城東住　與我樓遲共一川　相望無多春樹

外經過只隔野橋邊　栽花更躅三○　徑煮茗休尋二

○泉爲話越游吟　共在凉秋重泛鏡湖煙　崔林玉露周孟公訪楊誠齋于

南溪詩云回環自闢三、徑尤巴萬柳溪邊舊話　兵待公棻于許合山中
鑿地得泉不異二泉名之曰二、泉、蓋在梁溪也

晚春感興

水外茅檐竹裏扉　閑窗人靜試單衣壓枝梅子多難

數帖地楊花貼更飛　白日如年娛我老綠陰似火

春歸如何尚著齋鹽累又理雲帆別舊磯

京口聞蟬　五月二十六日

兩月鄉心不自聊　兩絲初歇早乘潮一聲

一一一　樊榭山房集注不分卷　（清）厲鶚撰　佚名注　稿本
一册　浙江圖書館藏

西湖遊覽志雲青生塢大半為法華山臺隱山後可里許過此十丈為雲深西湖覺隱志西湖北山之東有雲間圖雲覺真隱卮律寺有丘法華僧雲隱圖四名山

游興門洞

陰竇絕曦景石雨垂癯龍白雲懶不收繚繞東嵒松

定僧涌壁像海眾驚靈瀫藤花拂又落暝聞烟際鐘

花塢二首 錢唐縣志在法華山之塢杭州府志以多花名地絕幽邃多古春

法華山西山翠深松篁蒙密自成陰團瓢更在雲深

虞惟有樵風引磬音

白練鳥從深竹飛春泉淨綠上人衣分明孟尉授金

瀨吟到日斜猶未歸

孟東野為溧陽尉邑有投金瀨平陵城愛其林水幽勝日常往來賦詩而業牘自理

秋夜宿葛巔涵青精舍二首

笑看圓月上前峰塔影微瀾卧玉龍林際窺人太無

浣香山房吟艸

春日雜詠

晴暉暖透碧窻紗景色宜人處處嘉宿麦千畦分浪

潤炊烟一縷受風斜天涯芳信如相約小圃新叢巳

試花更喜昨宵春雨足曉來香苾紫蘭芽

新晴却值雨初過風信更番次第和蛇紫嫣紅皆錦

繡啼鶯語燕亦笙歌詩求愜意因頻改酒為澆愁不

厭多如此寸陰應自惜肯教歲月任蹉跎

繽紛春色滿芳洲水際風光分外幽杜老看花渾似

霧知章騎馬竟如舟一縷烟巒情難綰幾點山橫翠

會稽董氏

一一二 浣香山房吟草一卷 （清）董滋本撰 清會稽董氏行
餘講舍抄本 一冊 紹興圖書館藏
第一批《浙江省珍貴古籍名錄》，名錄編號 00186

欲流悟到天機真活潑舞雩歌詠興悠悠

午窓何事醒幽眠隊隊兒童放紙鳶笑口欣逢歌舞

地懶情宜趁艷陽天海棠深院消春晝紅杏鬧枝鑽

暮烟獨有孤懷難自遣香溫茶熟撚纏綿

元朝轉瞬又花朝勝地尋芳每共邀眼裡烟雲初易

過胸中傀儡正難消隻柑斗酒憑君領馴馬高車間

馱驕多少英雄曾偃蹇休從吳市鄙吹簫

陌頭有女繞微行采采東風葉滿筐桑柘成陰春欲

老櫻桃乍熟曉猶凉枝間纖錦蔦梭巧花裡裁雲剪燕

忙無限風光烟景麗分明大塊假文章

小齋風味最清新雅淡天懷獨見真且愛入簾階下

炒不妨整角雨中巾鐘鳴野寺聲何遠鳥近閒窓性

赤馴紫燕呢喃如解語檐前常喚看花人

何妨我亦甍花傭課雨古晴學老農一榻且抛塵外

事三春常保鏡中容小炉煎沸茶初熟古硯磨四墨

正濃賴有詩情骶破寂踈簾舍月映重重

春水

春水綠漪漣晴光色漾鮮梛涵波影縐魚戲浪花圓

好雨添新漲輕舟蕩碧川沙汀人静霧鷗鷺自閒眠

春草

浣香薇盥露捧卷月憑欄詩格隨年老酒懷與
日寬人情岐冷暖世路一夔艱獨得吟中趣拈
髭會古懽

此越巢董師雍題浣香詩稿越巢家紹興南
門外入武林藉中舉後大挑知縣後復殉難
吾宗叔也邨復記之同治元年東坡生日春
生偶筆

會稽董

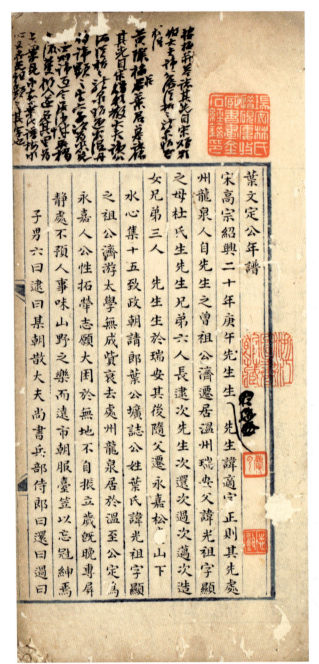

葉文定公年譜

宋高宗紹興二十年庚午先生生 先生諱適字 正則其先處
州龍泉人自先生之曾祖公濟遷居溫州瑞安父諱光祖字顯
之母杜氏生先生兄弟六人長逮次先生次還次過次邁次造
女兄弟三人 先生於瑞安其俊隨父遷 永嘉松 山下
水心集十五致政朝請郎葉公壙誌公姓葉氏諱光祖字顯
之祖公濟游太學無成賞哀去處州龍泉居於溫至公定為
永嘉人公性拓犖志願大困於無地不自振五歲既晚專屏
靜處不預人事味山野之樂而遠市朝服臺笠以忘尅紳焉
子男六日逮曰其朝散大夫尚書兵部侍郎曰還曰過曰

一一三　葉文定公年譜不分卷　（清）孫衣言撰　稿本　二冊
浙江圖書館藏

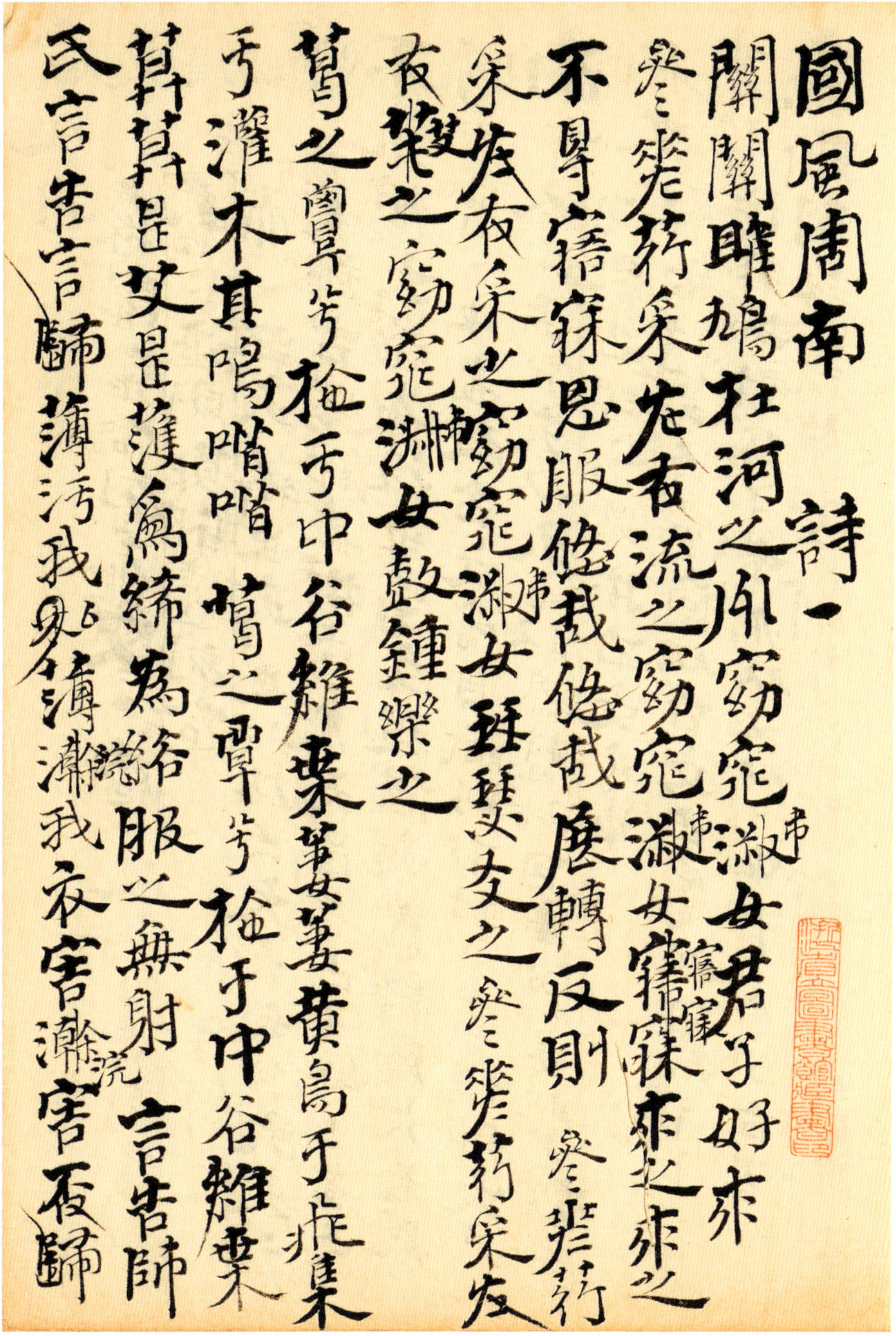

國風周南 詩一

關關雎鳩 在河之洲 窈窕淑女 君子好逑
參差荇菜 左右流之 窈窕淑女 寤寐求之
不得 寤寐思服 悠哉悠哉 輾轉反側
參差荇菜 左右采之 窈窕淑女 琴瑟友之
參差荇菜 左右芼之 窈窕淑女 鐘鼓樂之

葛之覃兮 施于中谷 維葉萋萋 黃鳥于飛 集
于灌木 其鳴喈喈 葛之覃兮 施于中谷 維葉
莫莫 是刈是濩 為絺為綌 服之無斁 言告師
氏 言告言歸 薄污我私 薄澣我衣 害澣害否 歸

一一四 古金石文字叢著二十種 （清）龔橙撰 稿本 高時顯題簽 清寶琦觀款 清何紹基觀款并跋 二十二冊 浙江圖書館藏

表森滕今并合别泰文一卷

表森二坐别郎邱壹坐别合

未三夫二御史夫二史此达占大夫余兑大夫二
篆森古器銘篆彬上夫因者占一如占者占
甲大益者後巾膚司文設借與義用系大夫殿
實巾書設古文者自識此彬許米重但知大夫益
人彬而兑夫从大一公為轉山同如與吳此夫森篆
同證古器合為彬古文者也
辭吾許篆上寶窗从古文占變此同知三見
彬非如許合于十九从又从巾十亦字古器石

合刻文字系一卷

遠平五年郡撰史合工刻

上八篆遂分入不別此猶可正

郎卷上 同補古文

新始遠國候鈐字

于尚由同正篆曲吳

遠武中元二年蜀郡大守何君沿道刻

尚由同正社七上吳法

平七末已官鈇盍字

分应隸

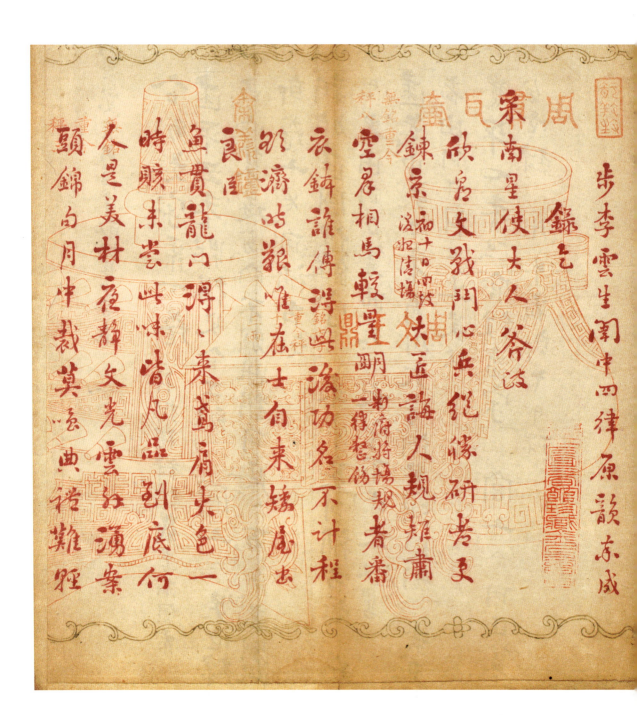

一一五　章鋆詩文稿不分卷　（清）章鋆撰　稿本　二冊　浙江
圖書館藏

第二批《浙江省珍貴古籍名錄》，名錄編號00384

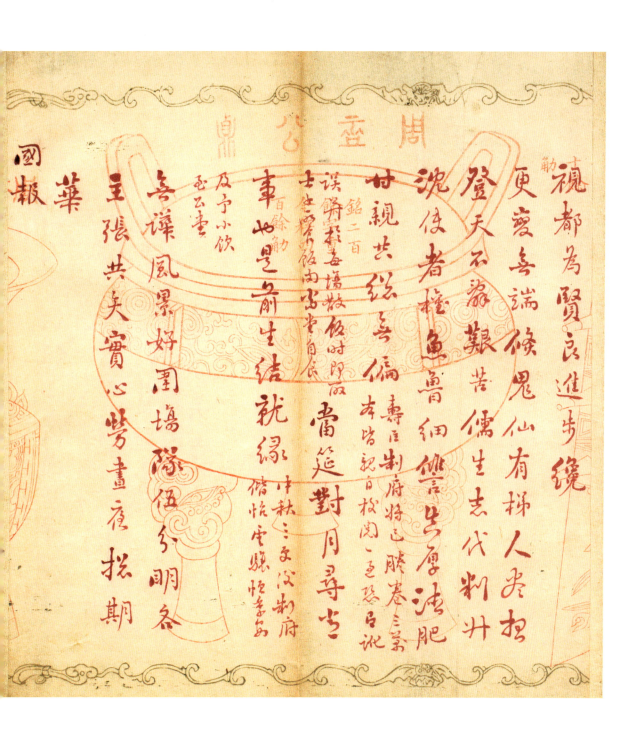

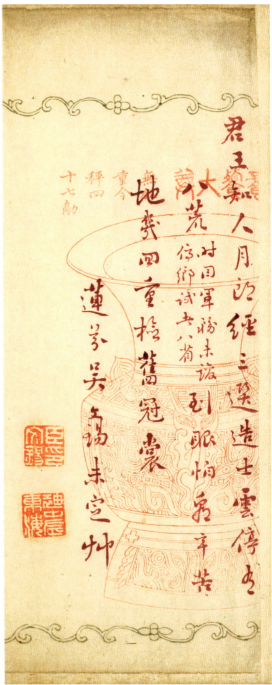

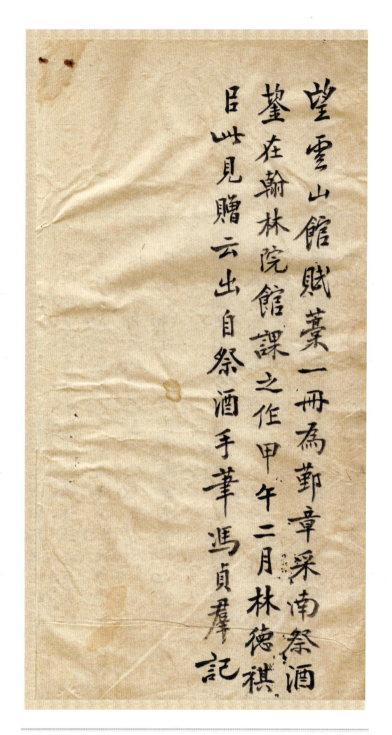

望雲山館賦藁一冊爲鄞章采南祭酒鋆在翰林院館課之作甲午二月林德祺呂此見贈云出自祭酒手筆馮貞群記

一一六　望雲山館賦稿不分卷　（清）章鋆撰　抄本　一冊
寧波市天一閣博物院藏

豐年為瑞賦以五鳳廿雨歲豐穰為韻

昔宋仁宗治懋經邢志期復古卻異物而弗珍○

冀釀膏之遠普屏書無逸彈乾惕於深宮史紀

有年○慶豐亨於寰宇○吳事芝房獻瑞○捉生誇摧

秀之三○惟期蕃廡呈祥時叙協休徵之五夫以

朱柯蠶蠶叢叢○品實高乎蘭莔兆原應乎

棣通產自南邢競說嘉祥之見○貢來北闕市眧日若使

福應之洪苟其譜以畫圖或等華平映日○若使

垂諸簡冊何殊蓮蒲搖風然而徒擱頌德之詞○

易啟貢諛之習昔祥莩之改元亦獻芝於下邑○

使夫天書之既競肆鋪張○封禪之儀諮相沿襲○

君心奚自而格非民事孰知其孔急曷若倉箱

並積取禾而數紀萬千○耕食鑿飲之務是塵作貢

三十乃詔廷臣乃咨農父力田之制用而年通

之珍勿取任彼物華挺秀呈璀璨於六英但求

德產效靈○卜充盈於四鬴圖披瑞應○惟陳姬旦

之醞風兆祝綏豐當念君牙之暑雨○於、觀刈

情殷勤耕惠逮果名靈符爰孚神契眇眇眇於

夏甸穎歧令雙瞻膴膴於周原秉遺穗滯蟥通叶○

吉信善政之夾養民魚夢徵祥慰羣情之望歲況○

乎忠良輔僚寀和衷○鄭潞交襄偉業○范韓並贊

元功用能懋登上理慶洽大同三○階平則風○雨

時瑞徵璧合五穀熟而民人育瑞兆墻崇可知

拔筮芋茹務陳善而納誨愈識艱咨稼穡占時

和而年豐我

朝典隆耕耤○

澤洽降康○

宵旰時勤夫圖治春秋持重夫

省方○百穀用成戶晋嘉禾之頌○三時不害○人賚華泰

之章欣覿氣淑年和○

盛治式調夫玉燭始信地符天瑞亨嘉實應乎金穰○

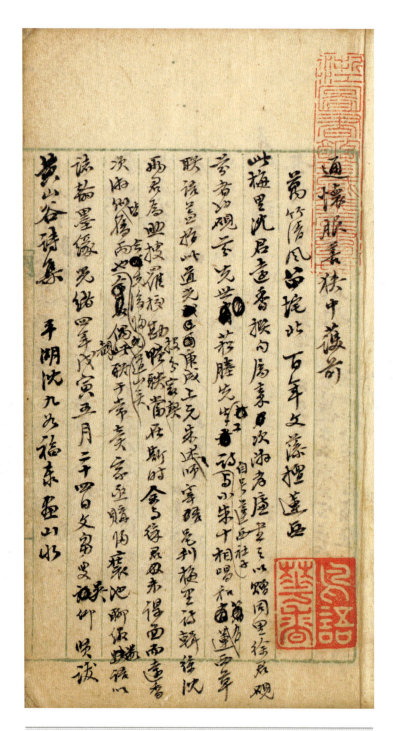

一一七 小匏庵隨筆八卷 （清）吳仰賢撰 稿本 八冊 浙江
圖書館藏

存七卷（卷一至三、五至八）

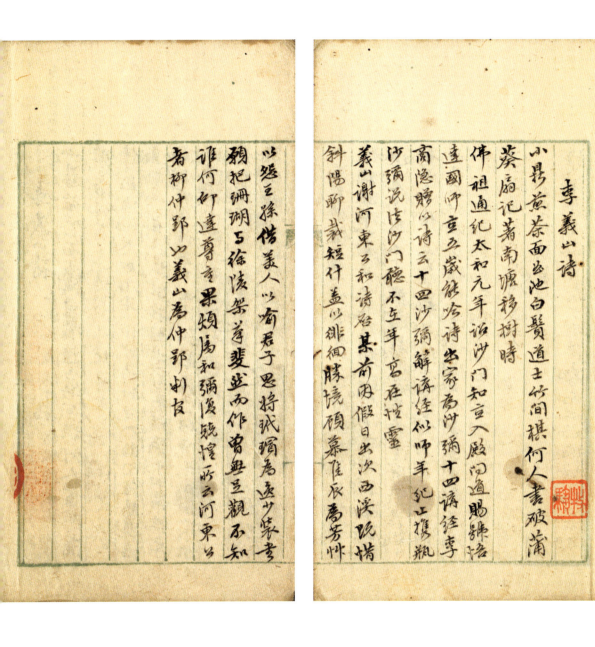

李義山詩

小鬟燒蔡面必池白賢道士竹間棋何人書破蒲

葵扇記著南塘移樹時

佛祖通紀太和元年詔沙門知玄入殿問道賜辮悟

達國師宣五歲能吟詩出家為沙彌十四誦經專

商隱贈必詩云十四沙彌解講經信似師年紀正携瓶

沙彌說法沙門聽不左年宮在桂靈

義山謝河東云和詩君某前因假日出次西溪玩惜

斜陽卿裁短什蓋必排細膝境顧慕惟辰為芳卅

以牋豆孫借美人必昏君子思將玳瑁為簪少裝書

賴把珊瑚勺徐陵架善斐並而作曾無豆觀不知

誰何卿遠尊意果煩為和彌漫竟慎昕云河東必

者柳仲郢必義山為仲郢州友

李太白詩既死明月既
無復破滴魂拘魏顥李翰林
集敘載白初娶許生于曰明月奴又合于魯一婦人生子
曰破滴又娶元五年白子伯禽亦嘉興監使浦下揚雞
藍官與蔡侍郎中神少為橋死　太白有珠曰月園宥
曰平陽　碌詩曰含婷吞齋眉
漢書渭蔡邕曰蔡琰波此地曹操嘗為墓義痛其气
翩乃遣使共以金璧贖之而重豫于董祀余捄晉長后
妃傳景獻羊皇后父道工黨太守母陳茵蔡氏漢左

袁簡齋不知明
月既降是太白
子故江此三句為
不可解
太白有逸酒手扈
山小道士吞騰雲詩
扵騰空李詩甫女

小龕養隨筆

揚雄酒箴

子猶瓶夫觀瓶之居二井之眉處高臨深動常帶
近危酒醪不入口臧水滿懷不得左右牽扵縲微
一旦奠礙為巑所提茇泉骨肉為泥自用
如此不如鴟夷鴟夷滑稽腹大如壺盡日盛酒人
復借酤寺為國器托扵屬車出入兩宮經營公
家獨是言二酒何過乎

又答劉歆書節

雄為郎之歲自奏少不得學而心挬沈博絕麗廣之

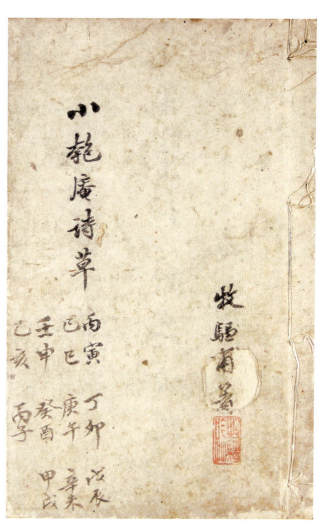

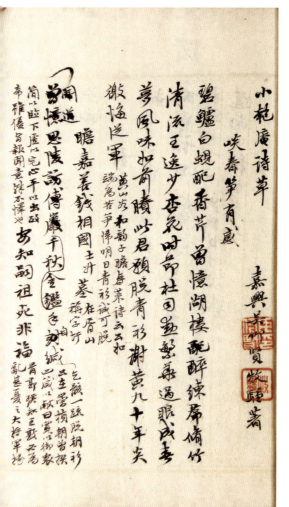

一一八　小匏庵詩草不分卷　（清）吳仰賢撰　稿本　一冊　嘉善縣圖書館藏

第三批《浙江省珍貴古籍名錄》，名錄編號 00565

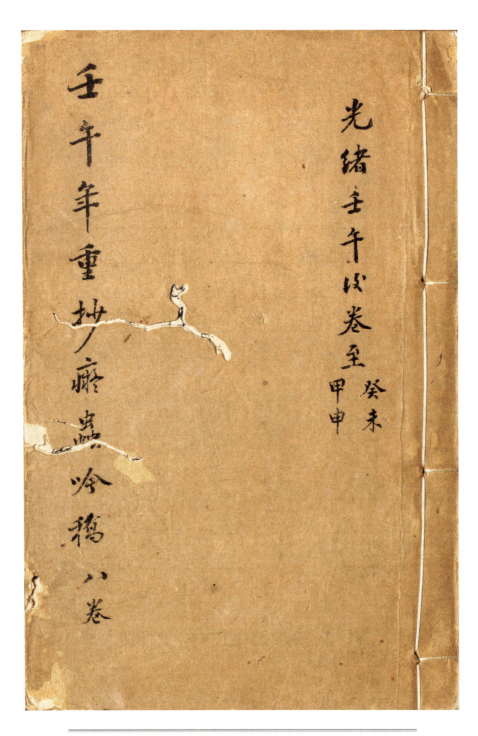

一一九 癡蟲吟稿兩種 （清）鮑存曉撰 稿本 清俞廷颺批并跋
清鄭錫田批校 清馮寶昌 清鄭錫田跋 二册 浙江圖書館藏

大凡東波白来白節那〇〇〇〇〇〇車塵厭倦敦雙輪一彈行吟

鑑曲濱妷輯多情原本色偶芒苔憤心天真科名

甘願前輩靈忬不磨証成困留的最行詩白在

流風餘韻想斯人驅軀身價待評論德澤磨

随子降存畢世咸深師友籠陶極心榮國家恩

君山風雨十秋李荒署燈寒五夜痕讀罷君在

歌一曲霜天暗陝燉輸視　　　時光諸千年十月志屏

小弟鄭錫田拜讀題詞〇東江贛署

進柳西入舊花院水高山威部総知已而今乞鮑

教閒官依舊芙馮唐元花歴起蕭閒悉月寓讀飄

照屋梁枢我曰農倨惘悵残篇對白不成行

此波按訂用遵車閒有價易二字寫其小註白有刪閒盖寅翁喬日摘

作此幸採随子註入此时村梗庭加料酌枸你肩正行馬君表見相合而眈

兹也院會此真寫安筐又足於舍而靖嬌遣不敢辟然車抹建殊形

不恭之不叙自信為儒情之秋鐫心反不為美違賀兮再賀兮大稚兮

君子〇〇〇〇〇〇〇〇兄滿兩戍有錫田再拜远莫識

癡蟲吟稿自敘

癡蟲不知本何書亦不詳其狀類細君河陽氏以余鍾情特甚
嘗與蕭山孔三雪莊氏為莫逆交乃戲謂曰子與孔某竟是兩
個癡蟲余喜其造語新且達肯余之本態也遂鎸一小印以自
號癡蟲性煩癡好吟咏苦無詩才然情不自禁時輒鳴鳴作不
平鳴遂得遺棄未嘗留稿亦并不計句之工拙也厥後與雪莊
別情無所寄嘗寄於詩兩月餘唱和甚夥由是一一手錄之
偶檢舊篋於殘脂賸粉中得昔年題箋舊紙備時光景宛然可
思自念束髮以來便以情種自命等閒風月半從愁裡過生迗

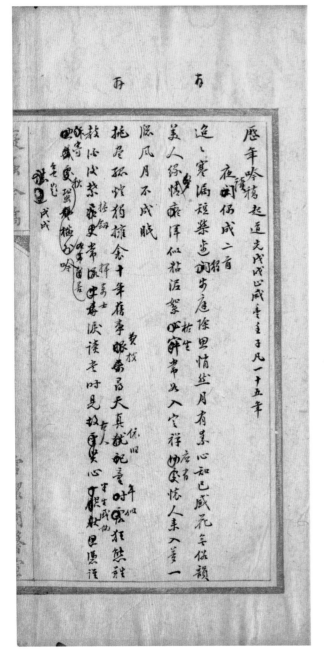

歷年吟稿起道光戊戌迄咸豐壬子凡二十五年

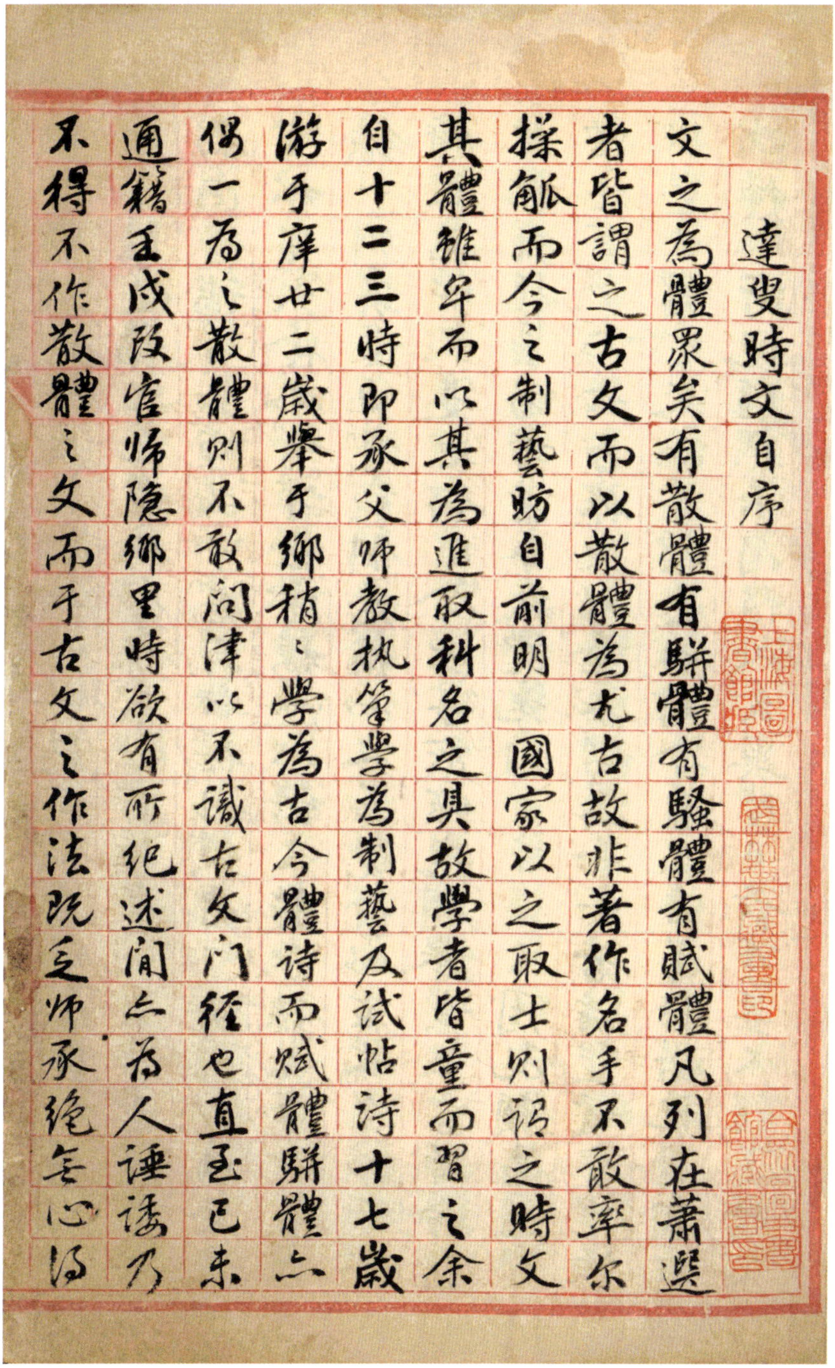

達叟時文自序

文之為體眾矣有散體有駢體有騷體有賦體凡列在蕭選

者皆謂之古文而以散體為尤古故非著作名手不敢率爾

操觚而今之制藝肪自前明國家以之取士則詞之時文

其體雖卑而以其為進取科名之具故學者皆童而習之余

自十二三時即承父師教执筆學為制藝及試帖詩十七歲

游于庠廿二歲舉于鄉稍稍學為古今體詩而賦體駢體六

偶一為之散體則不敢問津以不識古文門徑也直至未

通籍壬戌段官师隐鄉里時欲有所纪述閒亦為人誦诔為

不得不作散體之文而于古文之作法既乏师承絕無心得

一二〇　達叟文稿不分卷　（清）嚴辰撰　稿本　盧學溥跋　四册
上海圖書館藏

時文以此為人所有見而訾其不合古文作法則謹謝之曰此
固時文也余之生也王太夫人夢為浮屠再世今余口謅浮
屠氏之說以為藏拙之地甚六有香火因緣卯特冠　朝考
論疏而篇于首以記　君恩六累仿唐宋人以告身冠全集
之意制藝六丁作散體詳者輒云以左欠為時文猶愧余十
六歲時曾作宋牪㐲之楚題散文一篇極為父師所責也故六
俟為舉子業刈師㧁戒其為散文誼此體不利場屋不但兄賞于
遂不復作而已朱會揚之孟藝竟作散文一篇不兄賞于　闈墨而
序師座師且為都門採選政者所錄取故雖未刻入闈墨而
竟為入選　所錄墨選空羣余己未次三和藝皆仍入選

即以此文為殿以副時文之名經此庫右文時文而混同之
作俑之譏六所不辭矣是為序
光緒庚寅閏二月朔日桐鄉勞乃宣作書呈下之筆范炳頎

請祀鄉賢公呈代作

竊惟月旦重鄉人非阿私其所好春秋責賢者疾没世
之無稱所以俎豆粟新章必俟三十年之後枌榆懷舊
德難忘二千石之良故雲南順甯府知府嚴公諱廷珏
系出富春慧同江夏飲香名於早歲稟至性於少孤母
存而色笑常承固人言之無間親殁而音容如在更子
道之難能雖效剔股於鄠人略殊守身於曾氏而考唐
宋元明之史傳並登張劉胡夏之姓名竊閒
聖朝求忠於孝之經
旋孝久除夫苛論況在故宦移孝作忠之後効忠歷著

夫循聲頌治象而劇郡移官林文忠薦賢有疏拯哀鴻
而毀家紓難曹文正歡賞有詩仿道于水於畿渠實得東
牀之治譜邸餽金於五夜永留南詔之廉名顧其出報
君恩忡悃能傾夫蔡蕫先已處為鄉堂典型早著於梓
桑為及幼而開堂拯其淪弱法無遺以啓會惠及嫣嬬
減下戶之租則感頌周於里巷焚宗若公綽羮成
於親朋教子如孔明乃挺葛瞻之節敦交之券則義聲播
柳瀆之賢世多為富不仁此獨以行仁而失富人每為
貧而仕乃轉因求仕以得貧雖慳命有文章科第必俟
之後起而等身留著作才華克配夫前修湖男忠女孝

之貽謀足為一邦鄉生色舉里豆簿邊以報亨請從
九陛邀
恩

甥馬瑞熙謹校選

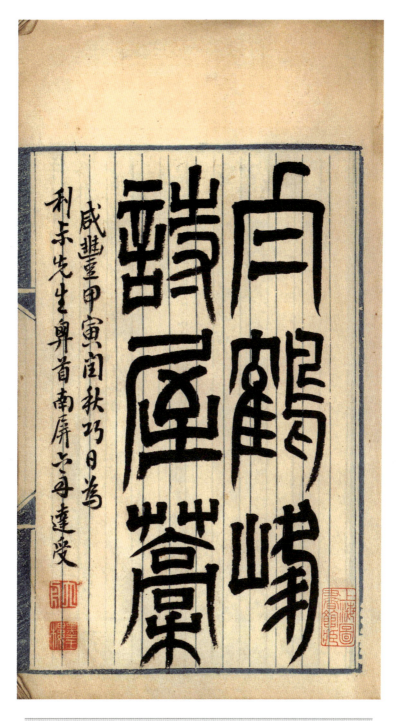

一二一　白鶴峰詩屋初稿四卷存稿二卷欲寡過齋詩存二
卷存稿二卷　（清）楊象濟撰　稿本　五冊　上海圖書館藏

館藏單位原題：白鶴峰詩屋初稿六卷欲寡過齋存稿四卷　（清）楊象
濟撰　稿本

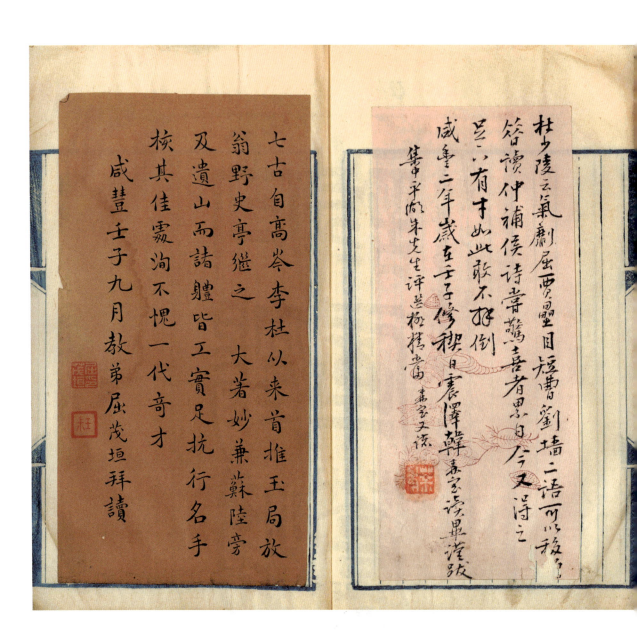

七古自高峯李杜以来首推玉局放
翁野史亭繼之　大著妙兼蘇陸旁
及遺山而諸體皆工實足抗行名手
檢其佳霽洵不愧一代奇才
咸豐壬子九月教弟屈茂垣拜讀

杜少陵云氣劇屋宇墨日短書劉墙二語可以救今
答讀仲補侯诗警驚喜者累日今又得之
至以有才如此猷不扶倒
咸豐二年歲在壬子修稧日震澤韓泰家讀畢謹跋
集中平俗朱先生評選校揅堂

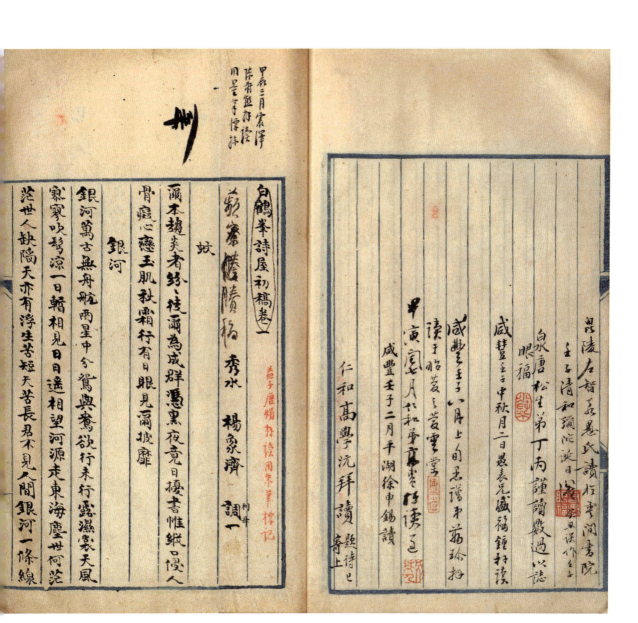

晉陵右督嚴惠臣讀此詩作率閒書院
壬子清和彌陀誕日
白水唐松生第丁丙謹讀數過以誌
眼福
咸豐壬子仲秋月二日愚表完盧稿鍾拜讀
咸豐壬子八月上旬志譜申荔琳拜
讀于帖葊之萝雲堂
甲寅窗月六和葊喜奚達讀已
咸豐壬子二月平湖徐申錫讀
仁和高學沆拜讀 題詩上
壽上

甲辰三月宦澤
陳有臨於佗陰
用墨筆標拜

白鶴峯詩屋初稿卷一

歎寧聲續稿　秀水　楊象濟　叔一

蚊

兩本趨炎者紛紛待一兩為成群憑渠黑夜竟日擾書帷縱口侵人
骨窬心戀玉肌秋霜行有日眼見兩披靡

銀河

銀河萬古無舟航兩星中分鴛與鴦欲行未行露濕裳天風
冥冥吹鬢涼一日輒相見日日遙相望河源走東海塵世何茫茫
茫世人缺陷天亦有浮生苦短天苦長君不見人間銀河一條線

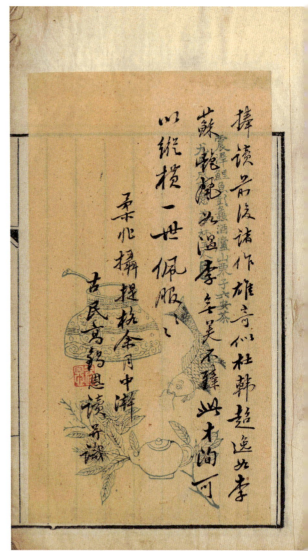

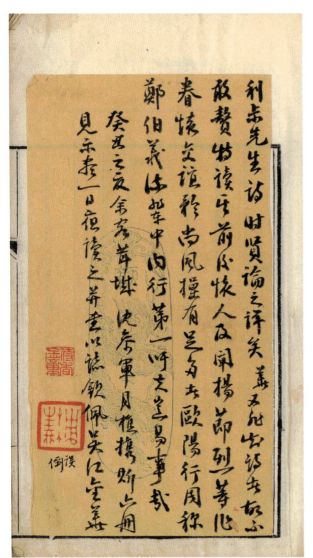

一二二　愛經居經説不分卷附詩賦　（清）黄以恭撰　稿本
一册　上海圖書館藏

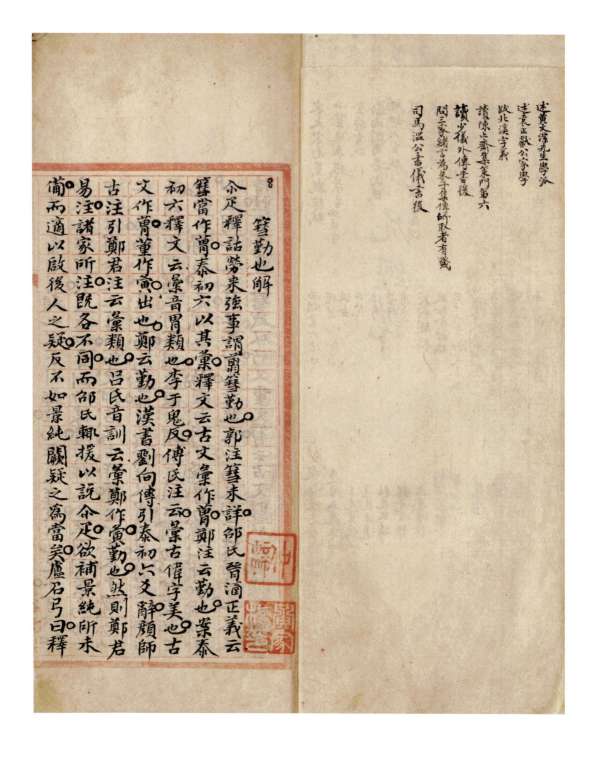

篝勤也解

佘足釋詁勞来強事謂覇篝勤也郭注篝末詳邵氏晉涵正義云
篝當作菖泰初六以其棠釋文云古文棠作菖鄭注云勤也棠泰
初六釋文云棠音胃類也李于鬼反傅氏注云棠古催字美也古
文作菖董作黄出也鄭云勤也漢書劉向傅引泰初六爻辭顏師
古注引鄭君注云棠類也吕氏音訓云棠鄭作黄勤也然則鄭君
易注引諸家所注既各不同而部氏輒援以說佘足欲補景純所未
簡而適以啟後人之疑反不如景純闕疑之為富矣盧石弓曰釋

述黃文潔先生學派
述袁正獻公家學字
跋北溪字義
讀陳止齋集第門第六
讀少儀外傳書後
問三家緒言為朱子傳所取者有幾
司馬溫公書儀書後

為之其意以為朕虞者朕之虞官爾雅釋詁朕予也以訓詁代經
文故易朕虞為予言朕虞重草木鳥獸也鄭然考漢書地理志云秦
之先曰柏益出自帝顓頊堯時助禹治水為舜朕虞養育草木鳥
獸賜姓嬴氏以朕虞為官名此必西漢經師之舊說若依茶傳以
解之則地理志之文為不辭此可以斷其謬矣汝后稷與汝共工
一例亦與汝作士汝典樂一例作朕虞與作秩宗一例亦與作司
空司徒一例古人文法甚精讀者何可不審耶

語能破的要言不煩　何松琳讀

宋太宗南薰觀稼賦　以題為韻

耕耨古風芑穮嘉種國計伙關農書早誦念民依而鶩轇親
巡按道里兩鵷班尾從趙萬錢清晏暇逸奚耽知百穀艱艱
稼政尚勤於趙宋惟興國之九年稱方隅之咸泰四境無虞
苦甘是共正值長嬴紀國序苗田冒翠自姬周那知仁愛存心
三時不害兩溉郊圻風清麼墖太宗於是命侍臣具卑軬駕
赤驪揚朱旆六飛所洎陌如矢而阿如繩萬頃相連井有溝
兩同有渝謂此日奮觀大田勞無何可辭倚予身晏處深宮

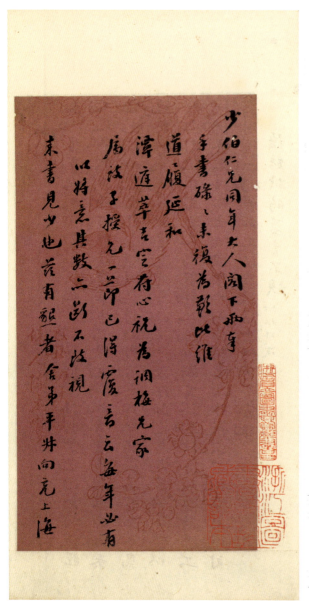

一二三 夏子松先生函牘一卷 （清）夏同善撰 稿本 一册

浙江圖書館藏

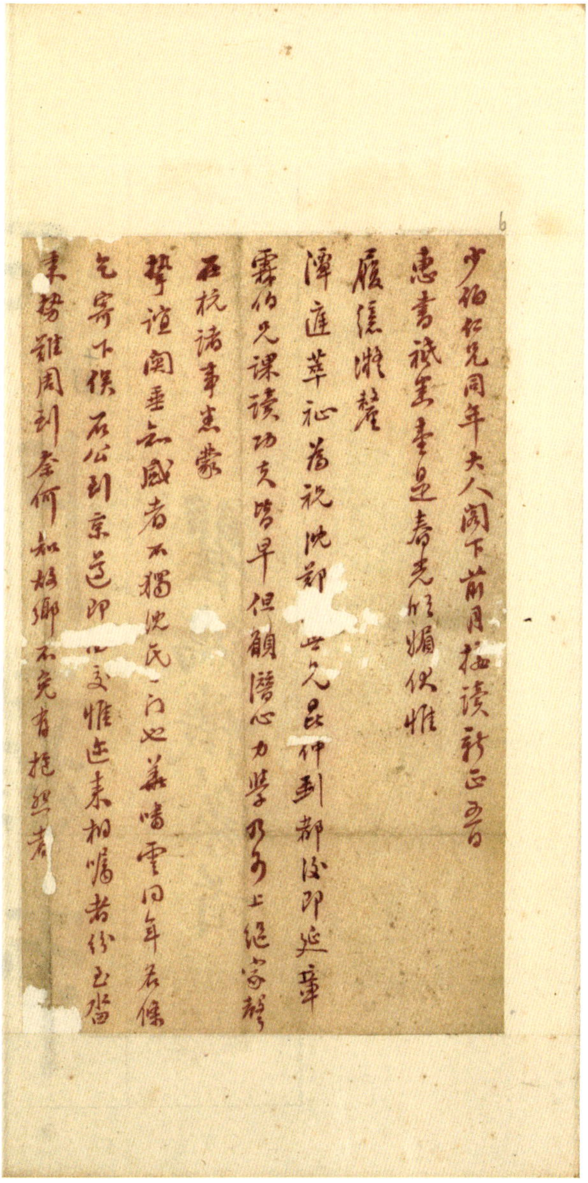

少柏仁兄同年大人閣下前月接讀新正手書
惠書祗悉季是春光修媚伏惟
履庭萃祉為祝佩耶此之至仲到都伴延章
霞伯先課讀功夫皆早但顧潛心力學乃可上紹家聲
玉杭諸事皆蒙
摯誼關垂忝感者不獨沈氏一門惟連年在候
乞寄下候石公到京邑卿所寄惟連未相晤者你也皆
束裝雜周到今何妨妨鄉不免者抱與者

闇予夢寐所聞竟未自向少年四窘玉出悵怅奮分極
思趨步
高雅悵而受境累不自用时者誰自決玉推郡行时事
又非
玉主郡時方比卯此科揚春市論六屬英居史刑今科
會减未案元云貢舉三堪拿獲平安惟欣揚晚妝不
生校節則去年榮威人与昌生座此遍玉百餘年
懇布即請
道安不盡
年山第夏同榜弟

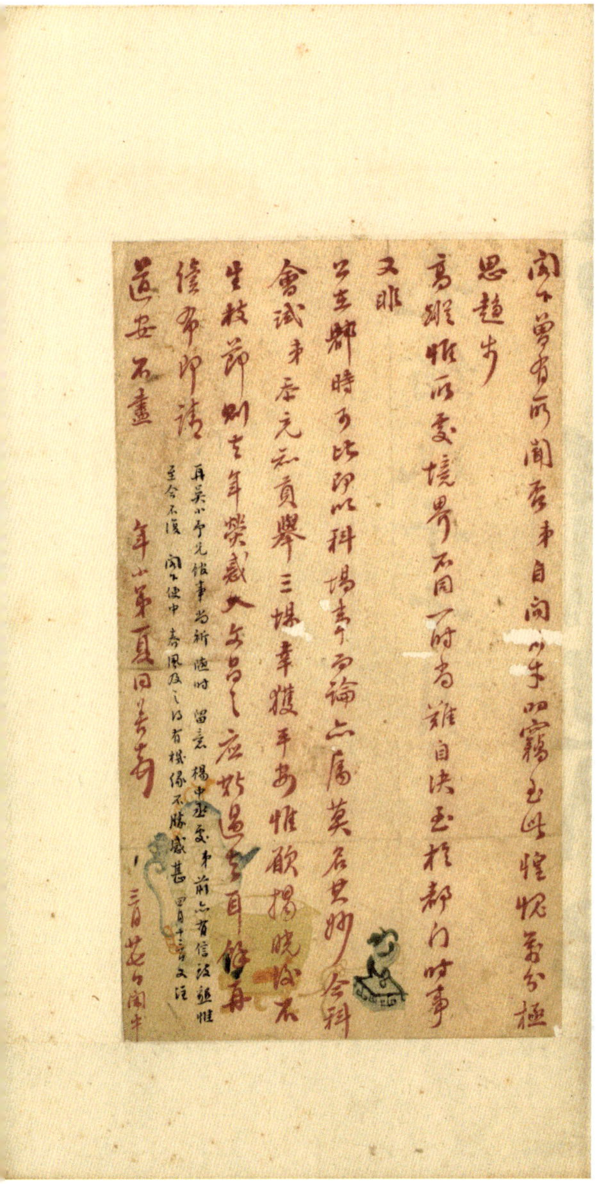

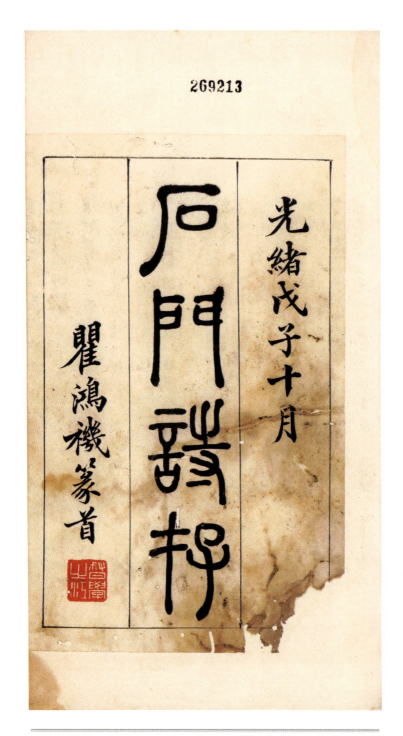

一二四　石門詩存不分卷　（清）屈元爔輯　稿本　八册　雲南省圖書館藏

右頁：

揅牧軒垞天圖書

石門詩存初選

國朝五

吳震森文照子字芸閣庠生著有戊子庚寅編年詩
草稿本宋咸熙熙定于傳經襲錄者附後

春思

綠楊深處隱樓臺十丈游絲漾不開斜捲風簾人獨坐
一雙新燕又歸來

自常山至玉山途中作

殘月沉樹杪晨鷄鳴村落肩輿得得行破曉出城郭須
臾初陽升客行到山腳山徑忽然斷對面峯瘦削誰知

左頁：

別一天即從缺處拓度嶺雲出岫穿林蛇赴壑獨然一
回首來路已渺若沿連幾人家頗得山林樂結屋竹箭
圍搭棚松毛縛傳輿為小憩卓午日爐爐俯瞰山下田
新塍如繡錯憶昔度庾嶺黑梅花正著續樹獨低吟斯
游真不惡人生無定踪足跡此又託歸鳥忽飛來翩然

下叢薄西崦夕陽沉山城望隱約

尋蘇公煮茶亭遺址

横塘如帶秋水鮮波光倒映亭翼燕蕭蕭竹木蔽蘚壁
暮雲四起斜陽天聞説蘇公曾到此尋僧來往空山裏

一二五　寄槃詩稿不分卷　（清）陶在銘撰　稿本　一册　紹興
圖書館藏

第一批《浙江省珍貴古籍名錄》，名錄編號 00187

猶娟·遂使此圖成兩絕坐對勝作廬山眠佳日更頂一斗酒

佐飲塞具傲譫仙壹惟壺時寶眼福疥壁更結繭墨綠壹

詩成涼州輒有笑更期快讀瑤華篇

夜譜慈豫堂

烟雨閒情話稻粱遭慈莫停箏蓮漏滴初長

天意催寒至風聲晚更狂疏香配中聖燈影孕疏篁新句題

打魚聯句

嚴霜三日霧氣埃盦郊野宵鑿飲百室　孫埈　寒儺罷方社新

笥比郵熟　曹壽銘　冷滬老漁影俯闕作健裘　蔡以瑞　提綱噪眾裸

結團叢蟻環　王詔壽　排陣水花皺瞇風瓦朝瞰寒秦槭銛　寒潮

騰干哆勢邅蛟宮翻　馬廥良　深側鯨窟巨萬馨躍絮雲　孫德祖

紛鱗激羽笛重义梃交　陶在銘·纜葺鎖烏鬼涼兩西埃

蒼虯怒於下鳴榔鼓水立　壽銘　擲筌雜雪墮競獲轉譁　釦心端

盈載咸璨瑳尾穨力猶監　諂哥　網脫潛或頻利藪遂釣師　樹銛

餘龜攫游衕祖登值柳市　廥良　釀熱佐宜鮮庭懸戶　咋珍

柳貫杖爭荷脆肉銀刀飛　在銘　饞埏便腹果坎險憪物力　埈剝

生悴頣朵濫泗瑿革　壽銘　瀲波令繩夏暴哆瑿耵哀　以瑞

詩續杜陵寫　詔壽

剪橙聯句

蒼榭清豁路寒烟小雪時千橙供米擷　埈　雙剪趁蕃蕤苊

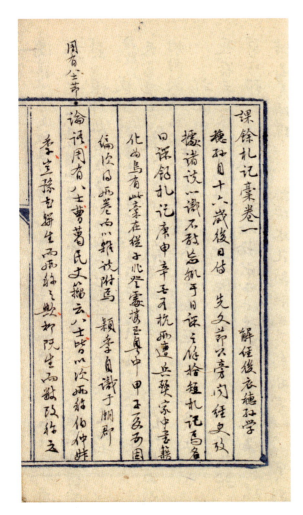

一二六 課餘札記彙二卷 （清）戴穗孫撰 稿本 一册 浙江
省博物館藏

存一卷（卷一）

士字

歟是士而十八後人尊之詞礼曰五十而十六伯仲

士者文章也數始于一終于十孔子曰推十合一為士又

然后為士見白虎通說苑支訓家見釋詁獄官六輪士

見孟子足徵又通又說苑支通詁見論語東伯皇疏男子之大

孤見秦華詁女王正義又不任為名士此又以士

為士文之頻曰世士茍子審此頗曰為士此又以士

為男子未冠之稱他若高詳事注此讲学

遠蒐言者為士論计子孫皇孫茍子大略篇

鞋鞾民

楊注以竊理修名此為士又軍虫旅之士四軍士見

詩朱芑箋介甫之士四甲士見呂覽作布子言章

凡此皆住事之意後世為士研于信迷古意詳攷

士字之義圉瞳豐于此

圉神有鞋鞾民職穜杊案唐之名鞋鞾去阝神

王制西方四狀鞋投以難名名鞋羔人不着之

華鞻

蟂魖圖兩

左傳宣三年蟂魖圖兩蟂設文肉部作嘉山神

蟂魖圖兩蟂設文肉部作嘉山神

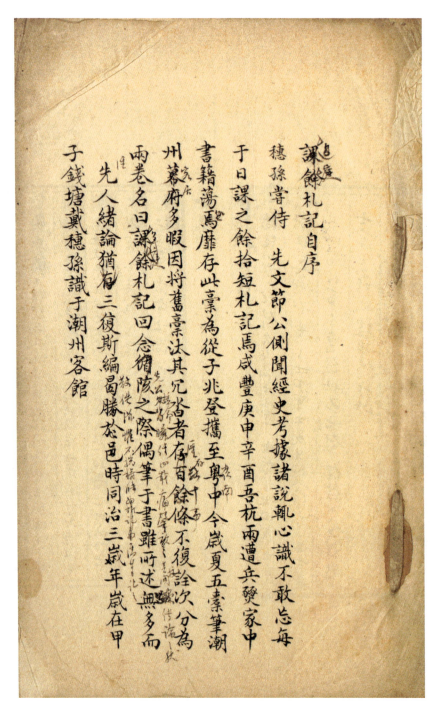

課餘札記自序

穗孫嘗侍 先文節公側聞經史考據諸說輒心識不敢忘每

于日課之餘拾短札記焉咸豐庚申辛酉吾杭兩遭兵燹家中

書籍蕩焉靡存此橐為從子兆登攜至粵中今歲夏五橐筆潮

州幕府多暇因將舊橐汰其冗沓者存百餘條不復詮次分為

兩卷名曰課餘札記回念儔陔之際偶筆于書雖兩述而無多而

先人緒論猶有三復斯編蜀勝扵邑時同治三歲年歲在甲

子錢塘戴穗孫識于潮州客館

一二七 課餘札記二卷 （清）戴穗孫撰 清同治三年（1864）
稿本 一册 浙江圖書館藏

課餘札記卷一　　　錢塘　戴穗孫學

周有八士節

論語周有八士曹蔑民丈摘云八士皆以次兩稱伯仲叔季豈
豫知駢生而兩稱之歟抑既生而數改稱之歟是蓋五十以後
人尊之之詞禮曰五十以伯仲

士字

士說文事也數始于一終于十孔子曰推十合一為士又通古
今辨然否為士見白虎通說苑士又訓察見釋詁獄官亦稱士
見孟子蘭雅注尚書馬注又為丈夫通稱見論語泰伯皇疏又

男子之大號見秦誓詩文王正義又不仕者為名士見月令鄭
注又周易老婦得其士夫荀子處女願得為士此又以士為男
子未取之稱他若齊語韋注以講學道藝者為士論語子張皇
疏荀子大略篇楊注以窮理修名者為士又軍旅之士曰軍士
見詩采芑箋介胄之士曰甲士見名覽淮南子高注凡此皆任
事之意後世為士者研經述古宜詳攷士字之義因臚舉于此

　鞥鞥氏

周禮有鞥鞥氏職穗孫案官之名鞥鞥者即禮王制西方曰狄
鞥故以鞥為名鞥夷人所著之革屨

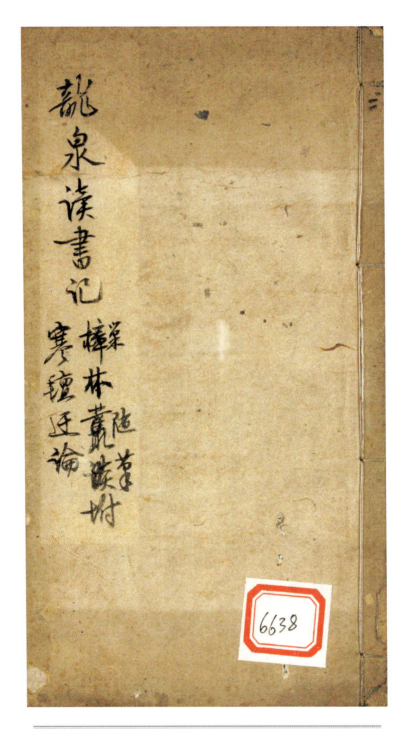

一二八　龍泉讀書記二卷　（清）戴穗孫撰　稿本　一册　浙江
省博物館藏

龍泉讀書記自序

余於同治癸酉十二年自選銓授龍泉縣學訓導，明年甲戌三月抵任。

官訓導署向在文昌閣下，亂後久圮，僑寓梓下林監生蔭梓家。

官暇每與諸生講讀，因輒不以余為陋，時了相問讀

書之餘，偶有發見，輒別紙記之，名曰龍泉讀書記，非敢錄示諸生，

聊以自課，留置篋中，驗他日學問進退云爾。光緒

紀元乙亥仲冬錢唐戴穗孫志于梓下僑庵

併入龍泉札記中

龍泉讀書記二卷

寒鐔廷論　梓下偶談二種附內

尚書菊耶作又雲夢土作又，王文簡經義述聞證以毛詩作將也，且云作ㄙㄙ

也，作亦將也……丞氏乃將萬耶作又作為乃相對成文，詭潛疑道……

土作又作為疑亦相對成文……文辭釋要，不見後代之藝文，且史遷

皆以為字為誤，為音時誤，經師有此一義，故丞氏乃從鄭氏康成以將為未

史記作丞氏乃字，即此例也，但不必皆古說，以求新奇，而王氏持詩史遷

為文義，小派，毋乃失之妄乎。

許氏說文解字序云其後諸侯力政，不統于王，力政二字，段氏未注，案政與征同，古多

以政為征者，不勝枚舉。如大戴禮用兵篇曰諸侯力政，不朝于天子。又逸周書度

訓篇曰力爭則力政，力政則無讓。又大武篇曰武有七制，政攻侵伐陳戰鬪，皆以政為

征。許序即本此，力政者謂以力相征伐也。

為說亭云為别部，序不諱廟，許說文序有云為别部，序不諱廟，即用史

游語。

敗說文，經敗土地也，孟子此其大敗也，趙注敗要也，是敗字本無約少之意。觀許氏

自序說文云其詳可得略說也，則敗與詳對文，自見可得敗說者，言可得其

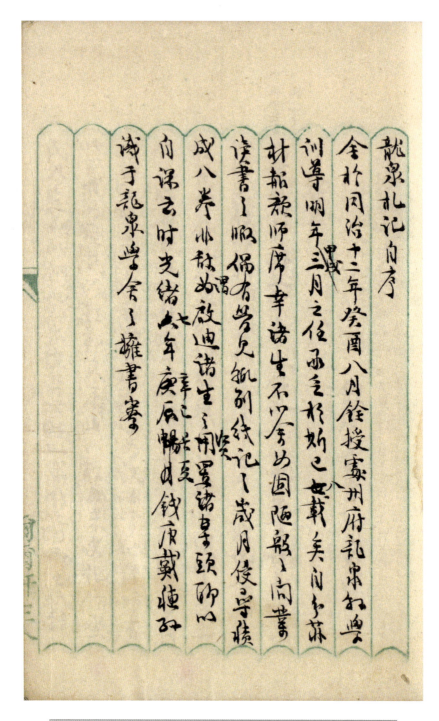

龍泉札記自序

余於同治十二年癸酉八月銓授嚴州府龍泉訓導

訓導明年三月之任承乏於斯已無載矣自念余林

材諸師席幸諸生不以余固陋躬之問業

讀書之暇偶有箚見輒別紙記之歲月優學積

成八卷非敢為啟迪諸生之開置諸奉顏師以

自課云時光緒六年庚辰嚬州錢唐戴種孫

識于龍泉學舍之攘書寧

一二九 龍泉札記八卷 （清）戴穗孫撰 稿本 一册 浙江省
博物館藏
存二卷（卷一至二）

龍泉札記卷一

　　錢唐　戴棨初同卿述

作乂

尚書萬邦作乂雲夢主作乂王伯申尚書經義述聞
謂以毛侍作㓝也上云作之言下也下亦㓝也㡬民乃
粒萬邦作乂作與　相㓝成文沱㳠陜道雪萼土
作乂作與陜無相㓝成文沱㳠陜道雪萼土
作乂作與陜無相㓝成文定㓝辭澤靈不同
後世一聳齋此史匯㗂以為字為沈世芳竹經師者
此一義為平民乃粒鄭民康成以粒為來史记作乂
民乃定於此例也似不宜此乆沒以求新奇而主民持

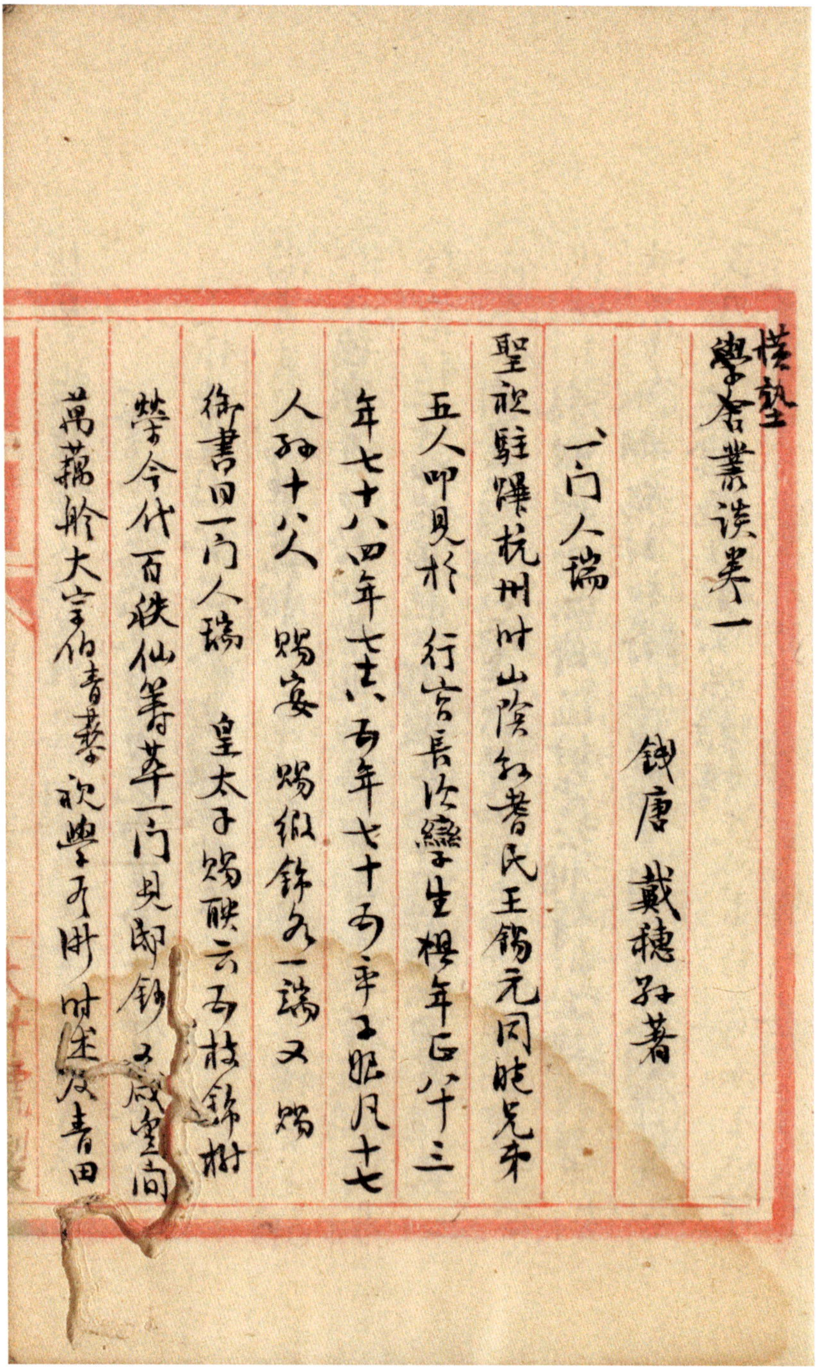

橫塾

學齋業談卷一

錢唐 戴穗孫著

一門人瑞

聖祖駐蹕杭州叶山陰知書民王錫元同聹兄弟

五人叩見於 行宮長次總學生樑年五十三

年七十八四年士去丙午年七十丙辛正旺月十七

人和十八人　　賜宴　賜緞錦各一瑞又賜

御書四一行人瑞　皇太子賜聯云丙枝錦枏

勞今代百鉄仙籌莩一行哭印鈔又感曇尚

萬藉於大字伯書奉欣學于冊叶迸及青田

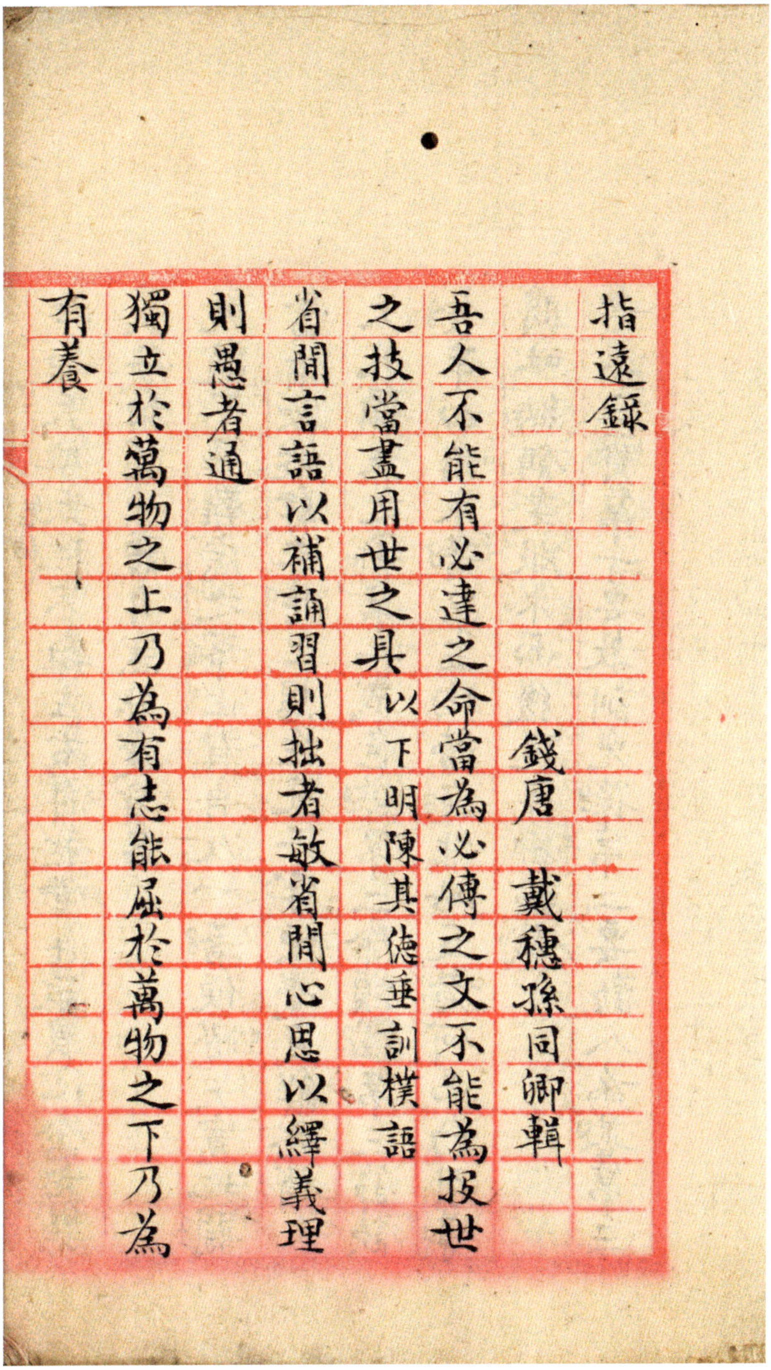

指遠録

錢唐 戴穗孫同卿輯

吾人不能有必達之命當為必傳之文不能為投世之技當盡用世之具以下明陳其德垂訓模語

省間言語以補誦習則拙者敏省間心思以繹義理

則愚者通

獨立於萬物之上乃為有志能屈於萬物之下乃為有養

一三一　指遠録一卷　（清）戴穗孫撰　稿本　一册　浙江省博物館藏

心知天地鬼神天地不離左右自然常存敬畏心念祖孫

父子相關一體自然能愛身名

凡過不平難處之事止有自反一著○便覺天寬地闊

當情欲縱肆之時止想生死二字便覺瓦解氷消

大凡攝生之術第一戒色慾第二除煩惱第三節飲

食第四慎寒暑第五均勞逸○能此五者何必勤引導

問吐納餌芝服术。而後延年卻病哉

老年三寶第一要教訓兒孫第二要勸人為善第三

要隨分知足○

兒童三寶第一要不可縱口腹第二不可任氣性第

三不可弄乖巧○

凡人縱以百年為期十歲以前尚屬童蒙五十以後

又屬衰耗止有四十年可用精力者而夜復當其半○

歲時伏臘冠昏喪祭公務大略又費十年以此思之○

真所謂一刻千金○

本來十樂吾人幸生為萬物之靈不墮異趨此本來

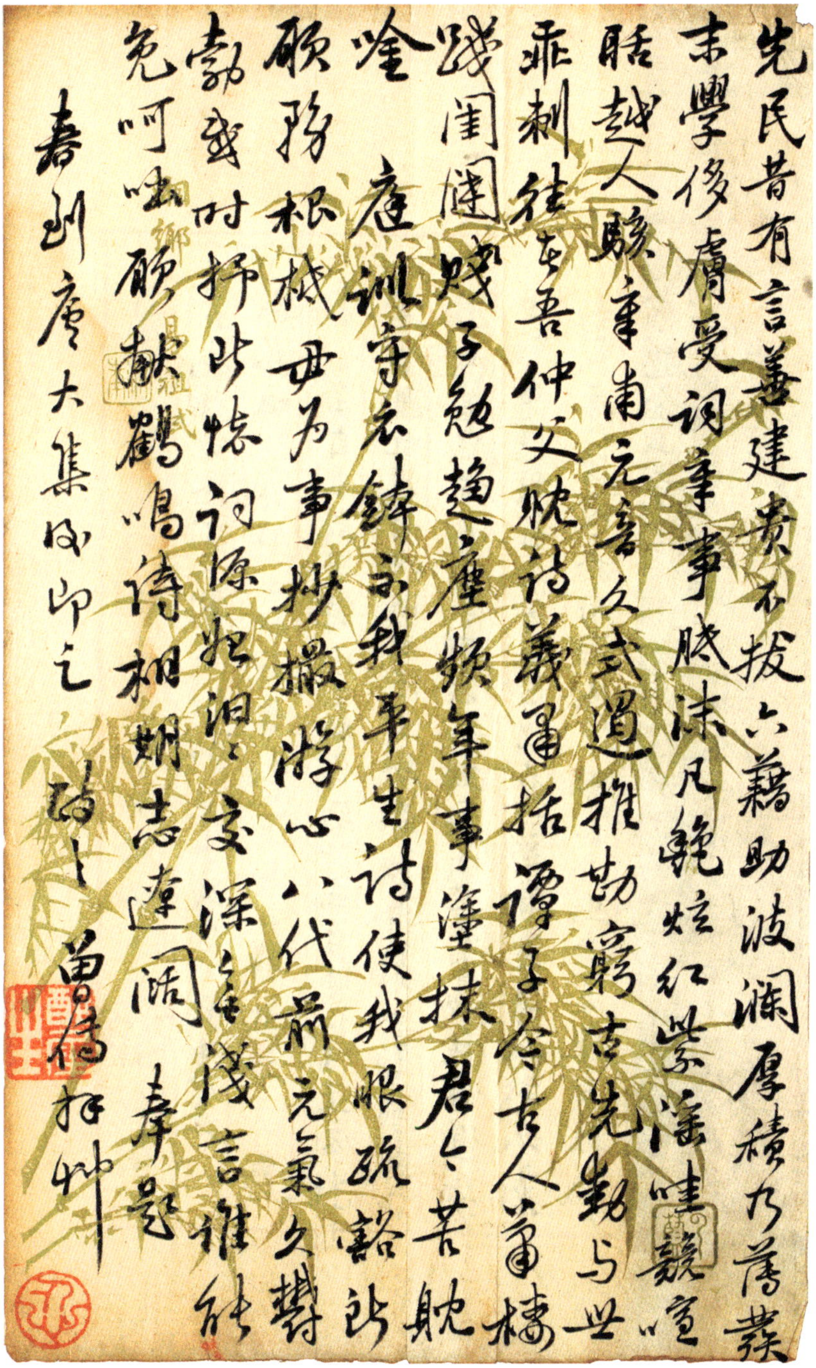

先民昔有言　善建貴不拔　六藉助波瀾　厚積乃蕃蕪
末學徒膚受　詞華隊沫凡　魄姹紅縈漪　韡韡嘩嘩
晤越人縣車　甫元音久武　道推勘窮古　先勤與業
乖剌徒至吾　仲文耿詩羲　重括譚子令　古人菖樞
踐闈闈戲予　勉趨塵頻年　事逢抹君不　若骯骯
澄虔訓守元　錶我平生詩　使我眼疏豁　訪訪
碩務根柢毋　為事抄撮游　心八代前元　氣久轉
勃窣吋抒此　悵詞源炉泗　支深言淺言　雜糅
免呵噦顧獻　鶴鳴詩相蜥　志達惆悵

春到廬大集乙卯之
夏曾傳拜題

一三二　春到廬詩鈔六卷　（清）戴穗孫撰　稿本　清夏曾傳跋
二冊　浙江圖書館藏

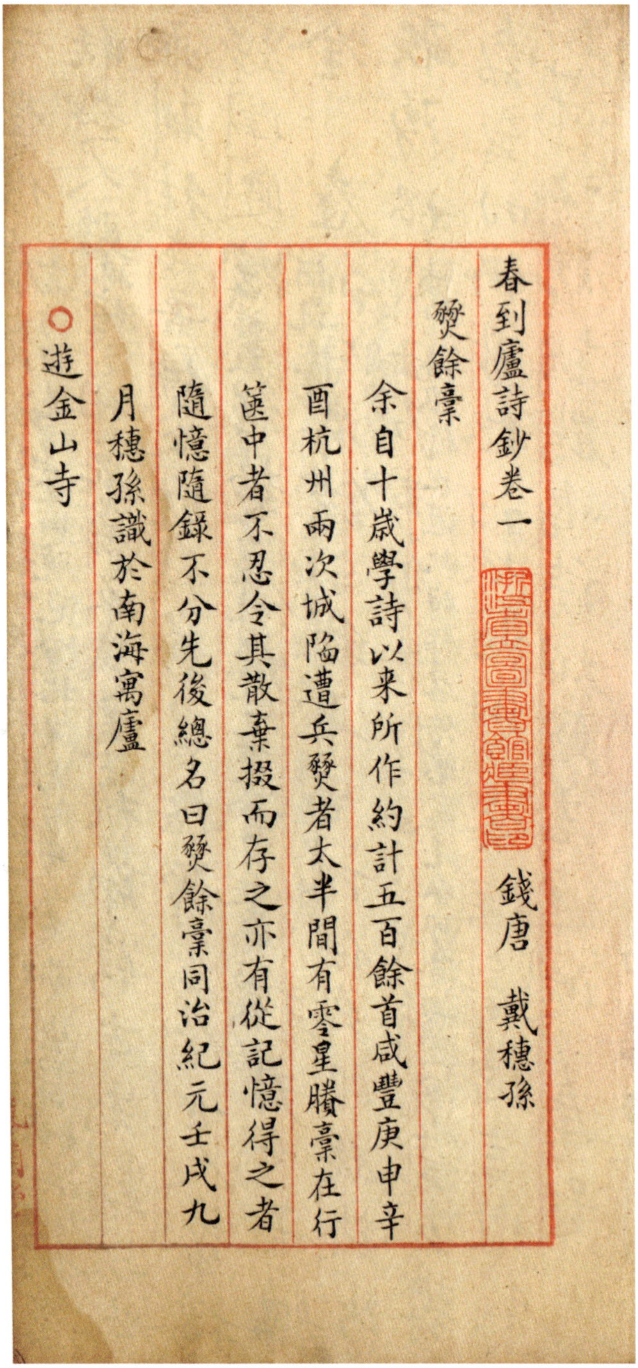

春到廬詩鈔卷一

錢唐　戴穗孫

爇餘纍

余自十歲學詩以來所作約計五百餘首咸豐庚申辛

酉杭州兩次城陷遭兵爇者太半間有零星騰纍在行

篋中者不忍令其散棄掇而存之亦有從記憶得之者

隨憶隨錄不分先後總名曰爇餘纍同治紀元壬戌九

月穗孫識於南海寓廬

○遊金山寺

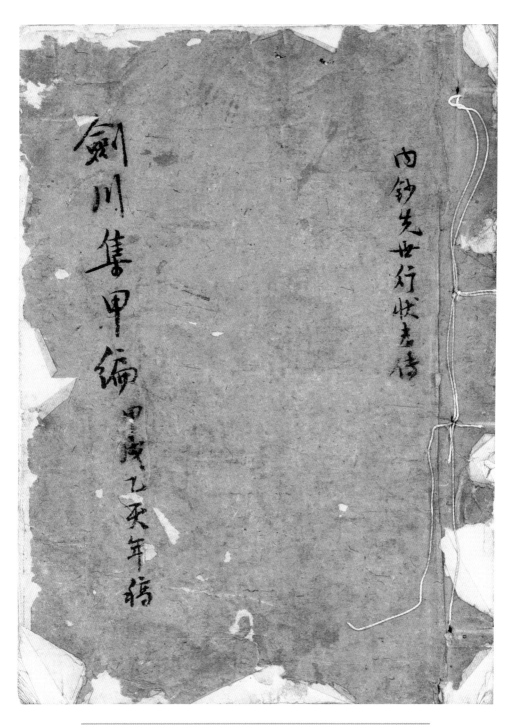

一三三 劍川集二卷 （清）戴穗孫撰 稿本 一冊 浙江師範
大學圖書館藏

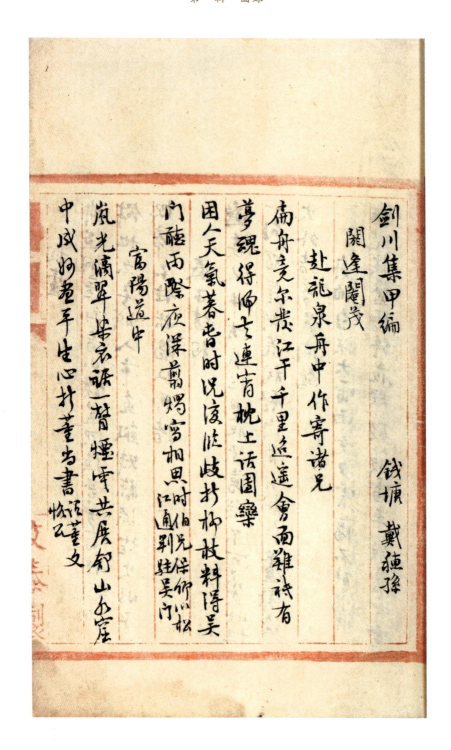

劍川集甲編　　　　　錢塘　戴煦孫

閼逢閹茂

赴龍泉舟中作寄諸兄

扁舟竟宗費江干千里遠逢會面雜詩有

夢魂得遍書連宵枕上話圍爐

用人天氣薄春时况复依歧抱梳救料酒吳

門醮兩嘐夜深蕭燭宵相照时伯兄保仰以松

江通荊蛙吳門

富陽道中

嵐光潑翠柴衣誋一瞥煙雪共展舒山水窟

中戌的老年生心扑董当書诗董文　怅乙